The Lo$$ of Happiness In Market Democracies

幸福的流失

[美]罗伯特·莱恩（Robert E. Lane） 著

苏彤 李晓庆 译

世界图书出版公司

北京·广州·上海·西安

图书在版编目（CIP）数据

幸福的流失 /（美）罗伯特 · 莱恩（Robert E. Lane）著；苏彤，李晓庆译. —北京：世界图书出版公司北京公司，2016.8（2018.1 重印）
书名原文：The Loss of Happiness in Market Democracies
ISBN 978-7-5192-0689-5

Ⅰ. ①幸… Ⅱ. ①罗… ②苏… ③李… Ⅲ. ①幸福—研究 Ⅳ. ①B84

中国版本图书馆CIP数据核字（2016）第204864号

著　　者：[美] 罗伯特 · 莱恩（Robert E. Lane）
译　　者：苏　彤　李晓庆
策划编辑：于　彬
责任编辑：于　彬
装帧设计：刘　岩

出版发行：世界图书出版公司北京公司
地　　址：北京市东城区朝内大街137号
邮　　编：100010
电　　话：010-64038355（发行）　64015580（客服）　64033507（总编室）
网　　址：http://www.wpcbj.com.cn
邮　　箱：wpcbjst@vip.163.com
销　　售：新华书店
印　　刷：北京博图彩色印刷有限公司
开　　本：787 mm × 1092 mm　1/16
印　　张：24
字　　数：353千
版　　次：2017年1月第1版　2018年1月第2次印刷
版权登记：01-2012-9052
定　　价：59.80元

序言

1990年，我到耶鲁大学政治系任教时，罗伯特·莱恩已经从尤金-梅耶讲座教授的位置上退休了。凡是在美国修读过政治学的人对他的名字都不会陌生，因为他曾经担任过三个主要学会的会长，即美国政治学协会（the American Political Science Association）、政策研究学会（the Policy Studies Organization）和国际政治心理学学会（the International Society of Political Psychology）。为了表彰他在政治心理学领域的杰出贡献，1995年英国科学院（the British Academy）推选他担任院士。

老人退休后仍住在离系不远的一幢公寓里。在校园里，人们经常能看到他提着老式布制书袋漫步的身影。在各类学术研讨会上，他总是静静地坐在一个角落，认真听讲，却很少发言。大概是在1998年，有一次系里举办例行的午餐研讨会，莱恩也来了。那次研讨会的主题是民主制度，主讲人是另一位退休教授，另一位前美国政治学协会会长，即以研究民主理论闻名于世的罗伯特·达尔。虽然退休多年，但是达尔几乎每天都来系里，其精力之旺盛、思路之敏捷，一点也不像年过八旬的老人。达尔最著名的书是他那本1956年出版的《民主理论的前言》，但我认为真正能够展现其对民主问题的深邃思考的却是他65岁以后出版的书，如《经济民主的前言》《论民主》和《美国宪法到底有多民主？》。每次与他交谈，我总能受到某些启发。因此，他主讲的研讨会当然不能错过。

但是，那次研讨会令我印象最深刻的不是达尔，而是莱恩。达尔具体讲了什么，我现在已记不清楚。只记得，他讲完后，莱恩破例举手提问："巴伯（罗伯特的昵称），你关于民主制度的好处讲得很系统，也很深入。不过，如果民主制度真像你说得那么好，它应该能够让生活在其中的人们感到幸福，不是吗？"达尔答道："那当然！"莱恩："但是，实际情况并非如此。暂且不提其他国家，近几十年来，咱们美国人当中感到自己非常幸福的人变得越来越少，而不是越来越多。"听到这里，我突然有一种开窍的感觉。民主制度研究是二十世纪最后一二十年的显学。各国学者对民主制度的方方面面都进行过探讨。民主与经济增长的关系有人研究过，民主与稳定的关系有人研究过，民主与自由的关系有人研究过，民主与平等的关系也有人研究过，但从来没有听说有人研究过民主与幸福的关系。美国的国父们在《独立宣言》中曾庄严宣布："人生而平等，享有造物主赋予的一些不可剥夺的权利，包括生存、自由和追求幸福的权利。"如果追求幸福如此重要，那么为什么那些研究民主的学者从未想过探讨民主与幸福的关系呢？莱恩能从这个被人们忽略的角度提出问题，真不愧为大家。那天研讨会是怎样结束的，我已印象全无。只记得自己处于极度兴奋的状态，为莱恩的问题对我的启迪而兴奋。

兴奋之余，脑海里也产生了一些问题：美国感到幸福的人真的减少了吗？在多大程度上减少了？这种心理变化与民主制度到底有什么关系？如果民主不能带来幸福，那么什么可以带来幸福？我本人没有能力回答这些颇具挑战性的问题，便向莱恩请教。他让我耐心等一下，说他的新书将系统回答我的问题。几年之后，耶鲁大学出版社推出了莱恩的新书，题为"The Loss of Happiness in Market Democracies"。该书出版的第二年，美国政治学协会将该书评为政治心理学类最佳学术著作。

*　　*　　*　　*

两千多年前，希腊哲人很重视“幸福”（happiness）这个概念。例如，亚里士多德认为，幸福是每个人都希望得到的东西。然而，进入中世纪，幸福这个概念几乎不再被提及。因为那时人们追求的是来世上天堂，而不是今世浑浑噩噩地生活（不管这种生活方式有多幸福）。文艺复兴重新激发了人们追求幸福的兴趣，但直到边沁（1748—1832）的功利主义学说出现，追求幸福的意义才被提升到哲学的高度。边沁认为，“避苦求乐”是个人行为的基础和区分行为善恶、是非的准则。他主张，个人利益的满足（利己主义原则）是保证“最大多数人的最大幸福”（利他主义原则）的手段。其后，经济学家们谈论过一阵幸福。但从马歇尔（1842—1924）开始，在经济学里，“幸福”这个概念逐渐被“效用”（utility）所替代。“效用”是一个经济学家说不清、道不明的概念，也是现代经济学的核心概念。按照《麻省理工学院现代经济学词典》的定义，“效用”是“福利”（welfare）和“满足”（satisfaction）的同义词，偶尔也指“幸福”。不过，“幸福”基本上已远离主流经济学家的视野。他们关心的只是“满足”人们的物质需求，增加人们的“福利”。其未加言明的假设是：一旦人们的物质需求得到满足了，福利水平提高了，他们还能不幸福吗？于是，幸福与人们占有多少商品，拥有多少财富划上了等号。

二十世纪六七十年代，心理学家开始了对幸福的实证研究。之前，心理学家关心的只是心理疾病；此后，幸福成了心理学中一个热门话题；再往后，社会学发展出了生活质量研究这个分支，并把“幸福”作为其中一个重要指标。但到目前为止，幸福这一问题还没有引起政治学者们的注意。莱恩恐怕是唯一的例外。莱恩相信，幸福才是人们追求的终极目标。其他人们为之奋斗的东西，包括金钱、财富、自由、民主，不过是实现这个终极目标的手段而已。

幸福之所以被忽略的一个原因就在于：这个概念难以被衡量。一个人赚了多少钱，一个家庭拥有多少财产，一个国家的国民生产总值有多高，这些都可以衡量，政府甚至保存着翔实的数据。幸福却因人而异。在一些人看来，一边喝酒，一边看“世界杯”简直幸福死了；而在另外一些人看来，这简直就是浪费时间。不错，幸福只是一种主观感受，无法找到客观的指标。不过，了解社会上到底有多少人感到幸福仍然是有意义的和有可能的。心理学家和社会学家通常用来考察人们的主观感受的问题是：“总的来说，你是感到非常幸福，有点幸福，还是不太幸福？” 从二十世纪六十年代起，一些国家就已经开始收集相关的数据。

莱恩整本书立论的基础是一个简单的观察：在1972—1994年间，报告称自己感到“非常幸福”的美国人——特别是女性、青年、黑人和其他少数群体——越来越少（随后一项研究显示，在1960—2000年间，按不变价格，美国人均收入翻了三番，但报告称自己感到“非常幸福”的美国人却从40%下降到30%左右）。 在一些欧洲国家，尽管幸福指数没有出现明显的下降，但是患抑郁症的人数却在急剧增加。如果考察人们对生活各个方面的感受，情况也差不多：报告称自己对婚姻、对工作、对经济状况、对居住环境感到“非常满意”的人数都在减少。与此同时，越来越多的欧美人需要依赖药物以保持身材、提高“性”趣、帮助睡眠、清醒头脑、逃避无聊和控制抑郁。

如何解释这个现象呢？莱恩进行分析的第一步是考察什么因素与幸福无关，什么因素与幸福有关。一般人认为，经济增长、收入水平提高可以使更多的人感到幸福。莱恩承认贫穷不能使人幸福。但通过分析各国的数据，他得出了一些出人意料的结论。在概念上，他将经济增长和由经济增长带来的收入提高区别开来。经济增长的过程往往是痛苦的，因此它本身并不会增加幸福。收入水平提高在发展中国家则会产生增加幸福的效果。如果进行跨国分析，很明显，收入水平较高的国家，幸福指数也较高。这正是主流经济学家喜闻乐见的结果。但莱恩进一步指出，收入水平与幸福之间并不是直线相关，而是曲线相关。在收入达到一定水平之前，收入提高会增加幸福；而当收入超过一定水平后，它的进一步提高未必会增加幸福。大量实证研究表明，在众多发达国家中，人均购买力最高的国家不一定是最幸福的国家；在一国之内，最富的人群不一定是最幸福的人群。莱恩对此的解释是，当人们对衣食住行的基本需求都得不到满足时，他们不太可能感到幸福。因此，在基本需求得到满足以前，收入每提高一些，就会使人感到更幸福一些。但是，在基本需求得到满足之后，收入对幸福的购买力就会开始减弱。收入水平越高，这种购买力就越小，以致达到可以忽略不计的地步。这一发现对政策设计具有很大的指导意义。如果收入对幸福的购买力会逐步减弱，那么政府在分配政策上应向低收入阶层倾斜，因为收入减少对高收入阶层的幸福不会有太大影响，而收入增加对低收入阶层的幸福却能产生很大的影响。只有这样，才能实现“最大多数人的最大幸福”。

如果金钱不一定能买到幸福，那么什么才是幸福的源泉呢？莱恩的回答很简单：情谊（companionship）。他在书中引用了19世纪英国诗人布莱克的诗句：“鸟儿有巢，蜘蛛有网，人类有友谊。”当然诗句不能用作社会科学的证据。不过，诗人的敏感往往使得他们能够凭借直觉对事物的本质作出准确的判断。根据各国在各个时期的研究，莱恩发现，婚姻关系稳固、家庭关系和谐、邻里关系和睦、朋友来往密切是人们感到幸福的主要原因。相反，感到不幸福的人往往是那些经历了离异、分居、丧偶和孤独的人。例如，有若干项研究表明，朋友的数量比个人收入或家庭收入更能预测他/她是否感到幸福。

* * * *

在确定幸福的直接决定因素后，莱恩切入了该书的主题：市场和民主会增加人们的幸福，还是会减少人们的幸福？

按照经济学流行的说法，市场最大的优势就在于：它能够让人们在自己财力许可的范围内自由地作出选择，满足人们的偏好，从而将“效用”和“福利”最大化。换句话说，市场应该可以增加人们的幸福。莱恩不同意这种看法，他从四个方面证明：虽然市场经济可以带来不少好处，如减少贫困、改善健康、延长寿命、普及教育、促进自由，但它却不可能带来幸福。

第一，市场经济是滋生物质主义的土壤，物质主义会使人不幸福。物质主义（materialism）是指将物质追求作为人生目标的价值取向。被物质主义俘房的人往往会暗想：那些拥有豪宅、名车的人真让人羡慕；如果我有钱买更多我喜欢的东西该多幸福呀；看到喜欢的东西却买不起真让人难受；上街买东西给我带来很大的快感。经济学家相信，人们对物质利益的追求是市场之所以能运作的前提。的确，如果人们都不把追求个人物质利益最大化作为自己的目标，那么我们很难想象市场有什么用处。但经济学家同时相信，每个人都竭力追求自己的物质利益才能实行“最大多数人的最大幸福”。莱恩认为，这种说法并不对。他列举了多项实证研究，这些研究都表明，物质主义者更容易陷入抑郁和焦虑，更难感到幸福。

为什么物质主义会妨碍人们获得幸福呢？首先，物质主义者往往更自私。在一项调查中，人们会被问及“你会如何花费一笔两万美元的横财”。结果表明，物质主义者花在自己身上的金额要比非物质主义者多两倍，愿意捐献给慈善机构、教堂的金额，或者花在家人、朋友身上的金额也比非物质主义者少。自私的人也许熟人很多，但朋友很少。他们也许渴望亲情和友情，但对金钱和物质的渴望却更加强烈。按照莱恩的理论，缺乏亲情和友情的人是难以感受到幸福的。其次，物质主义者追求的是“外在目标”（extrinsic goals）而不是“内在目标”（intrinsic goals）。外在目标的实现在很大程度上与外人、外力有关，不受自己控制，因此便难以享受到自我满足的乐趣。再次，物质主义者追求的是“结果满足”而不是“过程满足”。他们工作的目的就是赚钱，而不能享受工作本身所带来的乐趣。最后，对物质财富的追求恐怕是不可能满足的。得到一样新东西的快感马上就会被对更多东西的企盼所淹没。这四个原因加在一起便产生了恶性循环：物质主义者很难感到幸福；不幸感或抑郁使他们远离人群，更加孤独；缺乏亲情和友情使他们感到更加不幸。

第二，市场并不把人看作有血有肉、有思想、有情感、活生生的存在，而是把人看作诸多生产要素中的一种。因此，庇古说，金钱是市场用以衡量人的价值的准绳；奈特说，在市场交易中，人往往将其他人看作赌博的老虎机。既然人只被看作一种生产要素，那么自然他们与其他生产要素（如资本）是可以相互替代的，一切取决于怎样做更有利可图。既然他人只是自己赚钱所需利用的工具，那么我们不难想象这样一类人的出现，即他们交友只是为了赚钱，然后又想用赚的钱来买朋友。然而，一旦受到铜臭玷污，亲情和友情就不复存在了。更重要的是，市场服从的是“物竞天择，适者生存”的丛林法则，其中完全没有乡情、亲情和友情的位置。梅因在《古代法》中，滕尼斯在《礼俗社会和法理社会》中都曾谈到市场经济是如何逐步瓦解传统的家庭、宗族和邻里关系的，如何在人与人之间造成一场“所有人对抗所有人的战争”的。韦伯则更加直截了当，他指出市场对人没有尊重。马克思和恩格斯在《共产党宣言》中则说得最为透彻：资本主义市场经济“撕掉了蒙在家庭上那温情脉脉的面纱，将家庭关系变成赤裸裸的金钱关系”。

第三，人们从劳动力市场很难感受到幸福。经济学家斯蒂格利茨曾指出，失业是最大的市场失灵。但他说的只是人力资源的浪费。实际上，失业还是破坏个人和家庭幸福的最大杀手。即使不看学术性的研究，我们也知道失业对人的精神打击有多大。而各类研究都表明，失业往往与酗酒、离婚、抑郁症、精神失常、自杀等高度相关。失业带来的另一个后果是经济安全问题。在经济学和社会学关于收入分配的研究中，研究者的重点一般放在收入水平上，而忽略了收入保障。赚多赚少固然重要，但对一般人来说，能否维持一份稳定的收入则更为重要。一旦饭碗不保，谁还可能感到幸福呢？哪怕没有遭遇失业，劳动力市场仍然可能给人们带来生理上和心理上的压力。比如说分工，从劳动力市场发展和提高效率的角度来看是十分必要的，但分工却会导致去技能化，即是说，将有创意的生产过程变成枯燥乏味的事情（卓别林的电影就是用夸张的手法来描述这种生产过程有多么摧残人）。又如，从提高人们竞争意识的角度来讲，拉大收入差距也许十分必要，但它却可能会对同事间的关系造成严重的损害，并且会增加人们工作中的心理压力。

第四，如果说在劳动力市场人们得付出的话，那么消费者市场则理应是他们获得回报的地方。那么消费者市场能否给人们带来幸福呢？莱恩的回答是否定的。美国据说是消费者的天堂，那里的购物中心的数量远远超过了中学的数量。在莱恩看来，这正好说明消费主义浸透了美国社会的方方面面。也许消费可以给一些人带来快感，但要在成千上万种商品中挑选自己中意的东西却会使很多人面临“认知超载”，并挤占他们与家人和朋友团聚的时间。除此之外，在消费主义盛行的国度里，人际关系可能被买卖关系所取代，金钱可能变成衡量一切事物的标准，市场中必要的猜疑态度可能演化为人生态度。在这个意义上，市场本身就是造成社会疏离的内在原因。

在经济学中，当市场失灵时，政府干预就名正言顺了。上面的分析证明，使人幸福也是市场失灵的一个方面。那么，政府干预，或者更具体地说，民主政府的干预能给人带来幸福吗？莱恩对此似乎不太确定。因此，他给本书第五部分的标题加了一个大大的问号：“民主是不幸的来源吗？”他的判断是，幸福与否取决于微观世界的经验，而不是宏观政治领域的经验。一些实证研究的结果——一个国家是否民主与该国民众是否幸福之间并不存在相关关系——也对莱恩的判断给出了相关支持。

通过三个层面的分析，莱恩得出结论：民主制度并不一定会给人们带来幸福。就民主的过程而言，它充满了痛苦。例如：（1）所有麻烦的社会问题都是民主必须处理的问题；（2）当政府决定做一件事时，总是只与冲突各方的一方站在一边，因此而得罪其他各方；（3）民主政府要做好事就必须征税，但没有人喜欢交税；（4）行使公民权（包括最宝贵的投票权）需要克服一些困难，付出一些成本（如时间和精力）。就民主决策的性质而言，它所能满足的是“要求”（demands），而不是“需求”（needs）。哪个利益团体的声音最大、影响政府决策的能力最强，其要求就最可能被政府满足。而弱势群体尽管有实实在在的需求，但由于其影响政府决策的能力甚微，因此常常得不到政府的注意。需求得不到满足的人大概不会感到幸福。就民主的结果而言，有相当多的公民并不满意。这表现在：在西方社会中生活的人对他们天天与之打交道的民主制度似乎越来越没有信心，认为自己对于政府的所作所为毫无发言权的人越来越多，认为政府受到特殊利益集团操纵的人越来越多，认为政府对老百姓的事非常关心的人越来越少，相信政府的人越来越少。这一切使得不少人对民主政治产生了无力感、无助感和疏离感。这些增加了人们的烦恼，却没有提高他们的生活质量。

* * * *

莱恩的这本书对一些被人奉为圭臬的观念提出了挑战。这些年来，中国最时髦的词汇是“增长”“发展”“市场”“自由”“民主”“改革”“转型”等。我们把它们作为目标苦苦追求。莱恩提醒我们，现有的经济理论和政治理论都错把手段当作了目标，陷入了“手段拜物教”。其实，人类追求的终极目标应该是幸福，其他一切只不过是手段而已。更加激发我们的思考的是，莱恩用逻辑推理和各国多年来积累的实证研究证明，我们所钟爱的“增长”“市场”和“民主”未必能给我们带来幸福。那么，什么才是幸福的源泉呢？莱恩的回答很简单：情谊。两百多年前，法国大革命打出了“自由、平等、博爱”的旗号。从那时起，右派偏爱“自由”，左派偏爱“平等”。莱恩既不是右派，也不是左派，他强调的是“博爱”。同时，在如何实现博爱理想的问题上，莱恩绝不是怀旧派，并不主张回到过去。他清楚地知道，田园诗般的过去根本就不曾存在过。莱恩也不是乌托邦派，他知道，过分强调情谊也会造成很多令人不愉快的现象，如感情负担、裙带关系、法纪松弛等。莱恩主张，对现实进行改造，尽量增加其中的情谊；在追求其他阶段性目标的时候，尽量避免损毁情谊。最后，我认为，对仍然处于转型期的中国而言，为了争取一个幸福的未来，记住这个忠告尤为重要。

王绍光

香港中文大学政治与公共行政系讲座教授

清华大学公共管理学院“长江学者”讲座教授

致谢

本书中的一些章节曾在其他地方出版过，其中：第九章原题为“不快乐的市场经济”，1998年被收录在由阿夫纳·本纳和刘易斯·普特曼编著的《经济，价值与机构》一书中；第十章曾在1994年以“未选之路：友谊先于商品”为题发表在《评论》杂志上；第十二章和第十五章均节选自《不快乐的政治形态：民主政治对不幸福的作用》一文，这篇文章曾是“公民竞争力大会”的一篇会议论文，此后又于1999年被收录在由斯蒂芬·坎尔金和爱德华·索尔坦编著的《公民竞争力与民主制度》一书中。此外，第十五章还节选了《金钱边际效用递减，情谊与幸福》一文的内容，这篇文章曾是生活质量研究国际协会第一届年会的一篇会议论文；第十六章节选自我的另一本书《市场经验》中的第二十七章。

在此我要感谢埃德·迪纳在一次私下交流中允许我使用图1.1，并邀请我参加1996年10月31日至11月2日在普林斯顿大学召开的“快乐与痛苦大会”。事实证明，这次大会的会议论文对本书第三章的写作颇具参考意义。

我还要感谢耶鲁社会科学统计实验室的金秀妍，是她帮助我分析了全国民意研究中心（National Opinion Research Center）和国家选举研究（National

Election Studies）的数据，并给出了相应的分析图。

最后，我要感谢洛杉矶高等教育研究院允许我使用图8.1，感谢鲁塞尔·塞格允许我使用图9.1，感谢麦格劳-希尔允许我使用图17.1。

Contents 目录

第一部分

引　言

第一章
地上的影子

物质文明的进步给人们带来了极大的满足，与此同时，一种不幸和抑郁的气氛也在全世界先进的市场民主制度之中弥漫开来。这种气氛对于“市场能够使幸福最大化”这一理念来说是一个莫大的讽刺，同时也是对18世纪“由人民自选政府以充分实现追求幸福的权利”这一设想的嘲弄。这种气氛表现在方方面面，具体来说：战后（指第二次世界大战之后）美国人当中认为自己幸福的人越来越少；所有发达国家中罹患抑郁症和焦虑症的人（尤其是年轻人）越来越多；人们对彼此、对政治制度及对其他制度越来越不信任；人们对于“大多数人的状况正在改善”这一说法越来越难以相信（见第二章）；家庭和睦与社会和谐很难得到保障，朋友之间的亲密关系也大不如前（见第六章）。

我们并不是开始怀疑彼此的第一代人（此前斐迪南·滕尼斯提出的“社区”概念对此已有充分的揭示），当然我们也不是开始怀疑制度的第一代人（曾经的俄国人民和魏玛人民可能怀疑得更多），但是我们可能是第一代如此忧心忡忡地坐视这些困扰出现，却又如此漫不经心地坐视它们积聚的人。由于坚信制度本身的合理性是现代市场民主制度的核心信条，因此当我们审视当前的这股不幸和抑郁时，我们并不能发现某些态度方面的标志性转变。但是，现今我们所处的这个时代可能正以一种微妙的方式薄近虞渊，与此同时，另一个时代正孜孜然，矻矻然，向我们走来。

难道此前我们就没有经历过类似的情况吗？显然不是。举个例子来说：20世纪60年代，无论是法兰克福学派（以马克斯·霍克海默、西奥多·阿多诺为代表）及其海外分支（以埃里希·弗洛姆、赫伯特·马尔库塞、利奥·洛文塔尔为代表），还是反现代主义者（以汉娜·阿伦特为代表）、美学批判主义者（以刘易斯·芒福德、西奥多·罗斯扎克为代表）、存在主义者（以让-保罗·萨特为代表）、新马克思主义者（以李维斯·阿尔都塞为代表）、心理马克思主义者（以亨德里克·瑞坦比克为代表）、街头颓废派及诗人（以艾伦·金斯伯格为代表），都曾对社会上普遍存在的情感疏离现象进行过批判与声讨。除此之外，值得一提的是：1968年，高达45%的美国民众（尤其是右派成员）认为自己生活在一个病态社会。在此，我实在不希望这种社会性悲剧在今天继续上演。

一方面，先进的市场民主制度带给人们的是物质上的绝对满足；另一方面，这一制度带给人们的却是日益增长的不幸和抑郁、对人和对制度的不信任以及不断淡化的情谊。对此，我们又该如何解释呢？这些国家的公民不再受制于自身的资源；物质文明的进步使他们比上一代人更加长寿，晚年生活也能得到很好的照料；如果失业或生病，则会有相应的保障部门为他们提供社会保障；子女早夭这种不幸几乎不太可能发生在他们身上，并且其子女能够获得相比他们那一代人更多的教育资源。在政治方面，他们被赋予了许多上一代人听都没听过的权利；他们并非生活在一个极权国家，而是生活在一个正当法律程序受到保障的国家；他们拥有充分的机会参与到那些影响自己命运的政治决策过程中去。除此之外，我认为让人们倍感快乐的还有一点，即生态末日论调替代了神学末日论调（因为前者相对不那么令人反感，产生的负罪感也相对少一些）。

财富值一增长，幸福感就下降，图1.1反映的正是这一悖论。从图中我们可以看出：在美国，随着真实收入的不断增长，人们的主观幸福指数（即主观报告称自己感到“非常幸福”的比例）也在逐渐下降。对于这一奇怪且看似矛盾的模式，我将在本书后面用几个章节的篇幅（见第八章到第十章）对其合理性，即为何在发达的经济体内金钱并不能买到幸福，进行详细阐述。

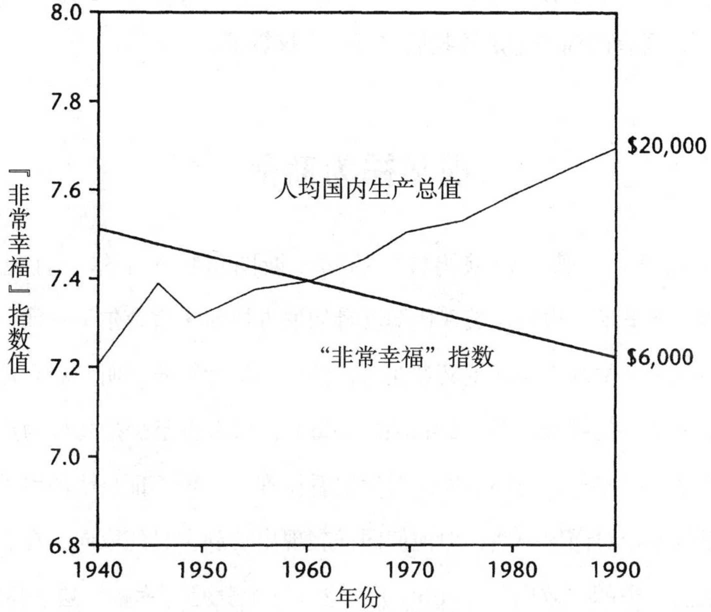

图1.1 1946—1990年美国国家统计中的“非常幸福”指数和人均国内生产总值

资料来源：“非常幸福”指数的拟合线是根据各类调查中得到的统计数据绘制而成的，由埃德·迪纳提供；人均国内生产总值的拟合线则是以1987年的美元价值为标准，对美国经济分析局、美国统计摘要1995、华盛顿特区人口统计局1995年公布的数据进行统计分析，而后绘制得到的。

这本书的意义就在于初步解释了市场民主制度发展的现状为何会与其初衷南辕北辙。具体来讲：一方面，我们知道发展市场是为了使效用最大化（这一点将在后面作具体解释）和满足人类社会产生的各种需求，后一条也正是加林·库普曼所说的积极经济的主题[1]；另一方面，发展民主的目的正在于为追求幸福提供便利，这一点也是詹姆斯·麦迪逊和托马斯·杰斐逊为美国的民主所制定的议题。然而在当前的市场民主制度之下，我们看到的却是与其目的背道而驰的不幸和抑郁的增长。在此，尽管我仍需对抑郁和不幸的起因进行阐述，但这并非我所关注的重点。我主要关心的是：市场和民主这两种主要制度分别在多大程度上对人们的幸福感和不幸感产生影响。我的主要论据并非战后那段时期顺势增长的不幸感（这可能只是长期曲线上的一点小波动）。因为在我看来，即便自那时起不幸感并没有增长，即便现在的大多数美国人认为自己是幸福的[2]，现有的痛苦也足够我们进行一次核算了。

视幸福为商品

包括亚里士多德、伊壁鸠鲁、约翰·斯图尔特·米尔、直观论者大卫·罗斯、杰里米·边沁及其现代解读者如尼古拉斯·雷舍尔——他主张幸福是应得的——这位修正功利主义者在内，他们都认为物质文明发展到最后，幸福如果不是唯一的终极商品（ultimate good），那么也至少是几种为数不多的终极商品之一。此外，边沁本人还将幸福看作唯一一种不证自明的终极商品。经济学家虽说相对谨慎一些，但他们同样表现出功利主义的取向。在后马歇尔时代，他们口中的“效用”（utility）概念实际上就是“幸福”这一概念[3]。而到了现在，“效用”的含义和“幸福”的含义有了较大出入。当经济学家提到“效用”时，更可能是在说“某人的偏好得到了满足”（我更喜欢上吊自杀还是注射自杀）。在下一章中我会较为详细地对幸福的含义进行说明，而在此我只想探讨的是：是否一般意义上的幸福——在关于主观幸福感的文献中经常会出现的一项描述，即“对于生活感到满足”——就是我们孜孜以求的终极商品，并且是市场和民主所能提供的所有终极商品之最。我将在第十五章中对多种终极商品并存这一问题进行探讨，但在此我要特别声明的是，我并不认为享乐主义的标准就是衡量一个好社会的标准。首先，妄图直接追求幸福而不是通过追求其他有形目标以间接获得幸福，这种想法如果不是痴人说梦，那么至少也是自拆台脚的。其次，幸福的真谛向我们揭示了一个真理，那就是世上的确存在某些值得我们去追求的美好事物，而这个追求和获取的过程本身就是幸福的来源。

幸福并非唯一一种终极商品，不同的人可能会有不同的选项。不过在我看来，由于主观幸福感、人类发展（包括美德）、公平这三种终极商品没有一种可以分解出或是从属于另一种，因此，一种既可行又有益的做法就是把三者同时放到至高的位置，等同视之。对此，尽管其他人可能有不同的看法，但是我认为人们所追求的最终目标实际上都包含于上述三种终极商品之中。

有人认为关于幸福已然有了令人满意的哲思，那就是功利主义，对此我不敢苟同。至于原因，稍后我将在第十五章中予以说明。

从收入到情谊

如图1.1中所示，如果收入增长不是幸福感最重要的来源，那么会是什么呢？第一个答案简单且明了：我们主要从他人那里获得幸福。正是他人对我们的喜爱或厌恶，对我们的好评或差评，对我们的接受或拒绝在很大程度上影响着我们的情绪。正如亚当·斯密所说，收入主要是服务于各种形式的社会尊重[4]。为了使这一观点看似合理，我采用了进化论原理、神学论据和社会科学研究来论证我称之为“情谊”的优先性。进化论原理将在第五章中进行论述，社会科学研究将在第六章和第七章中进行论述，而在此，我想直接进入神学论据这一主题。

上帝对亚当说：“一人独居不好。”（《创世记》，2：18）然后为了考验亚当，上帝问道：“对于我和我的情态，你有何看法呢？深受孤独所困的我，你是否认为是幸福的呢？在所有事物当中……难道我能和他们交谈吗？”（《失乐园》，pp.403—405）亚当回答说他只是一个不够完美的凡人，需要情谊。对此，上帝告诉亚当说他当然知道。后来正如我们所知，上帝让亚当进入睡眠状态，用他的肋骨为他创造了一个同伴。然而上帝并没有停止对自己的创造物进行考验：在约伯所遭受的苦难中，最痛苦的莫过于家人和朋友的疏离。约伯说起上帝："他把我的兄弟隔在远处，使我所认识的全然与我生疏。我的亲戚与我断绝，我的密友都忘记我。"（《约伯记》，19：13—14）孤独，无论是否应得，都是上帝的惩罚。

两个不同的版本都强调了情谊是"造物"这一行为的原因。比较人性化的版本是说，最初的人类在孤独中创造了上帝并与之成为朋友（"看啊，我们有了耶稣这个朋友"）。出于同样的原因，印度神话中对"造物"的解释是：因为生而孤独，所以最初的人类创造世界，以带给自己情谊[5]。

第六章和第七章的研究将用于支持上帝（和弥尔顿、约伯）。这两章提出的假设是：对于美国及其他西方发达国家来说，要想提高人们的主观幸福感，就必须把重金钱和经济增长的社会导向转为重情谊的社会导向。当然，人们需要且想要同时拥有物质和情谊，但人们对二者的需求情况也会随着二者的相对供给情况而发生变化。在富有的社会里，对于处在贫困线以上的人们来说，更多的金钱并不能产生如友谊、社会尊重、挚爱的伴侣与深爱的子女等在提升幸福感方面的效力。这就是为何在美国，人们对家庭生活的满意度比对生活水平的满意度更能提高主观幸福感，以及为何人们对朋友的满意度在个人主义社会中会比在那些亚洲的家庭主义社会中有更重要的作用。相比之下，在发展中国家，人们拥有的金钱相对匮乏而家庭生活相对充实，因此更多的金钱将能够更大地提升人们的主观幸福感[6]。这难道不正反映了边际效用递减这一规律吗？即是说，随着人们对某种商品的获取量的增加，这种商品相对于另一种商品的价值就会下降；另一种商品相应地成为稀缺商品，其价值也会得到相应的提升（见第十五章）。至少我是据此来解释本书中所列举的数据的。

市场和民主对于幸福的贡献

本书中我提出的问题是，市场民主制度在多大程度上能够提升人们的（主观）幸福感。市场上关于幸福感的著作不断涌现，而这与关于市场和民主制度的研究有着直接的关联。那么这种关联到底是什么呢？

市场

发达经济体的市场未能提升幸福（更不用说使幸福最大化）的原因就在于：那些对幸福贡献最大的事物——特别是友谊和家庭生活——是独立于市场之外的，它们并非市场化条件下的产物（见第九章）。而且看起来商品是无法替代朋友的（见第十章）。我们的会计系统反映出这样一种偏见：它们精准地追踪着个人和国家的收入而非情谊。亨利·梅恩、滕尼斯和马克斯·韦伯都曾注意到19世纪晚期和20世纪初期人际关系发生了明显的变化（从身份到契约，从礼俗社会到法理社会）。循着前人的路子，我对过去25年中家庭、社区和朋友之间的拜访模式进行了追踪考察（见第六章）。家庭和社区质量的下降几乎与图1.1中可支配收入的上涨一样剧烈。我认为，这对于解释美国幸福感的下降和大多数发达国家抑郁症发病率的上升，是一条有价值的线索。

民主

另一项掌控我们生活的伟大制度——民主化政府赋予了我们随心所欲投票的自由，那么我们为何不投票要求分享幸福呢？与不幸相比，这正是负性情绪反映最明显的地方：我们不信任我们的政府，我们不相信它会响应我们的意愿。民主政府这一工具本身是存在污点的（见第十一章和第十二章）。尽管事实上我们的确参与其中，但这更多是出自一种责任感而非一种对自己投票行为所能产生的效力的预期。事实上，投票这一行为或是其他参与行为不仅没能给我们带来快乐，反而招致了痛苦（见第十三章）。尽管民主为了履行自己的功能必定会招致某些痛苦，但是现代民主制度招致的痛苦是否有点过多了？

为何我们不去选择那些能够直抵幸福的道路?

这要归结于那些可能提升幸福的机构并不够完善：市场和民主化政府的本意并非如其所承诺的那样将会使幸福得到保证，而是在于回应公众期望缓解痛苦的需求。那么为何选民们不能更好地利用手中的工具（政府），选择能够使幸福最大化的路径呢？简单来说，这是由于即使在非常私人的领域内，人们对于如何提升自己的幸福也没有很好的判断，更不用说使幸福最大化了（见第十六章）。这不仅仅是由于人们受到自身所处的经济主义文化的误导，甚或是受到这种思想体系的支配，更可能是由于人们经常不自觉地选择无法带来幸福的路径：他们按照改善后的情况相应地提升了自己的标准，选择短期收益而无视其长期亏损，害怕和规避那些能够达到自身偏好结果的路径，从最初的失败就推断出毫无根据和无法胜任的结论（见第十七章）。西方的个人主义一直珍藏于西方人的文化禀赋之中，呈现出一张十分混杂的损益表。

在一个经济和政治体制都深深依赖于民众的自主选择，且独立自主与“自己应该掌控自己的命运”这一信念业已成为一种共识的社会里，上述观点似乎更像是一种歪理邪说。这些歪理邪说仿佛就是伊曼努尔·康德所痛斥的家长制。

营养不良模型

我将会在那些众所周知的引发不幸的原因中去寻求一些致使烦躁激增的证据，比如：失业率的上升，贫穷人口的增加，生理疾病和成瘾症的流行，社会准则的崩离，那些带给我们生命安全和生活意义的事物的丧失。在战后的大多数时期内，我们不太可能发现这些客观原因。事实上，痛苦的来源已经有所减少。对此我提出了一个模型来解释这一谜题。

假设有这样一个两级程序：精疲力竭而后身体抱恙。我称之为营养不良模型。在这一模型中，人们最初因饥饿而虚弱下来，终至死亡。但是，人们并非死于营养不良，而是死于因营养不良而招致的流感或传染病。如此看来，我们不仅可以用流感类型的增加及流感毒性的增强，还可以用人们体质的恶化来解释流感致死率的上升。在营养不良模型中，尽管那些常见的创伤性和压力性生活事件发生的概率很低甚至在下降，但人们在面临这些情况时却愈发脆弱了。

在我看来，我们这个富足的社会所缺乏的正是温暖的人际关系、融洽的邻里关系、让人产生归属感的团体关系和稳定的家庭生活。诸多证据表明，对于缺乏这类社会支持的人来说，失业会产生更为严重的影响，疾病会更加致命，对子女的失望会更加难以忍受，抑郁一旦发作就会持续很久，各种挫败或期望的落空都会带来更大的创伤。营养不良模型解释了为什么寻求客观原因的增长将注定失败，因为其原因并非在于客观性创伤的增加，而是在于公众承受创伤的阈限值的下降。这个比喻中的流感，即使是较弱的版本，也会造成更为致命的创伤，因为社会性支持的缺失使得人们的抵抗力严重下降。

不幸文化可以自我拯救吗？

每种文化的选择都是在鲁思·本尼迪克特称之为“可能性彩虹”（rainbow of possibilities）的范围内进行的。正如我们在对阿罗街和多布岛、希腊和墨西哥的小村庄、纽约和圣胡安的研究中发现的那样，一些人拥有并保持着让他们不幸福的文化特征。一直以来，在世人心中，美国人似乎为自己铸就了一种幸福模式（因为据说撇开奴隶制、种族灭绝和内战不谈，美国人从不知道什么是悲剧）。自然造就了他们（中的一些人），因此而呈现出的机遇给进取精神——这种精神是那些自不幸境遇中移民而来，想要探究一些新事物的人带来的——留出了发展余地。或许与其他地区的人们相比，美国人曾经是幸福的，尽管亚历克斯·德·托克维尔和一些当代历史学家都不敢苟同[7]。在

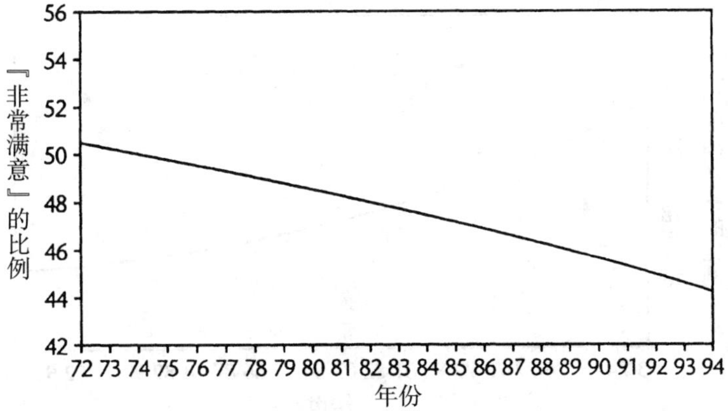

图2.3 1972—1994年美国全国抽样调查中称自己对工作或家务感到“非常满意”的比例

问题：“总体来说，你对自己所从事的工作有多满意？非常满意、一般满意、不太满意还是非常不满意？”（仅当调查对象从事全职工作、兼职工作或在家做家务时。）

来源：综合社会调查（全国民意研究中心）。

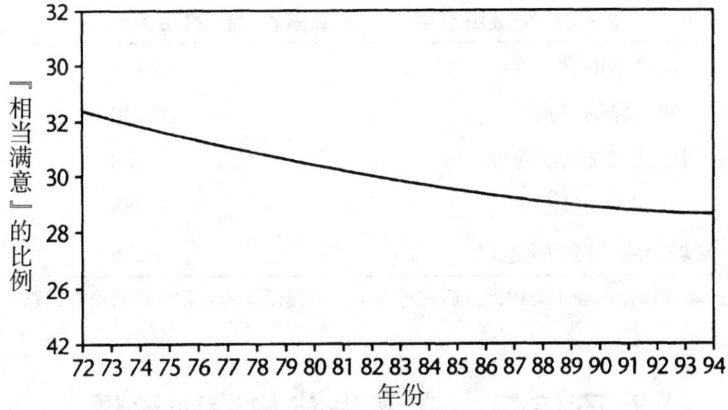

图2.4 1972—1994美国全国抽样调查中称自己对经济状况感到“相当满意”的比例

问题：就您及您的家人而言，您对目前的经济状况有多满意？相当满意、比较满意还是根本不满意？”

来源：综合社会调查（全国民意研究中心）。

1946年，美国曾是当时四大发达经济体中人民感到最幸福的国家；而到了20世纪70年代后期，美国在11个发达国家中只能排到第8位；20世纪80年代，美国在23个国家中排名第10位，这其中包括了许多第三世界国家。因此，人们说美国并不像拥有财富那样拥有幸福[8]。毋庸置疑，某些地方出了问题。历史上曾一度让美国人同时拥有财富和幸福的经济主义一直在误导美国人，让美国人拥有了并不能令其幸福的金钱而非有可能令其幸福的情谊。在过去很长一段时间内，持续性的预测（明天会像今天一样）并没有发挥其效力。

我所作的上述观察只不过是重申了一个众所周知的关于国家和文化的误解。在黑格尔的引导下，克罗伯这位德裔美国人类学家就我上面提到的社会变迁提出了一种颇有见地的隐喻。他谈到了巴比伦文明、希腊文明、中世纪基督文明等伟大文明的生命周期。克罗伯对那些伟大的艺术家和思想家们是如何开发每种文化所蕴含的独特构造之潜能的，以及文明之伟大又是如何在其潜能被开发殆尽后而逐渐消逝的进行了推测。当某个伟大文明的某个主题只是简单重复而没有任何改革和创新时，其末日也就可想而知了[9]。一种文明的消亡通常不是遭遇了重大的灾难事故，不是砰砰作响，也不是絮絮低语，而更可能是适应失败的结果，正如其此前所作的机械重复那样。这一观点完全不同于“历史的终结”（the end of history）这一用以标榜市场民主制度胜利的观点[10]。这是否就是当前美国人所处的境况呢？

第二部分

幸福与抑郁

第二章

现世的不幸

西格蒙德·弗洛伊德曾经发问，是否整个文明纪元，又或是文明本身，“在文明化进程的压力之下都变得神经质了呢”[1]？25年后，弗洛姆作出的回答是：“和19世纪相比，20世纪中期的世界显然病得更重。”[2]弗洛伊德在家庭关系中发现了精神疾病的根源，而弗洛姆则是在社会体制，特别是市场制中寻找答案的。尽管我不想重复这两种传统观念，但我认为每一种都有其合理的部分：不幸和抑郁的起源当然包括家庭关系及其他人际关系的疏离，并且在我看来，这种情况在市场经济制度下更加恶化了，而政治体制也没能起挽救作用。

稍后我将会列出确凿的证据以说明至少自20世纪70年代起，幸福感和抑郁症之间的此消彼长之势。与此同时，我也注意到在我提出的论点中也存在着某种悖论：尽管我们这个时代的经济和政治体制本是一种幸福功利主义哲学的产物，但它们却好像把我们引向了一种更加不幸的境地。部分原因可能是它们受到了边沁的功利主义哲学的影响。边沁认为，金钱是衡量一个人能够承受的痛苦或快乐总量的最精准的工具[3]。但“效用函数”（utility functions）的本质就在于它会随着商品供给的变化而变化。在此我想指出的是，在生活的其他面向，那些看似自相矛盾且备受嘲讽的现象却可能是我们所熟知的困境，比如说：希望被邀请参加聚会的愿望一旦得到满足，其价值也就不复存在了；东欧地区的民众曾经认为只要有了市场，一切都会好起来，而当市场化真的实现了，一切却还是从前的样子。正如阿尔伯特·赫希曼所说，偏好的变化既来自愿望的落空，也来自愿望的满足[4]。

在本章中，我将首先探讨的是：当我们谈到幸福与抑郁时，我们实际上是在谈论什么。然后，我将对近期幸福感的下降及对婚姻、对工作、对经济、对居住环境的满意度的下降进行概述。我们同样在其他发达经济体中发现了这种不利趋势：在欧洲，尽管目前并没有充分的证据可以表明其不幸感在增长，但欧洲却和其他发达经济体一样正经受着抑郁潮的侵袭。在这一分析中，最重要的一点仍然是金钱所能产生的短暂而受用的效力在逐渐减弱。此外，我还会顺带谈一谈人际信任的缺失、对社会进步的信心的丧失和政府公信力的下降等一些与幸福相关的问题。所有这些都和“失范”（anomie）这一概念有关，即一种通常被视为疏离或怨忿的病态现象。我们都知道对未来失去信心是抑郁的特征之一，但奇怪的是，人们似乎可以一边沉浸在幸福当中，一边又对未来持有这种悲观的看法。最后，我将会对关于幸福和抑郁的跨文化研究进行一番审视，这些研究对于解决诸如个人权利及民主这类社会现象很有帮助（见第十一章到第十五章）。现在是时候来对我所说的幸福和满足——连带“情绪平衡”（affect balance）这一主观幸福感的测量指标一起——进行一番阐释了。

幸福和抑郁的含义

为避免读者探讨幸福的维度问题（例如强度、持续性、情绪平衡等），也避免我自己再去回顾“哲学家如何定义幸福”这一悠长的历史[5]，在此我想提醒读者去关注一下新近关于享乐与受苦[6]、快乐与痛苦（边沁认为这是两个无法衡量的主宰）的生物医学研究。我将在本章稍后的段落及之后的章节中提到这些研究，而此时我想转向一个小小的话题：在诸多关于幸福或主观幸福感的实证研究中，当受访者在回答诸如“对总体生活的满意度”等问题时，他们心里实际上在想些什么呢？

一般意义上的幸福和不幸

对于弗兰克·安德鲁斯和斯蒂芬·威西来说，这个问题属于基本常识范畴。他们认为，幸福梦是一个关于被爱，被喜欢，被接受，负责任，受尊敬，有一定的独立性，有一定的安全感，对生活充满兴趣，舒适，成功，愉快等的梦。相较于这些标准对于人们的意义来说，人们更可能从量上来衡量这些标准，比如想要这些需求得到多大程度的满足以及在什么方面想要这些需求得到满足[7]。在我看来，尽管人们的需求的确各不相同，或者至少是对上述各类需求如此，但这只是个开始。例如，有人更渴望被爱，有人更渴望经济上的成功。

在针对成千上万的杂志读者开展的一项富有创意的调查中，乔纳森·弗里德曼得到了更多形象且富有个性的答案。那么人们是如何描述自己的想法的呢？弗里德曼将答案分成了两个基本维度：（1）有趣、快乐、兴奋；（2）心态平和。这两个维度与米尔使用过的维度非常相似[8]。首先，我们来说下第一个维度——兴奋：

> 当人们用“自得其乐”“一切都好”“美好的经历”来形容自己的现状时，我们可以说这些人更加注重积极的生活体验。他们更常使用“快乐”这个词来描述一次性经历、一顿美味的晚餐、一场精彩的网球比赛、一部有意思的电影、一场好玩的聚会等。此外，这一维度还包括创造性行为，帮助朋友，被爱，为所爱的人做些体贴的事或是让他们为自己做些类似的事，与所爱的人分享成功和满足等。可以确定的是，快乐和好时光，无论其来源如何，几乎都包含积极和充满活力的体验[9]。

其次，我们来看下第二个维度，即弗里德曼所说的“心态平和”，同时也是米尔所说的“平静安逸”：

常见的表述如“自我满足和内在平衡”“幸福即满足”“心态平和”“具备应对的能力”“知足”“安心”“感到完满和值得”。这一维度经常关注的是是否存在负面情绪，或是“并非不幸福”“不必为自己不能掌控的事情而感到担心”等。在这一维度中，幸福更加平和、安静、被动、内隐。它更加讲求满足而非兴奋，满意而非乐趣，平静而非快乐，以及“一种一切顺利的感觉”[10]。

弗里德曼解释说，在他的这项调查中，受访者给出的答案可以归类到“兴奋”或“心态平和”这两个维度的概率是均等的。更为重要的是，当人们思考自己是否幸福时，这两个维度是缺一不可的。人们可能会觉得以效用的标准，甚或是经济学家所主张的关于幸福的外在标准——比如说收入、教育和健康[11]——来衡量幸福是多么空洞。事实上，因为其他一些原因，教育与主观幸福感之间并不存在一致的相关关系[12]。收入与主观幸福感之间也不存在，尽管对二者之间关系的诠释在一定程度上受到了某种经济学谬论——在贫困线以上，收入越高，主观幸福感就越高——的影响（在第四章中将会讨论到）。所有证据都表明，尽管对于穷人来说，收入水平的提高会降低他们的不幸感，同时提高他们对生活的满意度，但是对于发达国家那些处在贫困线以上的群体来说，收入水平与主观幸福感之间的这种关系往往比较弱，甚至并不存在。因此，富人和中产阶级上层人士一样，对现状并不感到满足。如果说他们比那些中产阶级下层人士感到更满足的话，那么也只是稍微多了一点[13]（见第四章）。

财富效应（affluence effect）意在说明这样一个道理，即富裕国家的人们比贫穷国家的人们更加幸福。但是事实上在那些富裕、发达的国家，人均国内生产总值并不能很好地预测人均幸福指数。根据一些跨国研究所示的数据，全球幸福数据库的荷兰管理员和分析师鲁特·维恩霍文评论道："事实上，人均幸福指数与人均国内生产总值之间并非线性相关。二者之间的对应关系在贫富两端是不同的，贫穷一端较富裕一端更加显著。因此，这恰好反映了边际效用递减规律。"[14]然而，我的关注点并不是国家，而是个人。

幸福还有其他一些简单的含义。比如说你可能会问出一系列问题，而这些问题在某种程度上都指向幸福感。这其中就包括：（1）你是否享受每天的生活并且期待新的一天的到来？安德鲁斯和威西的问题——"你能享受到多少乐趣"——触及了上述问题的核心，那些类似"你有多少麻烦事缠身"的问题同样如此。麻烦事对于主观幸福感来说是致命的[15]。（2）那些老生常谈的关于意义和目的的问题引起了人们对于约翰·罗尔斯提出的"生活计划"的关注。人们想要知道这些计划的实施进度如何。约翰·罗尔斯将这些计划的实现定义为"幸福"，但是无论从理论上还是从实践上来看，其与"快乐"这一概念都是不同的。更确切地说，意义感往往来自宗教信仰，而宗教信仰又往往与较高的主观幸福感极其相关。（3）未来是否充满希望？不仅是因为无望而僵，还因为抑郁本来就被定义为一种不抱希望的状态（见下文）。（4）你是否相信自己能够处理好那些必须面对的事情？这是一个归因偏向问题，即你更倾向于对自己负责还是将责任推给命运？前者即自我归因，与主观幸福感是高度相关的。（5）正如我们所料，自尊即一个人的自我价值感，几乎可以与主观幸福感等同。（6）尽管我们可能会在感到幸福的同时又感到忧虑，但不可否认的是，忧虑的确是幸福的敌人，正如它是抑郁的同伴。我们可以从已有研究中为上述所有结论找到丰富的数据支撑。总而言之，上述结论中提到的相关因素不是主观幸福感或其相反面的诱因，就是其症状表现。

在现代经济学理论当中，效用意味着偏好的满足，并非仅指满足本身。在我看来，如果我们并不期待偏好满足所能带来的快乐，那么从一开始偏好满足就不会引起我们的注意。丹尼尔·卡内曼曾对偏好满足作了如下区分：第一种是"喜欢"，即消费行为带来的满足感；第二种是"想要"，即"决策效用”，与即时性满足或痛苦很是不同；第三种是“追忆性快乐及预期性快乐”，同样与即时性体验很是不同[16]。我们的很多积极情感都与回忆过去和想象未来有关。快乐本身并不等同于幸福和满足。在许多心理学家和生理学家看来，快乐往往是指生理上的感受，而幸福和满足则是心理上的。贝克莱主教将快乐分为三种：推理型快乐、想象型快乐和完成型快乐。进化心理学家伦道夫·内瑟认为，各种类型的负性情绪都是特定经验的特定产物：悲伤仅仅源自痛失所爱，失望仅仅源自错失良机，羞愧仅仅源自退居次位，嫉妒仅仅源自遭人背叛的威胁，等等。事实上，快乐和痛苦分别产生自神经系统的不同部分。这说明二者不仅如边沁所说是彼此对立的，而且很有可能同时出现，以致陷入一种矛盾的情绪状态。来自避免痛苦的快乐同样不好分类[17]。学术界从不乏对主观幸福感的科学研究，很多心理学家、生理学家、神经生物学家和医学专家等都乐在其中。与前人不同，我本人则是从社会学的角度来研究主观幸福感的。我认为我们或许应当对那些指示幸福、悲伤和抑郁的简单指标感到满足。用心理学家的话来说，这些指标就是正性情绪和负性情绪。

尽管我把很多技术方面的问题放到了本书的附录当中进行讨论，但由于最近有项研究颇有见地，在此不得不提一下。不同于“幸福只是一种不稳定的情绪状态”这一观点，丹尼尔·卡内曼这位前“幸福可测论”的反对者现在反倒认为：人们会对自己的情绪进行监测，然后每过一段相当长的时间进行一次汇总，从而给出一个有意义的报告。因此在回答有关自己是否幸福的问题时，人们既可以就自己这一周的情况，也可以就这个月的情况，还可以就更长一段时间的情况作答[18]。然而对于这些报告，我们也不可偏听偏信。这是由于：人们给出的自我评价往往会受到社会赞许性的影响（例如吸食毒品所带来的幸福并不被社会所认同）；人们会根据传统的理论来解释体验到的幸福；人们看“失”看得比“得”更重；当回想起过去的某种体验时，人们更易回想起该体验有多强烈及在何时结束，而非其持续了多久；人们普遍存在一种积极偏向；等等。不过即使有这些误差的存在，自评报告与他评报告及生理测试中得到的数据仍然高度相关[19]。

抑郁的含义

重度抑郁不仅是一种心境，而且是一种病症。根据最近跨国研究中所采用的诊断标准DSM-Ⅲ-R的规定，重度抑郁指的是以心境低落为主要特征且持续至少两周以上，在此期间至少有下述症状中的四项：

（1）食欲不振或未节食而体重明显减轻，食欲大增或体重明显增加；

（2）失眠或精神过度紧张；

（3）精神运动性激越或迟滞；

（4）对日常活动丧失兴趣或愉悦感，性欲减退；

（5）精力减退，或常有疲乏感；

（6）自我评价过低、自责，或有内疚感；

（7）自觉思考力或注意力明显下降，例如思维迟缓，（并非由思维散漫引发的）犹豫不决，或语无伦次；

（8）经常反复性地思考死亡，构思自杀，有自杀念头，或有自杀行为[20]。

在一个经典公式里，抑郁被看作无望、无助和无用三者化合的产物[21]。尽管抑郁和焦虑是两种不同的精神疾病，但是大部分研究报告却显示二者有着非常紧密的联系。亚伦·贝克认为无望是引发抑郁的关键变量[22]。此外，他的另一见解也颇具见地，他认为：“抑郁症患者在看待自己过去、现在和将来的特质、关系和成就时，都充满了悲观色彩……‘失败者’这个词捕捉到了抑郁症患者在评价自己及自身经历时的神韵。”[23]

在大多数精神病学家、社会学家以及我们这些普通人看来，抑郁无论对个人还是对社会来说都不是一件好事。但在进化论者看来，抑郁一定具有某种进化上的意义，例如促使我们去反观自己的生活及尝试其他的生活解决方案[24]。事实上，我们对心理异常的理解往往得益于对其对立面，即心理健康的理解。

心理健康

以下是两个关于心理健康的简要定义：

当事情必须如此且别无他法时，能够欣然接受自己的人生际遇以及那些因此而变得重要的他人；能够与身处不同时空、怀有不同追求的男性或女性——正是他们创造了传递人类尊严和爱的规则、客体和语言——产生友谊，以驱赶孤寂[25]。

简而言之，成熟且心理健康的人应当是这样的：（1）尊重且相信自己，此外由于他知道自己的真正价值所在，所以从不浪费时间向自己和他人去证明这点；（2）接受他人，乐于与他人合作，在很大程度上欣赏他人；（3）在工作、娱乐、家庭和社会生活中满怀信心和热情，很少有抵触、恐惧和敌对情绪[26]。

不可否认的是，第一个由埃里克·埃里克森给出的定义看起来似乎太过理想化。这一定义并没有提及人类感知痛苦的能力，毕竟至少在自然界，若是无法感知痛苦，有机体便很难存活下来。然而这两个定义都远远超出了抑郁之相反面所欲传达的意思。不过，在以上两个关于心理健康的定义中，“产生友谊”“欣赏他人”“在家庭和社会生活中满怀信心和热情”这些字眼还是引起了我的注意。

1972—1994年美国幸福感的下降

以下是经常使用的用以测量幸福感的一些问题：“总的来说，你认为自己最近过得如何呢？一般快乐、非常快乐还是不太快乐？”“到目前为止，你认为你的人生如何呢？是幸福的还是不幸的？”对于主观幸福感的测量，这些指标虽说并不完美，但还是够好的，且已得到来自其他措辞不同的指标的佐证[27]。（为了避免重复第一章中的数据图，也为了将1990—1994年的数据包括进来，同时为了使各个时间段与各类满意度数据相匹配，我在图2.1中另行给出了一张图表。这一图表虽说时间范围变窄了，却包括了更新的数据。）那么我们现有的数据是否能够说明美国人的主观幸福感正在下降呢？

如果把1972—1994年的数据拟合成一条曲线（图2.1），我们可以从这种年复一年的变化中发现一个潜在的趋势。这一趋势显示出只有大约三分之一的国民声称自己感到非常幸福，这也支持了以下观点，即在市场民主制度之下，与战后那段时期相比，越来越少的人认为自己非常幸福[28]。

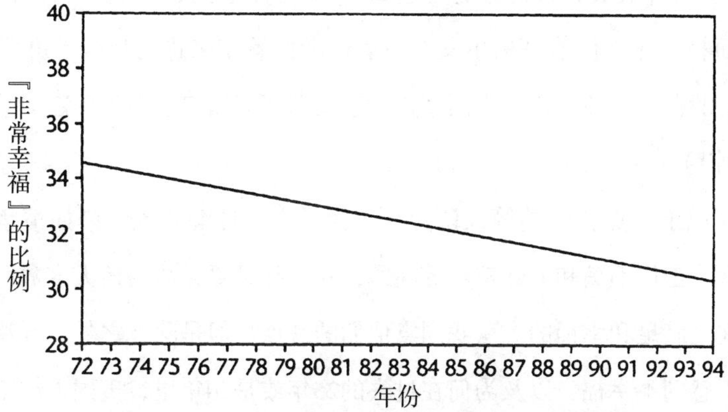

图2.1 1972—1994年美国全国抽样调查中称自己最近过得“非常幸福”的比例

问题：“总的来说，你认为自己最近过得如何呢？一般幸福、非常幸福还是不太幸福？”

来源：综合社会调查（全国民意研究中心）。

尽管“非常幸福”的占比仅下降了大约五个百分点，但是当你了解了这些数据是如何得出后，你将不难发现其中隐藏的变化趋势。为了作出相关的评判，人们往往会参照某些锚点或标准，并且他们会很自然地把现状和近况进行比较，比如说：如果去年比较糟糕，那么今年会相对感觉好一些。类似的校正可能会抹平一切可能存在的趋势。我将这种趋势称为“微妙”的趋势。事实上，如果真的出现了某种显见的趋势，我也会感到惊讶不已[29]。

我们可以认为这种下降趋势是一反常态的。埃德·迪纳和卡罗尔·迪纳曾对常态作出过如下解释：

（1）对于情感系统来说有一种积极的、基于生物学的设定点（set-point）；

（2）人们因受到触动而体验到积极的情绪，并因此调整自己的认知去最大化这种情绪体验；

（3）大部分人拥有为达到自己的目标所需的充足资源；

（4）西方人被教育说要努力达到幸福[30]（尽管跨国研究中将人们关于幸福感的回答与在“价值享乐主义”量表中的回答拿来进行比较后并没有发现某种相关的存在，即是说，不同文化对于人们应当如何感受的界定似乎并没有太大差别[31]）。

基于以上四点，迪纳等人认为：“为了充分理解并预防诸如情绪紊乱、婚姻不幸、工作不满和人际疏离等问题，我们有必要弄清为何大多数西方人大部分时间是满足和幸福的。”我同意他们的观点。但是除此之外，弄清为何仍有少数人感到不幸福，以及为何在过去的25年或是50年里，美国人越来越不幸福，越来越抑郁，也是很有必要的。

在考察不同社会团体间主观幸福感的主要差异前，我想指出的是，至少这些差异在过去是微乎其微的[32]。然而，女性、年轻人、非裔美国人及某些特定的移民群体比其他人感到更加不幸。我将通过对某些特殊问题的讨论来阐明他们的特殊处境。反过来，不同子群体所处的特殊处境间的差异也有助于解释那些特殊问题。

对于美国例外主义（American exceptionalism）及与其相反的跨国现代化（cross-national modernity）这两种理论，需要注意的是，与抑郁不同，幸福感的下降在很大程度上是一种美国现象。例如，我曾取样过的10个欧洲国家从

1981到1990年，在（此前提到的）两个调查中对幸福的判断几乎没有变化。我们可以从同一段时期的同一批数据看出，对生活感到满意的人的占比从79%上升至83%，提高了4个百分点[33]。部分是由于相对稳定的文化规范，在过去的几十年间，各国（在国民幸福指数排行中）都保持着一种相对稳定的排名，比如丹麦和荷兰通常排在第一位或第二位，法国和意大利往往排在最后[34]。据此，我们很难责备说是现代化造成了人们的不幸；从另一种意义上讲，这种主观幸福感（而非其相对幸福感或生活满意度）的下降恰恰说明了美国的“例外”。

发达国家中抑郁的上升

让我们来看一组表明抑郁正在潮起的证据。1992年，丹尼尔·戈尔曼在《纽约时报》上发表了一篇文章，这篇文章写道：“在一些（发达）国家中，1955年以后出生的人在生命的某个阶段患上重性抑郁症——不仅仅表现为忧伤，还表现为百无聊赖、沮丧、自我贬低以及强烈的绝望感——的可能性要比他们的祖辈高出3倍。”[35]参考同样的数据，马丁·塞利格曼写道：“我们正处于抑郁症流行的全盛时期，其所能导致的最严重后果便是自杀；而如我们所知，自杀致死的人数并不比艾滋病致死的人数少，且发生的范围也更加广泛。今天，重性抑郁症的流行程度远比50年前高出10倍。女性的发病率是男性的2倍，且我们这一代人的首次发病期比上一代人平均早了整整10年。”[36]

默娜·韦斯曼曾在9个国家和地区进行过一项研究，这项研究的结果表明：抑郁症在绝大多数发达国家中都比较典型，但在那些相对发达的亚洲国家和地区中却相对不那么典型，比如韩国和中国台湾地区[37]。其他相关研究也得出了与此相一致的结论。1978年，伦敦的一个研究团队发现：在进行为期3个月的一项研究期间，其研究对象中大约有15%的女性患上了情感障碍；有18%

的人处于临界状态；在所有人当中，大约五分之一的女性表现出明显的抑郁症症状[38]。此外，据世界卫生组织统计："全世界每年至少有1亿人被确诊为抑郁症，并且由于一些原因，这个数字还在增加。"[39]

尽管有数据表明美国是全球抑郁症发病率最低的国家之一[40]，但是另有数据表明美国的这一排名很难保持住，非常有可能上升。此前（1982，1985）曾有人针对美国本土开展过两项样本量总计达1.2万人的流行病学研究，结果显示："1945年之后出生的人患上抑郁症的可能性要比早他们50年出生的人高出10倍。"[41]这一增长率要远远高于其他国家。此外，韦斯曼及其同事曾在美国的5个州取样调查，结果发现："对于美国年轻人来说，在生命中的某一时期患上抑郁症的可能性在不断上升。例如，1955年之前出生的美国人在75岁之前患上重性抑郁症的比例只有1%；而1955年之后出生的美国人在24岁之前患上重性抑郁症的比例就已高达6%。"[42]韦斯曼还指出，目前有四分之一的美国人曾在生命中的某一时期经受过某些抑郁症的临床症状的折磨[43]。另有一项研究报告称，几乎有一半的美国人（48%）曾经患过严重到足以影响正常社会功能的抑郁症，近20%的美国人被诊断为重性抑郁症[44]。

在针对儿童情感障碍进行的研究中得到的结果也相当令人困扰。例如一项来自英国的研究发现，10岁以下的儿童患上情感障碍的比例在1985年至1990年间上升了42%[45]。另一项来自美国的研究也得到了与此相一致的结果；研究还认为，儿童期患抑郁症的事实能够很好地预测成年期患抑郁症的可能性[46]。由于儿童期患抑郁症的人更可能在以后的生活中去求证自己是否在走向抑郁[47]，因此陷入了一个自我强化的恶性循环。

考虑到以上研究中所作的调查并非精准无误，在此我想给出一组数据以支持据其作出的推论，即在发达国家，青少年期抑郁症发病率的上升大大增加了成年期自杀的比例（表2.1）。

表2.1 每10万人中15—24岁青少年自杀率的增长

	1970—1987年	1990年
澳大利亚	8.6%	16.4%
挪威	6.2%	16.3%
加拿大	10.2%	15.8%
瑞士	13.7%	15.7%
美国	8.0%	13.2%
瑞典	13.3%	12.2%
法国	7.0%	19.3%
联邦德国	13.4%	9.6%
英国	4.3%	7.2%
日本	13.0%	7.0%
意大利	2.9%	3.2%

来源：UNICEF. 1993. *The Progress of Nations*. New York: United Nations, 45.

如此可观的抑郁增长态势对于任何文明社会来说都是一场悲剧，但是目前关于这一悲剧性现象的流行病学研究仍受限于并不完善的测量指标，且针对其开展的纵向研究也才刚刚兴起。鉴于此，下面我所进行的分析将主要诉诸那些以生活质量名义进行的研究，这类研究的一个主要术语就是主观幸福感。

对不同生活领域的满意度的下降

虽然早期（1976）进行的一批生活质量研究中采用的测量主观幸福感的指标不尽相同，但是综合各研究中对特定生活领域——家庭、工作、娱乐等——的满意度的考察，我们仍可以发现一种逐年递减的线性模式[48]。据此，我们或许可以推测，如果分别考察对婚姻、工作、经济和社区的满意度，我们也许可以得到与上述总体考察相一致的模式。事实上，在对1972—1994年这段时间范围内的综合社会调查进行分析后，我们的确得到了与推测相一致的结果，如图2.2、2.3、2.4、2.5所示。

对不同生活领域的满意度也应当分别与总体幸福感之间存在相关关系。事实的确如此。此外值得一提的是，与我的观点——让人感到幸福的是人而不是钱——不谋而合，分析显示出：对婚姻的满意度是目前为止最好的预测总体幸福感的指标（表2.2）。

相关关系无法揭示因果关系，这一事实为各种推论留出了余地。例如：总体幸福感是否会以一种自上而下的模式来调节人们对自己的工作、经济状况等某些特定生活领域的满意度？又或者，对某些特定生活领域的满意度是否会以一种自下而上的模式来调节人们的总体幸福感[49]？更可能的情况是，它们是相互影响的。维恩霍文发现，“有个同伴”是感到幸福的一个重要起因，同时感到幸福也大大提高了人们拥有同伴的可能性[50]。最后，一些外部因素如人格特质是否会影响部分或总体的幸福感？这也是事实：在多数情况下，性格外向的人都相对更加幸福，与他人在一起时会增强他们的幸福感。来自生活质量的研究对以上四种推论，即自上而下说、自下而上说、相互影响说和外部因素说给出了相关支持[51]。但是，这些研究并不支持关于图1.1中幸福感显著下降这一现象的经济学解释。

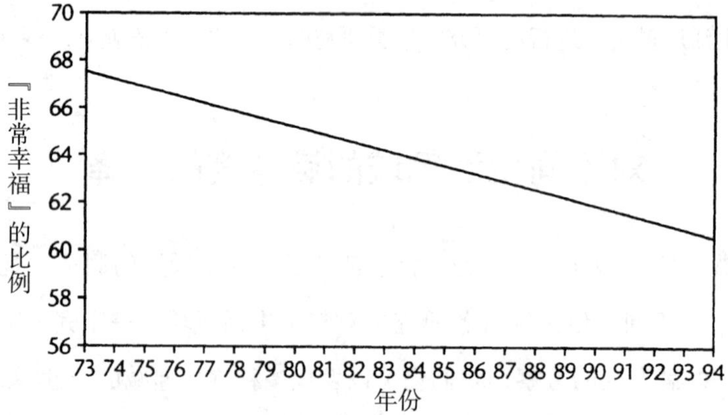

图2.2　1973—1994年美国全国抽样调查中称自己对婚姻感到“非常幸福”的比例

问题：“总体来说，你会怎样描述自己的婚姻？一般幸福、非常幸福还是不太幸福？”

来源：综合社会调查（全国民意研究中心）。

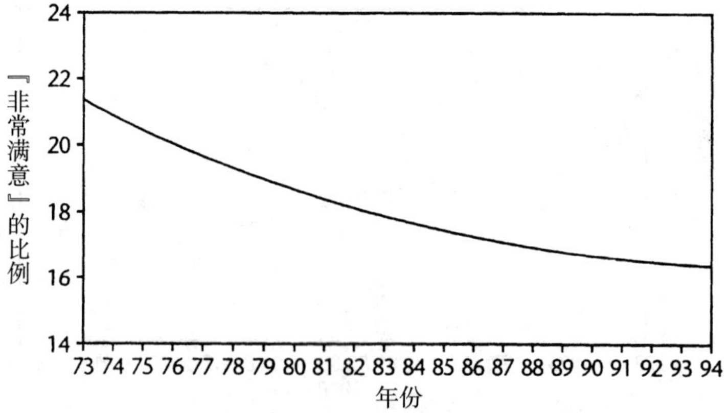

图2.5 1973—1994年美国全国抽样调查中称自己对居住环境感到“非常满意”的比例

问题：“对于我下面提到的每个地点，请告诉我你对该地点的满意程度。以你所居住的城市或地区为例，你感到非常好、相当好、很好、比较好、有一些好、有一点儿好还是一点儿也不好？”

来源：综合社会调查（全国民意研究中心）。

表2.2 领域满意度与总体幸福感之间的相关性

对婚姻的满意度	0.469
对工作的满意度	0.290
对经济状况的满意度	0.288
对朋友的满意度	0.288
对城市或地区的满意度	0.275

来源：综合社会调查（全国民意研究中心），数据范围为1972—1994年或1973—1994年。

互不信任、道德失范与悲观论调

我们是否可以把当前社会显现出的颓唐迹象，又或是焦虑状况看作幸福感下降的证据呢？在此，我们主要关注的是以下三种信念：互不信任（“你认为大部分人是值得信任的，还是认为与人打交道时再谨慎都不为过？”），“大多数人的处境都在不断恶化”，“多数从政者并不真正关心普通人的问题”。对此，我们需要弄清楚两个问题：这些令人困扰的信念是否有所增强？这些信念又是否会加重当前社会显现出的焦虑状况，进而导致我们更深层的不幸呢？

对于第一个问题，根据1972—1994年的数据来看，答案是肯定的，尤其是“互不信任”这一信念，如图2.6所示。此外，“大多数人的处境都在不断恶化”和“多数从政者并不真正关心普通人的问题”这两种信念也出现了显著增长（如图2.7和图2.8所示）。巧合的是，在这种悲观论调愈发明显的同时，不幸感也在与日俱增。

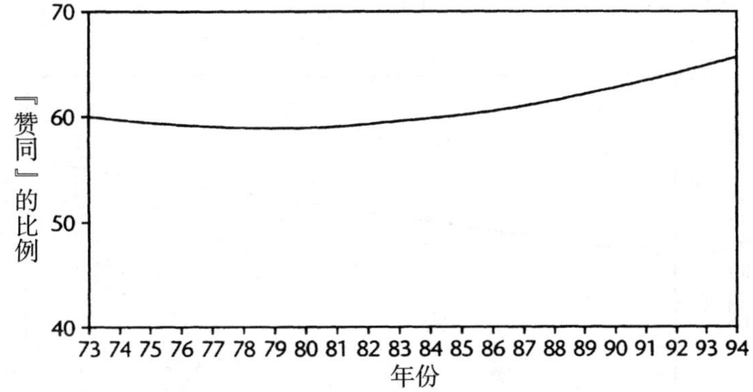

图2.6 1972—1994年美国全国抽样调查中认为“与人打交道时再谨慎都不为过”的比例

问题：“总体来说，你认为大部分人是值得信任的，还是认为与人打交道时再谨慎都不为过？”

来源：综合社会调查（全国民意研究中心）。

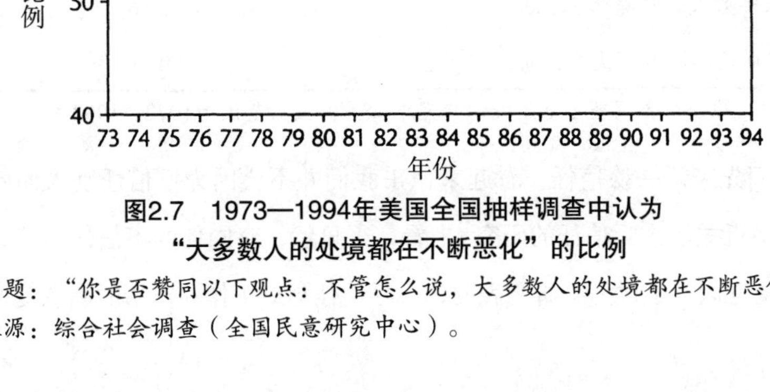

图2.7 1973—1994年美国全国抽样调查中认为“大多数人的处境都在不断恶化”的比例

问题：“你是否赞同以下观点：不管怎么说，大多数人的处境都在不断恶化。”

来源：综合社会调查（全国民意研究中心）。

假使这些信念果真与人们的幸福感密切相关，那么为了提升我所作的相关论述的系统性，将这些信念看作一种现代病也未尝不可。但是这些信念与幸福感之间的相关关系不是不够显著，就是太过混乱（表2.3）。借用一下我后面将会提及的一种差异性，这些信念所自带的批判性，即其对普罗大众、对社会处境、对政府机构所作的批判，对于那些并不在意这些批判的人来说是无关痛痒的。这些人并不会因此而感到不快。

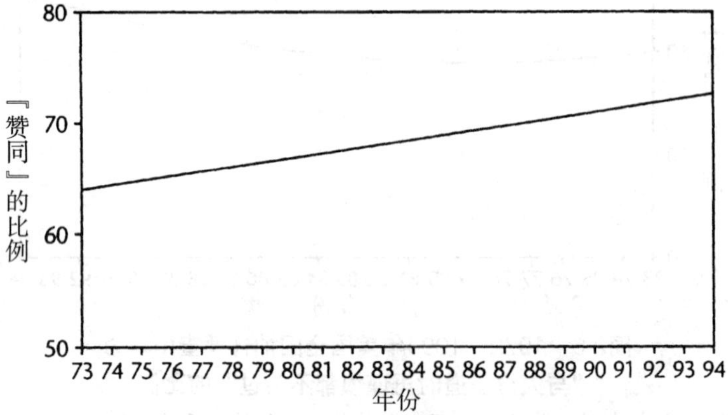

图2.8 1973—1994年美国全国抽样调查中认为“多数从政者并不真正关心普通人的问题”的比例

问题：“你是否赞同以下观点：多数从政者（在政府部门工作的人员）并不真正关心普通人的问题。”

来源：综合社会调查（全国民意研究中心）。

表2.3 幸福与相互信任、处境日下及官员不作为的信念之间的相关

他人是可以信任的	+0.09
大多数人的处境都在不断恶化	−0.16
多数从政者并不真正关心普通人的问题	−0.13

来源：综合社会调查（全国民意研究中心），数据范围为1972—1994年。

我们先来谈一谈信任。看起来似乎我们并不会因为不信任别人而感到不幸。从最近关于人际信任的研究[52]来看，很显然，对同伴的不信任并不是不幸感的重要起因。不过另有研究表明，人际信任与对工作和友情的满意度密切相关[53]。此外，如果我们换一种思路来考察信任与幸福之间的相关关系，即以整个国家而非以个人为单位来进行考察，那么正如我们所预期的，信任与幸福二者呈现出的是一种显著的正相关关系（$r=0.61$，$p>0.05$）[54]。据此，你可能会说生活在一个互相信任的国度里肯定美翻了；但是，事实上我们也并没有因生活在这个互不信任的国度中而感到十分痛苦。

人们或许会认为，“大多数人的处境都在不断恶化”这一信念是对崇尚进步的美国人的一种侮辱，会给这些人带来痛苦，令他们反感。事实的确如此（或者说至少与幸福存在显著的负相关），不过这种影响并不大。在图2.7中，令人惊讶的并不是几近水平的数据变化趋势（直到1982年之后才有所起伏），而是：即使在最景气的年份里，也有约半数人赞同这一信念；到1994年，这一比例几乎达到了三分之二。另一方面，“多数从政者并不真正关心普通人的问题”这一信念也与传统的怀疑论调（即一些人对从政者和政府的负面看法，见第十一章）相一致。意料之中，早些年间大约有三分之二的人怀疑从政者是否心系民众福祉，尽管到1994年当这一比例达到四分之三时就有些出乎意料了。对从政者的怀疑态度也会对幸福感产生影响（或者至少与幸福相关），但是像其他信念一样，这种影响并不大。

在第十三章中我还会给出其他证据以说明这一无效感（sense of futility）的增加，与此同时，关于政治效能感在下降的证据也将进一步阐明这一反常现象。而在此，我要给出的是民众对一系列考察1966—1986年间无力感和疏离感的问题的反应情况，见表2.4。

表2.4　无力感和疏离感增加的证据

问题	1966年	期间	1986年
“大多数有权力的人都想要利用像我这样的人”	—	33%（1971）	66%
“我的看法无关紧要”	36%	—	60%
“从政者并不真正关心发生在我身上的事情”	26%	64%（1976）	55%
“我感到被周遭冷落了”	9%	45%（1983）	37%

来源：Louis Harris. 1987. *Inside America*. New York:Random House/Vintage, 35–36.

这只是“小人物”在表达自己的无足轻重感，而非统治阶级成员对自己拥有的终极权力的感知。这是一种主体心态，而非平民心态。这些观点是否会招人反感呢？从政治的角度来说，是的；但是说实话，我们也不知道。

另一组反映颓唐迹象的数据来自德国。沃夫冈·格拉策在1978—1984年间收集了德国人对于当前进步的估计和对于未来的预期的相关数据。如表2.5所示，20世纪80年代，德国人越来越觉得过去（5年）比现在更好，未来比现在更黑暗。有趣的是，这种关于个人状况变化的悲观模式与人们对当前幸福感的评价（1978年为7.3，1980年为7.1，1984年为7.3）保持相当一致。此外值得一提的是，由于研究中关于幸福感或生活满意度的问题太过笼统，因此有关幸福感的很多维度并没有被囊括进来。

表2.5 与过去和未来相比，德国人对现在的满意度评估

	1978年	1980年	1984年
5年前与现在相比			
提高	41%	34%	31%
一致	44%	48%	46%
下降	14%	18%	23%
现在与5年后相比			
提高	24%	21%	19%
一致	64%	54%	56%
下降	12%	25%	25%

来源：Wolfgang Glatzer. 1991. "Quality of Life in Advanced Industrialized Countries：The Case of West Germany." In strack, Argyle, and Schwarz, eds., *Subjective Well-being*, 261–275 at 276.

来自美国这个激进且乐观的国家的一项早期研究（1975）在一定程度上揭示出同样的模式，这项研究指出：尽管人们认为当前的确比5年前要好一些，但他们并不看好未来5年，认为状况只会越来越差[55]。此外，另有几项跨国研究表明：与信任不同，对自身及国家经济的信心会随着经济的发展而下降[56]。需要说明的是，尽管这些研究所涵盖的时间范围并不广，但考虑到希望之于抑郁症的拮抗意义，这些研究将在很大程度上解释发达国家抑郁症发病率的上升。最后，研究发现乐观与自我控制（自我归因）这一幸福人群所具有的核心人格特质密切相关[57]。缺乏自我控制（认为自己不能掌控自己的生活）也被认为是不幸感的核心特征，用两位研究者的话说："在所有能够解释不幸模式的因素中，对自己生活的掌控感是最重要的。在美国，不幸模式在某种程度上反映的是自主、机遇和成就的模式。"[58]

在后面的章节中，我将会对各类生活特征分别能够在多大程度上解释不幸和抑郁进行考察；而在此，我要介绍的是一些关于幸福和抑郁的跨国研究。

各国幸福研究

有趣的是，对各国幸福水平之间的差异最感兴趣的居然是那些对此最不以为然的人。在他们看来，由于研究对象的回答仅仅反映的是各自的文化规范，且无法揭示出某一文化背景下的民众是否真的比其他文化背景下的民众感到更加幸福或是更加不幸，因此这种差异对比的意义并不大。比如说：由于"出风头"并不是日本文化所倡导的，因此日本人极少会说非常幸福或是非常"××"；法国人倾向于声称自己是最不幸福的人，但是这很可能是他们的风俗所致，即他们乐于诉说自己的不幸，且对生活常常抱有一种嘲讽的态度；瑞士人（68%）要比伊朗人（32%）表现出更多的内疚感和自责感，而伊朗人比瑞士人则表现出更多的焦虑感[59]；在印度文化中，大约有三分之一的印度人（34%）赞成"行为结果是否令人满意都无关紧要"，而在美国这一比例只有12%[60]。据此，或许我们可以认为，顺应自己所处文化的文化规范在某种程度上可以减轻痛苦。

如此看来，美国人眼中的幸福[61]是否被那些关于主观幸福感的跨文化比较带偏了呢？通俗地讲，美国人眼中的幸福是否就是幸福呢？再通俗一点，美国较之其他国家的高幸福感是否得益于美国人把幸福看得更重这一事实呢？事实上，在所有有据可考（1980年前后的幸福感调查数据）的23个国家中，美国排名第10，位于丹麦、瑞典、荷兰、英国、澳大利亚等国之后，仅位于挪威、法国和德国之前。对于美国这一相对居中的排名，维恩霍文谈道："美国人的幸福水平实际上可能要稍低一些。"[62]在这一点上，他与托克维尔和大卫·波特[63]不谋而合。他们都认为美国之所以是最幸福的国家，是由于美国较之其他国家把幸福看得更重。但事实上，美国并不是最幸福的国家，也没有如此看重幸福。（考察主观幸福感的系列问题在跨文化研究中的效度是个技术问题，详见附录。）

表2.6呈现的是主观幸福感与各种指标之间的相关性，这些指标包括经济、政治和现代化的各种社会形式，如人均国内生产总值、女性权利、老年保障、出版自由、民主化进程、教育及大众媒体曝光。乍一看，表格中所示的数据似乎能为现代化的自由议程提供有力的支撑，但在我看来，由于第2栏中在计算各种因素与国民幸福之间的相关时并没有将经济发展这一变量考虑进去，因此据此所作的推论的可信度也受到了某种程度的削弱。第2栏的7个相关中只有两个相关显著，也就是说，经济发展几乎影响到所有可能存在的相关。在后面的章节中我们将看到，如果没有经济发展的带动，那么在这项分析中政治民主对幸福的贡献可以说是微乎其微的。但在其他针对发达国家（欧洲和美国）开展的研究中，我们也的确可以观测到实施多年的民主制对幸福的促进作用[64]。不久之前，很多研究都发现：通讯是现代化最重要的特征[65]。这可能是事实，但根据表2.6，一旦控制了"经济发展"这一变量，"媒体参与度"对幸福的贡献率基本为零。此外，该表没有指出的是：尽管观测到的收入的离散程度的确与幸福的离散程度存在相关，但收入分配不均等/均等的基尼系数却对幸福没有任何贡献[66]。正如我先前所说的那样，收入均等并不是多数人所渴望的[67]，且目前并没有任何证据可以表明收入均等能够提升幸福感。

表2.6　23个国家1980年前后的幸福感与各种生活指标之间的相关

国民特征	与幸福的相关	
	零阶	控制“经济发展”这一变量
物质享受		
实际国民收入	0.69*	—
营养	+0.50*	−0.19
社会平等		
女性解放	+0.75*	+0.64*
社会保障	+0.57*	+0.20
自由		
出版自由	+0.55*	+0.27
政治民主	+0.54*	−0.02
知识获取		
教育	+0.82*	+0.60*
媒体参与度	+0.54*	+0.07
R^2	+0.77*	—

*p<0.01。

计量标准：营养，每天每人卡路里摄入量（很明显，富裕国家的人们摄入得太多了）；女性解放，女性接受教育的情况和参政议政的权利；社会保障，社会保障覆盖范围及社会保障占政府财政预算（减掉国防）的比例；出版自由，详见G. T. Kurian. 1979. *The Book of World Ranking*. London: Macmillan；政治民主，国家的独立指数、国会的运转情况及是否存在军事政变；教育，学校招生情况及教育支出情况；媒体参与度，人均日报发行量和人均无线广播量之和。

来源：Veenhoven, *Happiness in Nations*, 50.

抑郁症在各国的蔓延

尽管在20世纪50年代早期，研究者并没有发现抑郁症的国别差异（除在病情同等严重的情况下表现出的不同侧重外）[68]，但是在最近的跨国研究中，研究者借助更好的仪器设备和使用相对一致的概念发现了很多不同之处。如前文所述，重性抑郁和焦虑在经济发达国家都有显著增长，且在年轻人当中尤为明显。那么增长主要表现在哪些方面呢？特别是，在欠发达国家是否也出现了类似的情况呢？首先让我们来看下与发展中国家相比，发达国家抑郁症的流行情况（表2.7）。

表2.7　每1000人中重性抑郁症的发病率，发病年龄（20世纪80年代），人均国内生产总值

	每1000人中重性抑郁症的发病率	发病年龄*	人均国内生产总值†
黎巴嫩（贝鲁特）	19.0	25.2	—
巴黎大区	16.4	29.2	21530
意大利（佛罗伦萨）	12.4	34.6	16800
新西兰（克莱斯特彻奇）	11.6	—	—
加拿大（埃德蒙顿）	9.6	24.8	18940
联邦德国（慕尼黑）	9.2	—	21020
美国（5个州）	5.2	25.6	24500
波多黎各	4.3	29.5	6241‡
韩国	2.9	29.3	7360
中国台湾地区	1.5	29.3	10460

*为了便于比较，研究中对年龄和性别进行了标准化。

†以1987年的美元价值为标准。

来源：*Statistical Abstract of the United States, 1995.* Bureau of the Census, Washington, D. C. September 1995, 855.

‡1993年的人均收入。

来源：Myrna M. Weissman and 17 others. July 24–31 1996. "Cross-National Epidemiology of Major Depression and Bipolar Disorder." *Journal of the American Medical Association* 275: 293–299, table 2, p. 296.

如果撇开发生内战的黎巴嫩不说，第一个惊人的发现就是两个亚洲新近崛起的现代工业化国家和地区是目前为止重性抑郁症发病率最低的国家和地区。除了波多黎各，二者在这一研究中是最不富裕的国家和地区。据此，我们可以认为这一国家排名不同于以往以收入为准进行排名并进而得出“收入增长会导致主观幸福感下降”这一结论的国家排名[69]。除了收入之外，必定有某种其他因素在发挥作用。

这一因素很可能是中国台湾地区和韩国的家庭中存在的那种持久却渐弛

的一体感（见第六章），以及集体主义社会所特有的朋友间亲密的情感纽带[70]。正如家人和朋友能够带给我们幸福，这一因素可以说是抑郁和其他心理问题最好的屏障[71]。虽然目前我们并不知道这些亚洲集体主义社会在市场制的冲击下是否能够保住重情谊的传统以保护自己不受抑郁的困扰，但是已有证据表明，最近（1997—1998）的经济困境似乎使得这些国家和地区比过去更加依赖家庭。从某种程度上来说，“新（市场制）旧两种社会体制之间存在的巨大冲突会如何解决”将决定“这些国家和地区如何从与重性抑郁症的较量中重生”。（这一冲突不禁让人想起弗洛伊德在《文明及其不满》中提到的爱与需要之间的冲突。）

以1987年的美元价值为标准，波多黎各人均收入只有6241美元，在表2.7所示国家中最低。作为一个拉丁美洲国家（像墨西哥一样，已深入研究过[72]），尽管波多黎各人在对命运的看法上与亚洲人并不相同，但其却与一些亚洲人共享了集体主义这一文化形态[73]。据此，我们认为波多黎各相对不受抑郁症的困扰这一点再次指出了早期研究的不足（仅仅考虑收入这一因素），同时也在一定程度上支持了“集体主义文化更能抵抗抑郁症的侵袭”这一假说。此外，一项在美国西南部针对拉丁裔和英裔开展的对比研究也对此给出了支持，这项研究发现：“尽管拉丁裔相比英裔更少受影响一些，但综合来看，双文化背景下的调查对象最不受抑郁症的影响。”[74]

我们或许可以认为与欧洲和美国相比，其他相对贫穷且没有受到集体主义文化保护的国家的抑郁症发病率会比较高。但是在提到这些欠发达社会甚或是原始社会时，塞利格曼却认为其抑郁症的发病率并没有发达国家那么高。塞利格曼说：“总之，在这些非西方文化没有被现代化之前，你很难发现诸如自杀、无望感、自弃、低自尊、消极等这些我们所熟知的抑郁症表现。”但是，这一观点只得到了来自两项研究的些许支持，一项是在新几内亚开展的研究（1984），另一项是针对美国阿米什人开展的研究[75]。然而更多新近的研究表明，心理疾病在第三世界国家呈上升态势，但起因并非现代化，而是“政治暴力”引起的替代感和不确定性[76]。此外，在尼日利亚和乌干达开展的相关研究表明，当地农村女性的抑郁症发病率与发达国家同样高，或者说至少与伦敦近郊同样高[77]。或许另一能够质疑现代化之于抑郁症的催化作用的证据是：欠发达国家中女性抑郁症的发病率并没有如发达国家那么高[78]。尽管稍后我将会给出有力证据以说明市场化对亚洲家庭主义价值观的破坏，但在此我想说的是，弗洛伊德的假说——“文明本身让人们精神失常或罹患抑郁”——并没有经过可靠的论证[79]。

不幸和抑郁在任何情况下都是悲剧，但在一个极度崇尚进步的世界里，幸福感的显著下降和抑郁的显著上升更加值得我们关注。难道我们走了这么远就只是为了继续我们单调的享乐主义之旅吗？又或者换个比喻来说：如果我们要改变路线，是否也要把全体成员换成一批在和平与繁荣中成长起来的人呢？在幸福到来之前，我们还必须忍受多少不幸和抑郁呢？如果市场并不能够给那些并不崇尚物质的文化带来好处，如果民主并不能给这些文化背景下的人们带来幸福（见第十一章到第十五章），为了实现改变，我们又能够依赖什么呢？我将在第十八章中对这一问题进行探讨。

引用理查德·巴克斯特这位18世纪颇具影响力的新教神学家之言，韦伯在其书中写道：“对于圣徒来说，身外之物只应是‘披在肩上的一件随时可丢掉的无足轻重的斗篷’。然而命运却注定要将这斗篷变成一只铁的牢笼。”谈及改革，韦伯继续写道：“启蒙主义——宗教禁欲主义那大笑着的继承者——脸上的玫瑰色红晕似乎也在无可挽回地褪去。”[80]

第三章

幸福如天赐：进化，人类的堕落和孩子的贬值

我们身边都有这样一种人，他们即使身处逆境也能应对自如，麻烦缠身也能泰然处之。他们是那种有着阳光气质的人。我们身边也都有这样一种人，他们总是看向事物的黑暗面，对他们来说没有什么能够带来快乐，没有什么可以安慰自己，任何事物似乎都充满了危险。他们拥有一种独特的（希腊）气质：他们是忧郁的。或许天赋论足以解释哪些人是幸福的，哪些人是抑郁的，但并不足以解释个人情绪的变化，文化差异，特别是二战后幸福感的下降及抑郁症发病率的上升。天赋论使基于事件和行为所作的解释变得复杂起来。但并非所有的天赋论都依赖于个人天赋这一基础。

情绪稳定性或是主观幸福感有三个主要来源。首先是遗传学或生物学来源。人们与生俱来的秉性会使他们在一生中倾向于幸福或不幸，快乐或抑郁[1]。我们将其称为气质。我会在本章的前半部分对其进行讨论。其次，早期社会化也会对一个人幸福或不幸的倾向性产生影响。气质和社会化共同塑造了对负性及正性情绪的接受能力各不相同的多样化人格。最后，相对稳定的境遇（例如社会等级、家庭关系、民族文化及继承的财产）会对一个人将会拥有何种类型

的经历产生影响；这些经历，不论好坏，因一次又一次地重复而形成了一种较为稳定的情绪。智力、外貌、社会和职业技能，这些是能够对一个人如何与他人相处及被他人如何对待产生影响的特定资源，在一定时间内不会有较大变化。但是这些几乎不会发生变化的资源并不能解释幸福感的下降和抑郁症发病率的上升。对此，我将会给出两个假设：我们违背了进化指令，且贬低了孩子的价值。

情绪稳定性的一些含义

在描述这些相对稳定的特性之前，请容我先来解释一下为何它们在诠释市场和民主之于提升幸福感的意义方面很重要。很明显，它们能够反映出市场和政府在提升幸福感方面存在的局限性。在下面将要提到的一项研究中，当把这些因素全部考虑在内后，人们生命中的各种事件在幸福的变异中只占到8%[2]。为加以区别，政府和市场必须要在早期阶段加入到这场争夺战中来，对家庭社会化、学校政策、人口分层方式和孩子的价值施加影响。由于干涉家庭事务被视作一种入侵，并且消除贫穷却不产生依赖已经在实践中被证明是困难重重的，因此这并不是一件容易的事情。

情绪稳定性还有对分配公平进行评估的含义。尽管行为结果被认为在很大程度上取决于智力和美貌等遗传因素，但是哲学家们却仍在全力解决公平这一问题（在我看来，很不成功[3]）。如果幸福至少有一部分是天赐的，那么像大卫·罗斯和尼古拉斯·雷舍尔等这些将幸福看作不可强求的终极商品的哲学家们可要头疼了。

除此之外，还有第三种考虑。不仅体制改革和对公平的评估出现了失衡，个人追求幸福的价值观也发生了改变。稳定性的证据无法证明其合理性，但是有人可能会说，为什么要去追求幸福呢？就像卡尔文的预言：我或许生而幸福，或许不是，但无论怎样，我都无能为力。众所周知，消极被动是忧郁的重要起因，因此或许这种推理的思路可以进行自我校正。又或者人们可能会说，如果我不幸福，这并不是我的错，而是我父母的错，由于他们没有把我培养成追求幸福的人，他们在生命之初就给了我一个坏的开始。总之，人们对自己的幸福所负有的责任感受到了重挫。此外值得一提的是，在大多数（但不是所有）情况下，“相信自己能够掌控自己的命运”在很大程度上影响了一个人的幸福感和对生活的满意度。早期，或许是出生前，一个人的命运已成定局这种看法会剥夺人们对生活的掌控感。

这些仅仅是稳定性假说的几个含义。怀其于心，我们来看一下关于“一个人的命运在多大程度上已然注定”的相关发现。

遗传学和生物学因素：天赋

我们先来看一些关于幸福的生理学证据[4]。一位研究者曾经写道：“在正常的行为范围内，30%到50%的变异通常是遗传因素造成的。”[5]目前很多关于情绪稳定性的证据都来自对单卵（同卵）和双卵（异卵）双胞胎的研究。特勒根等人发现：即使由不同家庭抚养长大的单卵双胞胎，他们的主观幸福感也是极其相似的；而由同一家庭抚养长大的异卵双胞胎，他们的主观幸福感却相对不那么相似。此外，一些纵向研究发现：在幸福感的长期报告中，遗传因子占到了变异的80%[6]。但是，正如我们将要看到的那样，身体和心灵之间的交互作用给意志、行为和变化的境遇留出了一些空间。

先天与后天的关系很复杂。首先，基因通常会影响我们对环境的选择，后天在某种程度上是由先天塑造的。如果人们选择自己的环境，那么他们的社会化就是一个双向过程。正如一些研究者所写的那样，无论父母、学校和邻居能够带来什么样的影响，这些影响对不同的孩子是不同的，且非常短暂，并不会持续到孩子长大成人[7]。考虑到孩子们会逐渐把自己与他人区别开来，并在学校和家庭中找到自己的专属位置，同时考虑到即使是同一个家庭的不同孩子，其各自生长的环境也不全然相同，因此社会化对于“不同孩子的影响各不相同”这一点也就不足为奇了。天资聪颖的孩子会取悦自己的父亲，有音乐天赋的孩子则会取悦自己的母亲，因此孩子各自的天赋在很大程度上决定了父母对待他们的方式。

与此同时，先天的影响有时会随着年龄的增长而增加。这一说法部分是基于基因对智力的影响，这一点已被养子与养父母的智商之间日渐晦暗的相关性所证实[8]。目前同胞间并不享有同样的教养环境已是公认的事实，并且这一点似乎增加了后天对于同胞间出现的各种差异的解释力。但是为什么这些差异会存在呢？比如说为什么一位父亲会对自己的一个孩子比对另一个孩子更差呢？一些研究表明，孩子所接受的教养方式在很大程度上受到孩子自己与生俱来的特质及他们如何用这种特质去匹配成年人的特质的影响[9]。在第十七章中，我将讨论人们是如何对自己的幸福产生影响的，但同时我也会指出，除了先天与后天的这种相互关系外，还存在纯粹的来自环境的影响，例如：不管兄弟姐妹间是否存在血缘关系，他们在童年期父亲或母亲缺失的共同经历能够在很大程度上预测他们是否会在成年后酗酒[10]。值得一提的是，先天与后天之间的复杂关系在我们的进化史中有一定的根源。

存在于进化中的幸福和不幸的根源

上面提到的天赋有一个根源——进化。与我们已有的认知不同，情绪与我们的动物本性更接近一些。爱德华·威尔逊曾含蓄地问起关于情绪起源的问题：“是什么（进化压力）促进了下丘脑和边缘系统的进化？”当然，答案是有利于基因复制的自然选择过程[11]。对此，让我们来看下两位知名的诠释者对于进化与幸福之关系的评论。在发现了易使人焦虑和悲观的短基因（见下文）后，国家心理健康研究所的尤纳·麦卡恩说道：“焦虑的存在自有其道理……它对我们具有保护性作用，故被作为基因的一部分而保留下来。”[12]然而，进化过程不仅赋予了我们感知幸福的能力，还赋予了我们感知焦虑和悲伤的能力，以及针对这“两个至高无上的主宰”的各种反应模式。在这一节中，我将会深入探讨这种进化的产物何以既促进又阻碍我们对幸福的追求。

《道德动物》一书的作者罗伯特·赖特曾评论道：“我们生来就是功利性的动物，而非生而幸福的动物……正是由于经常性的幸福缺失，我们才不断地追求幸福，又因此，我们看起来似乎富有成效。”[13]但是自然的智慧不止于此，因为自然知道，比较幸福的动物会把更多的精力投入到繁衍后代中去，毕竟这是自然唯一所关心的。部分或全部由于以上原因，我们是一种社会性的动物，与家庭和团体（或是群体，如果我们是类人猿的话）形成联系，并且（如第五章所写）因他人的陪伴而感到幸福。不管托马斯·霍布斯和约翰·洛克怎么说，“自然状态”在某种程度上仍然是社会性的[14]。

诸如焦虑和恐惧、内疚和羞耻、快乐和悲伤这些情绪都是在整个进化过程中逐渐习得的。每种情绪在进化系统中都有其根源，这使得动物可以依行为结果的不同而体验到某种快乐或痛苦的情绪，即“奖赏”或“惩罚”效应。这些体验为联想学习的进化提供了一种机制，也是情绪这一后来进化发展的产物的雏形[15]。人类利用这一优势，学会了保持情绪的稳定性，将某些情绪在某些时间置于意识控制之下（见第十六章中关于我们对快乐和悲伤的缘由的忽视）。其目的是繁衍适应性，因此，“怪不得人们会如此青睐美味的食物、暖心的陪伴和美妙的性体验，这些需求的满足会给人们带来快乐，如果不能称之为幸福（一种长时程情绪）的话”[16]。伦道夫·内瑟给出了一份有利于繁衍并且有可能带给我们快乐的资产清单：个人的身体健康状况和外貌（两者并不相关）、技能和知识；有形资产如金钱、工作、学习证书等；配偶和性关系；子女和其他亲属；社会资源如群体关系、身份地位、荣誉、友情等。内瑟说，我们把时间和精力花在这些事情上的行为，在某种程度上是由繁衍适应性所驱使的[17]。不过在我看来，这似乎让繁衍适应性这一概念的含义变得过于宽泛，以致像它的前身“力比多”那样，能够解释一切故什么也解释不了。

即使不往繁衍适应性上扯，无需怀疑的是，上文中内瑟提到的各种资产的丧失会给人们带来痛苦和悲伤。痛苦这一所有动物都具备的一般能力（如果出现了病理性缺失，那么动物容易因意外而过早死亡），与其他正性情绪所对应的大脑区域是不同的。内瑟写道："尽管痛苦体验是不利于适应性的表现，但是缺乏感知痛苦的能力则会更加糟糕……对于人类来说，这种感知痛苦的能力更可能是社会性的，而非生理性的……考虑到悲伤在预防类似的损失发生方面的作用，悲伤（正如痛苦一样）当然也应是适应性的。"[18]因此，据内瑟所说，忧伤是解决方法的一部分，而不是问题的一部分，这也是功利主义者这些从不从繁衍适应性角度考虑问题的人可能会感兴趣的一种观点。

讨论进化为我们准备情感联结的方式也是本书很重要的一部分。有一种身体激素引导了情感联结活动。在一次关于联结的综合性神经生物学会议（1996）上发展成形的一种说法是，在两个荷尔蒙系统之间存在着支配—从属矛盾：一方面，战斗或逃跑系统会制造皮质醇和肾上腺素并"因攻击敌人而损耗身体的能量存储"；另一方面，联盟型路线（affiliative circuitry）会促使后叶催产素——一种源于大脑深部下丘脑的类似肌肉收缩剂的女性荷尔蒙，对哺乳期女性非常重要［"平静的圣母"综合征（the "calm madonna syndrome"）］——的分泌，使身体放松下来。催产素是一种几乎对"每一种情感联结"都有效的荷尔蒙，比如父母间、兄弟间、配偶间的情感联结，以及安慰自己的能力。据此次会议的组织者之一苏珊·卡特所说，荷尔蒙"在动物特别是哺乳动物的社会性行为的进化中发挥了根本性作用"[19]。卡特还强调：与他人进行联结的能力既提升了生命的质量，也增加了生命的长度，"由于社会行为不仅有利于个人生存，也有利于繁衍适应性，故群居动物为彼此增加了生存机会"[20]。

但是考虑到现代市场民主制度下的人们无法实现自我优化，因此这些社会体制似乎从繁衍的角度来看是有害的。这是否是在暗示发展中国家收入的增长能够提升幸福感的原因是其提高了繁衍适应性，而在发达国家，由于其繁衍适应性受到了社会因素及低浓度的5-羟色胺——应激反应频发的后果——的限制，因此收入的增长并不能提升幸福感？事实并非如此[21]。

享乐天赋的生物学解释

如我们所知，情绪和情感的生物学基础涉及荷尔蒙、神经递质和神经网络等。诸如内啡肽这类的荷尔蒙或5-羟色胺这类的神经递质合成太多或太少，大脑回路稍有一点不同都会影响到我们的情绪反应。就像痛苦和快乐的基本体验一样，情绪反应与荷尔蒙的变化有关[22]。焦虑本身是一种痛苦的来源，且与抑郁如影随形。5-羟色胺合成不足已被证明是焦虑的一个重要指标："科学家发现，焦虑相关行为与一种可以控制大脑使用5-羟色胺的能力的基因之间存在着某种适度却显见的联系。他们发现，拥有（相对）短版基因的人的5-羟色胺在负性思想和情感方面的输送率比那些拥有（相对）长版基因的人要高一些。"[23]这种反常现象的影响可能很小（大约占到4%的变异），因为它仅仅是一个涉及9—14个其他基因及很多环境因素的多基因混合体（multigene complex）的一部分。

内啡肽是一种类吗啡物质，能够保护人体系统免受痛苦感知的影响，是一种在危急时刻特别有用的人体官能，同时也对幸福感的产生有一定作用[24]。除了荷尔蒙差异，神经性因素也会影响情绪。当老鼠大脑的某个特定部位因电刺激而感受到兴奋后，老鼠就会表现出一种抓狂式的渴求[25]。当实验对象换成人类男性后，他们报告说产生了愉快的体验，并且开始与女性护士调情。人们认为这些外部刺激在某种程度上模仿了自然的工作原理，即通过多巴胺和去甲肾上腺素等物质来促进神经递质显效[26]。右脑优势和左脑优势也与情绪相关。马里兰大学的内森·福克斯报告称："婴儿期不爱笑和成年期较大的右前额叶激活量存在相关，而婴儿期爱笑和成年期较大的左前额叶激活量存在相关。"[27]偏侧优势很难改变，每个想把自己变成右利手的左撇子都很清楚这一点。当然，幸福的生物学起源并不局限于直接的生理学联系，而且在很大程度上为受基因影响的行为模式所修正。受基因影响的行为模式有很多，不过举一种就足以说明这一观点。如果他人陪伴和积极生活是好心情的重要来源，那么害羞和对新事物的恐惧必然会给生活笼罩上一层阴影。最近的研究发现，二者在很大程度上是由人体的某种特定基因控制的。科罗拉多大学健康中心的罗伯特·昂德报告称："受基因影响较大的人格特质主要有害羞和对新事物的反应倾向（恐惧）。"[28]尽管寻找某种特质所对应的特定基因是极其少见的（受基因影响的特质通常都是基因丛的产物）[29]，这些发现似乎揭示了孤独和抑郁这两种负性情绪的生物学基础。对于那些无法自拔的赌徒来说，对于新事物的恐惧也会影响他们的决策行为，即选择风险规避还是选择风险追求[30]。因此经济学家所声称的"决策偏好完全受制于自身"这一点事实上可能也并无根据。

关于生物学稳定性案例的综述虽然令人印象深刻，但并不是决定性的。它无法解释的是，为何结婚比未婚同居更幸福，为何某些突发事件会让人们陷入抑郁，为何母亲在孩子11岁之前去世会比在孩子11岁之后去世更能预测这个孩子长大后是否会罹患抑郁症[31]，为何童年幸福并不能保证成年也会幸福。但是这与主观幸福感的设定点模型（set-point model）及乔治·布朗和第瑞尔·哈里斯在关于抑郁症的经典研究[32]中提出的理论——抑郁的背后一定存在某种易感特质——并不冲突。由此看来，生物学也并非定数。

思想和行为影响生理

在不抛却"我们的不幸是由于违背了自然的指令"这一理念的前提下，我们仍然可以相信作为有思想的智人，我们会左右甚至驾驭这些指令。堕落之后，亚当和夏娃仍然有自由意志。

在此我的主要观点是先天生理状况会受到后天经历的影响。我们从应激反应的研究中得出了以上这点，但其适用范围远比这些研究要广得多。以上面提到的5-羟色胺水平的研究为例，最近的研究发现5-羟色胺本身会受到其早期经历的影响。

研究发现"在成长过程中，母亲缺失而只有同伴陪同长大的猴子的

5-HIAA（一种5-羟色胺的测量指标）的含量水平往往比较低"[33]。幼年时期有过创伤性经历以致5-羟色胺合成不足的仓鼠在生命后期似乎无力应对遇到的领土威胁事件[34]。此外，研究者在对其他物种的研究中发现："非洲绿猴的5-羟色胺水平差异会随它们在群体中的等级变化而变化，并且……能够提高5-羟色胺水平的药物居然能够显著地影响绿猴在地位角逐中的结果。"[35]对猴子的5-羟色胺进行研究的实验室的负责人史蒂文·苏米说道："我们从研究中获得的最重要信息就是经验与遗传同样重要，甚至比遗传更重要。"[36]

与苏米关于后天与先天相互作用的观点相一致的是，支配性行为（及衍生情感）与影响交配的下丘脑的大小变化之间存在双向因果关系。尽管这是在鱼类身上发现的，但是罗塞尔·费尔南德认为在人类身上也存在着类似的关系，人类大脑的结构同样会受到外在行为的影响。具有竞争性及支配性的雄性动物的下丘脑的大小要比"没什么影响力的温和型雄性动物"大6—8倍。但是这项研究最引人注目的地方是：像非洲绿猴一样，我们可以通过改变雄性鱼类在族群中的支配地位来改变其相关脑区的大小，并且这种改变是可逆的。费尔南德和他的同事们相信，动物的身体、行为和社会环境很像是"一个巨大的反馈回路上相互依存的各个点，互相对彼此产生影响"。在这项研究中，当行为出现变化时，"作用于制造促性腺激素释放荷尔蒙的脑细胞就会加速生长"[37]。

如果我们被赋予了自由意志，那么我们也可能选择摆脱天赋的影响。抑郁症患者的特征之意志薄弱或是意志丧失相应地也会受到生理的影响，而生理又会进一步影响情绪。当老鼠受到电击时，去甲肾上腺素释放过多以致大脑使用不完，在这种情况下就会出现荷尔蒙过剩。在受到刺激的情况下，老鼠表现出"与人类的抑郁症在病因、症状和治疗反应方面十分相似的行为"[38]。因而，创伤性经历可能会使人们因受去甲肾上腺素供应不足的影响而产生抑郁，并表现出一些与无助感相类似的情绪。

最后，饥饿、干渴、性、觉醒和疲劳的生物节律性变化能够揭示出相应的满足感或不满足感的变化。吃、喝和性行为遵从与快乐中枢有内在联系的欲望的生理机能[39]。就此而论，学习理论中关于满足就是“驱力减少”的观点也是不无道理的（尽管把幸福看成是某种驱力减少或无欲无求的状态这一看法是错误的）。

股本产生精神收入

体验快乐的能力是一种人格特质[40]，但是我们也需要适宜的生活经历，即那些能够激发快乐反应的刺激和环境，如：在一个能够给人以安全感及一个好的开始（良好教育和情感联结）的家庭中长大，生活在贫困线以上，陪伴和能够给我们带来乐趣的朋友，安慰和必要的帮助。尽管这些似乎足以说明一切，但是我们确实还需要一个模型。

布鲁斯·海蒂和亚历山大·韦尔林提出了一个适用模型理论。这一理论将稳定的个体特征如社会背景、人格特质和社交网络等看作股本（资本账户），而把因某一特定时期所发生的生活事件而带来的满足和不幸看作精神收入（活期账户）[41]。在他们以澳大利亚成年人为对象进行的研究（1981—1987）中，股本包括如社会阶级、年龄和性别等社会背景特征、社交网络和某些已知的影响主观幸福感的人格特质。除了股本之外，海蒂和韦尔林还对生活事件、生活满意度、正性和负性情绪等进行了记录。他们认为股本会影响经历的事件类型，这反过来又会影响人们的情绪和对生活的满意度。他们发现股本具有“长期的相对稳定性”，较高水平的股本能够预测较高的主观幸福感，但这种关系会受到适应及低水平股本持有者的较低期望的削弱。股本的相对稳定性同时使得精神收入水平在一定时间内保持相对稳定。某个时期经历了令人满意的生活事件的人更可能在随后某些时期再度经历令人满意的生活事件。对于不幸的生活事件同样如此：“股本稳定使得我们能够对代表每个人自身的常规状态的精神收入水平进行表征。”[42]这些发现也证实了麦克尔·阿盖尔的观点，即人们在很大程度上能够“自主决定自己的事情”[43]（见第十七章）。

在各种股本之中，社会经济地位并不会影响生活满意度，但会影响正性和负性情绪；年龄和某些稳定的人格特质（外倾性、神经质、开放性）对生活满意度的影响最大；事件（如家庭纠纷、财务危机）在生活满意度的总体变异中占到了8%，且对生活满意度的影响相对比较独立[44]（如前文所述）。此外在事件对生活满意度的影响中还存在一种近因效应，即近期发生的事件要比早期发生的事件对主观幸福感的影响更大。

对于那些贫困线以上的人，除人格特质、年龄和社会经济地位之外的股本就像收入一样，经常会产生令人失望的回报。智力也不会有所助益，因为相关研究表明，智力与幸福感之间的相关非常微弱甚至根本不存在[45]。（正如我在《市场经验》中所指出的那样，这种幸福与智力之间几乎为零的相关正说明“在理性选择的指引下人们将能够最大化幸福”这一观点是站不住脚的。）教育虽然比智力对主观幸福感的影响更甚，但其绝对值却不大[46]。因此，尽管战后美国人的教育水平像收入水平一样有了很大提高，但这并没能提高他们的主观幸福感和生活满意度。

与我的理论——是人而非金钱（或知识）令我们幸福或悲伤——相一致，社会技能这一我们所持有的股本对主观幸福感的影响很大。合作精神、领导能力以及其他能够吸引异性的技能都会对一个人的幸福产生影响。如果一个人在这方面的技能比较差，那么他就很难获得幸福的恩赐——情谊。

战后人们的收入、教育、健康和智力[47]都得到了提高，但这些却没能让我们更加幸福。这是个难解之谜。

作为股本之一的人格特质

海蒂和韦尔林发现，人格特质是最重要的股本。尽管我们可能会穷其一生来完善自己的人格（大部分是按照道德标准），但人格的遗传成分和早期塑造的确使它本身成为一支重要的股本。此外，由于人格在人的一生当中基本保持稳定，因此它也会影响到与我们相关的情绪稳定性。最近一项对天才儿童进行的后期追踪研究（样本是刘易斯·推孟在1921年的研究中所采用的样本，那时他们都还是些孩子）发现“他们成年之后并没有发生大的变化”[48]。尽管下面提到的关于社会化的证据有些相互矛盾，其他关于人格的研究却支持了“人格在人的一生当中保持相对稳定”这一观点，并把它与先天因素联系起来[49]。除了上面提到的人格类型中反映出来的品质之外，还有两种特征至关重要：自尊和自我掌控感。自尊是所有人格特质中与幸福感最相关的，自我掌控感次之（自我归因或称内在性）[50]。事实上，幸福之人倾向于以一种十分不现实的态度来看待遇到的事物，他们相信自己能够掌控那些事物。这是“高贵的谎言”（noble lie，见第十三章）。如果一切都能顺利进行的话，那么它会带来幸福；而如果一切并不如愿，则会带来不幸。

两个（共五个）人格特质——外倾性和神经质，比其他人格特质更能代表来自行为方面的变异。和海蒂和韦尔林一样，其他一些研究者在研究中同样发现外向的人比其他人更加幸福，这可能是由于他们得到了更多的陪伴，而陪伴又是幸福感的主要来源。并且由于即使当他们离开群体独自相处时他们也能保持快乐，因此他们的幸福感远比陪伴带来的更多。他们与朋友一起参加娱乐活动，对对方表示认同，这也使得他们更容易被对方所认同。外向的人会高估得到的奖励而内向的人会高估受到的惩罚，我们似乎可以据此认为，外倾性这一人格维度与某种生理因素之间存在某种联系。不过目前并没有任何证据可以证实上述猜测。

神经质——包括焦虑和一种以负性情绪回应外界刺激的倾向——能够较为准确地预测不幸或负性情绪[51]。由于开放性暗含有对环境快速适应的意思，故开放性同样是预测幸福感的可靠指标。而其他特质都不能算得上是强有力的预测指标[52]。

人格特质：一种可塑的天赋

大多数人对“人格是由先天和早期社会化固定下来的产物”这一观点或

多或少都带有一些怀疑和不满。如斯金纳在《超越自由和尊严》一书中所写的那样，我们倾向于认为自己的行为都是自愿发出的，我们的人格也处于自己的掌控之中。这些信念部分是正确的。至少在上天赋予我们的能力之中，我们能够凭借自由意志去行动，或者说至少感觉如此。通过对自由意志的操控可以影响人们的幸福感。近期的研究表明，对幸福产生影响的主要是人们对生活境遇的诠释和评估，而非生活境遇本身。另有研究表明，集体讨论信仰和价值问题及重复积极的陈述能够有效地提高人们的主观幸福感[53]。（这有点像米尔和约·埃尔斯特的观点，即人们只能通过间接方式获得幸福。）如上所述，一个有些循环论证的理论就是：每个人的境遇都是人们自主选择的结果，由此经验才有了意义，但却不能独立于他们的天赋和缺陷而存在[54]。

归因这一不变的问题使如下分析变得复杂化：是外在环境还是内在特质促进了某些期望的行为结果的发生？这个问题没那么容易解决，但是“外在环境→内在特质→外在环境”这一关系模式至少给个人选择在中间环节留出了位置。并且，如果恰如一种（关于主观幸福感的持续性的）主流观点所说，即“内在特质促进了适应性”，那么“外在环境→内在特质→外在环境”这一关系模式中的第二重环境将会比第一重环境更能促进幸福感的提高。

因此战后幸福感的下降和抑郁症发病率的上升似乎并不能解释为人们对日渐反常的环境的适应，而可能是由于某种关键的环境发生了变化，或许正是由于我们违反了前面讨论过的进化指令。

人类的起源和堕落

曾经适用于我们祖先的那些价值观和道德观，以某种方式在进化的过程中被保留下来，继续对我们的认知和行为产生影响。

——莱昂内尔·泰格[55]

亚当被逐出伊甸园是因为他违背了上帝的旨意，那么我们会招致抑郁和不幸是否也是因为我们违背了根植于我们大脑和荷尔蒙系统的进化指令呢？不幸和抑郁是否是对我们违背进化指令的惩罚呢？其中，比较明确的一种违背行为是我们对应激反应系统的滥用。

应激反应

萨波斯基认为，应激反应是在脊椎动物中相当模式化的一系列生理和神经活动[56]。它是为避免机体在危急情况下受伤而发展出的战斗或逃跑反应。它能够激活交感神经系统，促进肾上腺素和去甲肾上腺素、糖皮质激素（也来自肾上腺）和其他荷尔蒙的分泌，同时抑制与性行为、身体发育和组织修复有关的荷尔蒙分泌。它会使心率加速并调取脂肪中存储的能量，还会抑制免疫系统、痛觉、消化、生长、发炎、性冲动和性行为。对于动物来说，应激源是身体、地位威胁和捕食机会，通常是偶发性的且持续时间比较短暂。在这些情况下，应激反应往往通过提高逃跑或战斗的胜算来挽救生命，并带来地位、性、食物和生命本身等回报。

对于人类来说，应激源通常很少是一些来自生理方面的威胁，而更多是来自社会方面和职业方面的威胁，以及内在的精神痛苦或焦虑。过度活跃的应激反应通常是有害的，比如很多在西方比较典型的疾病都是由过度活跃的应激反应引起的，或者因其而恶化[57]。一方面，过度的应激反应会抑制幸福；另一方面，幸福的缺失又会反过来引发过度的应激反应。长期不幸、焦虑和抑郁会引发过度的应激反应，过度的应激反应又进一步提高了患心脏病、高血压、溃疡、肠炎、Ⅱ型糖尿病、传染性疾病甚至是像癌症这样的免疫系统疾病的可能性[58]。当然还有抑郁症！最近，匹兹堡大学医学院精神病学系的系主任大卫·库普弗发现，无论生活压力缘何产生，它都会导致体内皮质醇——一种通过神经内分泌系统和神经肽系统进行传送的感压性荷尔蒙——水平的上升，从而使人表现出某些抑郁症的前兆[59]。

对于灵长类动物来说，在群体中地位较低的动物，其应激反应的表现（血液中糖皮质激素水平的升高）也更加强烈一些。与其他进化论者一样，萨波斯基将灵长类动物与人类作了类比，他认为：在人类社会中，低等级人（低社会经济地位）过着更加不可预知的生活，更易受到失业的打击，更可能患上由压力引起的相关疾病，寿命更短。伴随社会等级的发明而来的是一种从属关系模式，其影响在灵长类动物的世界中是前所未有的[60]。

进化指令与现代生活指令

当曾经保护过我们祖先的应激反应被智人带入现代社会并继续发挥作用时，其表现似乎是适应不良的。我们能够从灵长类祖先在解决适应性问题时所采取的举措中得到哪些启示呢？第一个启示是通过战斗来降低应激反应的水平，尽管这在现代社会是一种非建设性的举措。第二个启示是等级制度也有其价值，稳定的等级制度比不稳定的等级制度更能避免引发像机会均等这一西方思想所引发的应激反应性疾病。削弱那些思想既不会有助于道德原则，也不会有助于经济效率的提高。第三个启示来自灵长类动物的“合作繁殖”（cooperative breeding），即在一个特定群体中，等级较低的动物要协助抚养群体中的年幼者，只有在上层出现了空缺时才有可能得到等级地位的提升，在群体中的等级完全由年龄和扮演的角色决定而不考虑其个人功劳。我们认为，市场和民主都不会从稳定的等级制度或合作生产中获益，因此它们坚定地站在给我们带来疾病和不幸的长期性应激反应的一旁。

阿尔伯特·索米特和史蒂文·彼得森认为进化让我们人类对于等级分明的社会和政治体制有一种天生的偏好[61]。当然“天生”也不是绝对的，因为自然可能也会施加影响。某些关于黑猩猩行为的研究表明，尽管群体首领一般都是雄性，但雌性却能够按照自己的需要来操纵雄性首领[62]。这并不是灵长类动物的民主，但也不是家长制或暴政。此外，对倭黑猩猩进行的研究表明雌性可以获得一种与雄性首领不相上下的领导地位，并与雄性结成同盟以避免遭受攻击[63]。似乎“等级地位的改变可以改变荷尔蒙水平，荷尔蒙水平的改变反过来又能改变等级地位”这一发现在某种程度上被弱化了。

等级制度问题直接引出了关于平等（隐含有“我们违背了进化指令”的意思）的问题。我们可以从政治史及进化史中“读”到等级制度的发展过程。特别是当社会陷入混乱的时候，等级制度往往能够发挥重要作用。这是相互关联的，但是考虑到儿童行为学研究中发现的“即使在年幼的儿童中，支配欲也会自发产生”[64]这一事实，上述说法尽管不无道理，但可能有很强的误导性。此外，众所周知的是，父母利用自己在家庭中的权威为孩子的行为设立“明确的界限”，规定哪些事情可以做，哪些事情不可以做，这能够让孩子有更高的自尊和更高的主观幸福感[65]。对权威的自发认可似乎就是我们要找的良方。

另一方面，在最容易无缘无故发生口角的家庭中，权威人物并不好过。另外，来自动物研究的证据——在黑猩猩群体中雌性能够掌控（雄性）领导者，而在狒狒群体中雌性则能够直接统治整个群体[66]——表明进化给出的指令也并不十分明确。此外，群体中较低级的成员普遍接受教育也是对进化指令的违背。这些指令并没有以某种明确的方式被根植于大脑中。如果说痛苦是对我们违背进化指令的惩罚，那么请注意，目前并没有证据可以表明人们在等级制社会中更加幸福（虽然也没有相反的证据）。平等这一道德观通常是明确且不容置疑的，但是对于“等级制度和相对公平是如何发生发展的”，我们仍然所知甚少。

角色不安和角色混乱——特别是在女性当中——是我们违背进化指令的又一个例子。于是我们的道德规范又一次与进化指令出现了不一致，并且很有可能因此导致了我们的痛苦[67]。

友情和亲情方面的进化指令则要清晰得多。萨波斯基写道：“对于社会化的灵长类动物——比如我们人类——来说，孤独是一种痛苦且强效的应激源。”[68]在礼俗社会中，与亲属和邻居的往来会使得这份痛苦逐渐失去效力；但在现代社会中，尽管很少有人被周遭所孤立（见第七章），但大部分人却不愿与亲属及邻居来往过密。

在威尔逊看来："对于很多群体来说——从昆虫群体到灵长类动物群体——最先进的群体组织形式都是从家庭这种组织形式直接发展而来的。"[69]如果我们不遵从这一来自进化的启示，我们就很难延续下去，或许还会引发应激反应。荷尔蒙系统和交感神经系统并不能告诉我们为何我们会感到不幸，但它们似乎会遵从进化的指令对我们施以训诫，让我们知道我们一定是哪里做错了。我们会感到不幸或抑郁或许正是进化对我们进行训诫的表现。

如果遗传因素决定了人类情绪变异的40%，那么剩下的60%则是由环境因素决定的。一些诱因纯粹是环境方面的，比如父母早逝。如果情谊（情感联结）是一条被忽视的通往幸福的途径，那么我们似乎可以通过加强情感联结来与进化共事而非对抗。如果长期性的应激反应是现代市场民主制度下疾病和不幸的重要起因，那么公众卫生事业理应给予应激反应与疾病同等的重视。如果下层人士比精英阶级要遭受更多的应激反应，那么对于社会经济地位较低的群体来说，因减少生命的不确定性而带来的精神收益就必须与为提高安全保障而付出的物质成本进行权衡。理查德·兰厄姆基于对倭黑猩猩的研究而提出的用以解决家庭组织和其他组织中存在的暴力问题的措施相当有趣，即赋予女性更多的权力[70]。出于好意，进化让我们对于掌控自己命运的能力有一种夸大的信念。社会与自然一样，在很大程度上决定了我们的幸福感。

孩子的价值

在这一节和下一节中，我将通过讨论人格的变化过程——这一过程本身在战后已经发生了改变，但并不是向着更好的方向——来质疑前面提到的稳定性假说。是否社会化及孩子的内在价值发生了某些变化，以致当前社会抑郁潮起且人们日渐丧失了生活乐趣呢？或者说如果我们对此视而不见，我们又是否能够在社会化的实践中辨别出那些会让人在年幼时期及长大成人后变得不幸的特征呢?

社会化

不提那些强调母子关系价值——因母亲与孩子之间的相互交流而给彼此带来的精神互惠[71]——的陈词滥调，在此我想谈的是四个主题：（1）先天伪装成后天，反之亦然；（2）文化启动享乐反应；（3）人际关系伪装成经济关系；（4）社会化过程中的道德规范可能招致不幸。

先天和后天的相互关系

早在弗洛伊德之前，人们就认为母亲要对孩子的幸福或不幸负很大的责任。但是孩子并非自出娘胎起就是幸福的：与后天养育没有太大的关系，婴儿从2.5个月到7.5个月的正性情绪呈直线上升的趋势，而负性情绪则呈直线下降的趋势[72]。此外，研究者在对双胞胎的研究中发现：不仅遗传可以解释儿童主观幸福感近50%的变异，而且对于这些双胞胎来说，对其实行的制度化养育模式（institutionalization of the child）、父母的离异和早期的社会化经历对其享乐机能的发展影响并不大[73]。另外50%的变异来自“致力于促进人格维度的构建与发展”的社会化[74]。当然以上这些都只是粗略的估计。如果在此借用亚里士多德关于树的比喻，那么我们或许可以说：毋庸置疑，一粒完好的橡实会长成一棵完好的橡树；同时，如果在生长的过程中，枝干由于某些外力的影响而长歪了，那么在其长成橡树后也绝非完好。

文化还是先天?

价值观方面的文化差异太过普遍，它们常常伪装成先天遗传因素，但事实上它们更可能是后天教养因素。因此，跨文化研究显示，不同文化背景下的人们对某种特定情绪的偏好早在婴儿期及儿童期就有所表现，例如：拉丁文化背景下的人们对负性情绪比较拒斥；而环太平洋地区儒家文化背景下的人们对负性情绪的态度则相对中立一些。类似的，在一些宗教文化传统中，遭受痛苦是应当竭力避免的；而在另一些宗教文化传统中，遭受痛苦却具有救赎和变革的价值……在社会化的过程中，主观幸福感的变异可能是由不同文化对主观幸福感的不同重视程度造成的[75]。“情绪中立”（affective neutrality），塔尔科特·帕森斯将其与现代性联系起来，弗洛伊德将其与压抑联系起来，但在亚伯拉罕·马斯洛看来则意味着一种不太幸福的文化。

人际关系这只“看不见的手”的经济学解释

在人们持有的财富账户背后，有一股隐形力量，或者说是一只看不见的手在发挥作用，这就是人际关系之手。工人阶级的孩子的确会遭受贫困之苦，但造成他们处于劣势地位的长期根源从本质上来说却是来自认知方面的。不同阶级的智力差异一般在出生18个月以后才会显现出来，在那之后的4年里，下层阶级儿童的智力会有所下降，而中产阶级儿童的智力则趋向于保持稳定或有所上升[76]。这些阶级差异在很大程度上是由“益智性刺激的匮乏，较差的语言习得环境，父母对孩子教育的不甚重视，低等的教育水平”引起的[77]。在人生的前3年里，大脑的发育需要充分的语言刺激，而语言刺激是否充分又直接受制于父母的经济地位。

第二个例子来自格伦·埃尔德对20世纪30年代大萧条时期的儿童进行的研究，这一研究揭示出：那时的儿童受到的影响并非主要来自物质匮乏，而是来自失业对家庭关系的破坏，并且这种影响因阶级不同而不同。在工人阶级家庭中，家庭的分崩离析和父亲的自暴自弃剥夺了孩子在未来生活中的适应性和幸福感。在中产阶级中，影响则主要来自男性和女性各自的心理健康状况……同样的应激源既能给个体带来有害的影响，也能给个体带来有益的影响[78]。在对伯克利群体和（较年长的）奥克兰群体进行的比较研究中，较年长的奥克兰人表现得更好一些，部分原因是男性（而非女性）到了青春期以后能够承担新的家庭责任，由此“增加了其社会独立性”；另一部分原因是他们通过参军参战——当时正处于二战爆发前夕——而逃离了家庭的不利影响。可以说从某种意义上讲，伯克利男性因家庭失调而受到的不利影响有多大，奥克兰男性因得以远离家庭而获得的有利影响就有多大。在奥克兰军人当中，来自非健全家庭的男性甚至比来自健全家庭的男性发展得更加灵活和机智[79]。这些研究的着力点并非主观幸福感，但我认为可以据此推断的是，那些能够克服困境并重拾活力的人（与其他人相比）对生活有更高的满意度。至少相关研究已证实的是，那些在事业上获得的成功要远远超出据其教育经历所能预测到的可能性的人通常会更加幸福[80]。

痛苦和折磨能够让一些孩子迅速坚强起来，坚强到足以从容应对生活给予的各种磨难和考验[81]。我想据此来驳斥罗纳德·英格尔哈特的观点，即由于那些在和平与繁荣时期长大的人会发展出某种自由和仁爱的观念，因此其境遇会更好一些[82]。这种价值转变的说辞或许有几分道理，但是英格尔哈特口中的“后物质主义者”（见第八章）并不比其他人更加幸福，而那些成长于大萧条时期，并在很早就参军的人似乎已经找到了能给他们带来幸福或者说至少能让他们对生活有很高的满意度的生活定位。

道德要求和滥用童工

众所周知，滥用童工是一种不道德的行为。一项对工人阶级进行的纵向研究（在研究对象14岁时对其进行了初次考察，到其47岁时对其进行了第二次考察）表明：在童年时期参加工作的意愿和能力是心理健康最重要——远比先天智力、社会阶级和家庭环境更重要——的预兆[83]。学生的课业负担过重也被认为是一种滥用童工的表现，这似乎使得“诸如此类的工作打断并妨碍了学业”这一批判性观点未发声而失声。因此，尽管心理健康并不是幸福的一个测量指标，它却能够表明一个人是否罹患抑郁，并且它很可能是幸福的一个条件。

一个关于上述道德评判和幸福的条件的补充说明是：尽管有研究（详见

《快乐的人》一书）发现童年期是否幸福与成年期是否幸福并无太大关系，但是童年期的内疚感却在很大程度上预测了我们成年后的不幸[84]。

回顾本部分内容，我仍然要强调的是，童年时期的经济困难主要是通过它对家庭的影响来对个体施加社会化方面的影响的。金钱既不能预测儿童期的幸福，也不能预测成年期的幸福。顺带一提的是，请注意道德第一的原则是如何阻碍个体的发展并给个体带来不幸的。

孩子的贬值

在《国富论》一书中，亚当·斯密以赞赏的语气提到了北美地区孩子的经济价值，他认为："每个孩子在长大成人离家之前，其劳动所创造的价值估算起来足足可值100英镑。"对于寡妇来说，孩子的价值则更高：孩子这一"财产"往往是所有能够促进再婚的因素中最重要的那一个[85]。正如我们所观察到的那样，如今孩子已经丧失了作为人类资本的重要价值，而成了一种昂贵的消费品。美国人是否贬低了自己的孩子所拥有的价值呢[86]？

在法国和德国，出生率已经下降到替代率以下，但是这可能部分是技术性的原因（统计误差）导致的。在美国，尽管生育率在过去的30年里下降了40%，但是非婚生子的数量却增至原来的4倍，生活在单亲家庭中的儿童数量也增加到原来的3倍。或许与私生子有关的羞耻观念已经消失不见，但即使是这样，这种"发展"对于孩子的不利影响仍然存在："来自单亲家庭或（和）有继父/母的年轻人出现情感或行为问题的可能性是那些与亲生父母一起生活的年轻人的2—3倍……在缺少父亲或母亲的家庭里，少年犯罪、青少年自杀、虐待儿童和其他问题确实更常发生一些。"上述观点的提出者、美国家庭委员会的副主席大卫·波普诺继续谈道："诸多证据表明，现在这一代人似乎是历史上第一代在某些重要的行为和心理方面不如上一代人的人。这一事实的背后是这样一种日渐增长的观念，即美国人不仅承受着经济衰退（1991年的经济危机）之苦，而且也承受着社会衰退——社会秩序和公民道德的水准不断下降，心理障碍的发生愈加频繁——之苦。”[87]如前面章节中提到的那样，抑郁症的相关研究证实了心理障碍的频发，特别是在青少年当中。对此，两位对美国的儿童福利追踪调查了30年的专家谈道：“在过去对能够预测儿童幸福感的相关指标进行监测的30年里，这些预测指标从来没有像现在这么无效。”[88]此外，当时的第一夫人希拉里·克林顿也就此发表了相关看法：“当前美国儿童和家庭的状况是美国自建国以来面临的最大的本土问题。它正在动摇我们国家的根基。”[89]

“用于照顾家庭的时间减少”从另一个方面揭示了这一问题。一项关于时间分配的纵向研究（1965—1975）发现：所有女性，不管工作还是不工作、未婚还是已婚，其用于照顾家庭的时间从1965年到1975年出现了明显减少。尽管男性报告称其投入家庭的时间有了些许增加，但从总体上来看，男性和女性用于照顾家庭的时间下降了20%，这在现代历史上是绝无仅有的[90]。为增加对儿童的照顾而颁布实行的相关福利政策也未能增加父母与孩子相处的时间。在这项关于时间分配的研究中，拉塞尔·希尔和弗兰克·斯塔福谈道：“我们并没有发现收入补贴（抚养费、贫困儿童补助计划、社会保障）与儿童照顾水平之间存在某种相关关系……在那些受教育水平不高的女性当中，补贴支出与儿童照顾之间也不存在明显相关。”[91]在一项由全国儿童委员会主持的研究中，罗纳德·科恩指出：“核心问题是，父母对儿童的影响越来越小。”[92]

或许我们无端要问这与幸福又有什么关系。从已有的证据来看，这种关系就在于：家庭不稳定、家庭矛盾、父母离异、父母一方死亡、父母麻木冷漠等都与较低水平的幸福感和生活满意度存在很强的相关[93]。

儿童健康统计数据也揭示出相同的问题。1994年，联合国儿童基金会的执行理事詹姆斯·格兰特在谈到5岁以下儿童死亡率和婴儿死亡率（出生第一年内死亡）时说道：“20世纪80年代美国儿童的状况已经严重恶化，而改善的代价则是巨大的……每年有300万美国儿童被忽视，受到身体虐待或性虐待。

在入学第五年的记录中，美国儿童的综合表现非常不好。”[94]

当把救助儿童的经济能力也考虑进和5岁以下儿童死亡率相关的因素之后，美国的排名居然出奇地靠后[95]。这是为什么呢？一个可能的原因是研究中所涉及的国家。格兰特说，实际上20世纪80年代，在所有讲英语的工业化国家中，儿童的生存状况比以前差了很多，而在欧洲大陆和日本却得到稳步改善[96]。换句话说，那些相信市场能够解决一切问题的国家与那些允许市场在无力解决问题时退出并由政府接手的国家相比，其护理和卫生状况要差很多。

第三部分

收入与情谊

第四章

为何对于大多数人来说金钱并不能买到幸福？

如果繁荣兴旺的市场民主制度是如此容易招致不幸，那么或许这些制度及生活在这些制度下的人们都在追求一个错误的目标。又或者事实上，在达到某一点之后，物质繁荣就与幸福无关了。饥饿的人在吃撑之前会一直寻找食物，但之后他/她可能就会想要其他的一些东西，或者并不承认自己吃撑了，只是想要其他的东西。

在本章中，我要解答的是：对于社会和个人来说，物质的繁荣是否能带来幸福并防止抑郁？经济的增长是否会让人们更加幸福，更少抑郁？在各国之中，较富裕的人们是否比较贫困的人们更加幸福？并且如果是这样，那么金钱对幸福的购买力是否始终保持不变，还是会在一个人跨越了贫困线之后开始下降呢？对于上述各个问题的回答，其重点都在于：当金钱相对匮乏的时候，金钱可以买到幸福；当金钱相对充裕的时候，这种购买力就停止了。尽管在市场文化中，金钱对于人们来说可能意味着某种快乐的凝结物，能够变成任何你想要的东西，然而事实并非如此。正如蒂伯·西托夫斯基在20多年前所说的那样，或许生活中的大部分快乐都是无价的，因而并不适用于明码标价的市场制[1]。

为何这个明显的事实却如此令人费解呢？为何我们会相信更高的人均国民生

产总值或更高的收入水平能够产生更大的效用呢？我对诸如统治阶级的执行委员会之类的阴谋论不敢苟同。在我看来，“更多的金钱和商品会让我们更加幸福”这一观念更多是一种文化失调的产物。正如其他成功的社会形态一样，市场民主制度必须按照自己的成功逻辑，继续去强调那些把它带至当前显赫地位的主题。在这种情况下，人们是很难去反对这种哺育了他们的文化的。就像在那些基督教、伊斯兰教或佛教统治的国家里，一个基督徒、穆斯林或佛教徒很难随意放弃自己的信仰一样。此外，尽管顺应自己所处的文化体系会得到即时回报，但从长期来看却是有损多数人的利益的。市场经济能够提供一种与其他学习理论非常相似的学习情境。收入增长这一即时回报很有说服力，甚至是迷惑性的，以致打消了人们越过那道由市场筑起的城墙去看看市场之外还有什么的念头。

在下一章中我会越过城墙去一窥究竟，但在此之前，我必须对社会繁荣和个人成功之间的反常关系进行一番探讨。这种反常关系对政策的启示是如此巨大，以致让保守党人和自由党人很难接受，特别是自由党人这些从骨子里相信收入均等意味着更大幸福的人。

经济增长和幸福的关系

纵观现代文明史，我们会发现收入与主观幸福感之间存在这样一种曲线关系模式：在现代化之前是“你增我增”，之后保持了一段时间的“互不增减”，而后发展为“你增我减”。其中现代化之前的一段上升趋势是据表4.1的数据得出的。

在现代化之前，随着人均国内生产总值的增长，人们也越来越幸福。收入与幸福感之间的这种正相关关系非常显著。但是后来“幸福”这一滕尼斯所说的礼俗社会的附属产物又发生了什么呢？以及18世纪路易斯·德·布干维尔船长所报告的南太平洋小岛上的人们的幸福状况（此事曾经误导了让·雅克·卢梭关于“自然状态”的理解）又发生了什么呢？在对世界多国多地区的幸福状况进行了调研后，乔治·盖洛普报告称："尽管世界上可能真的存在那么一个与世隔绝的地方，那里的居民非常贫穷，却十分幸福，然而从我们的研究来看，至少我们没有发现这个地方。"他继续说道："贫穷，似乎反向渲染了（所有的）态度和观念。"[2]对于现有的关于幸福感的跨国研究，亚历克斯·英克尔斯和拉里·戴蒙德使用10种不同的测量方法，并控制了"职业"这一变量（以便对收入和职业之于幸福感的影响进行分别统计），对其中的8项研究进行了考察。在他们看来，这一考察的结果足以说明个人对生活的满意度会随着国家经济发展水平的提高而提高[3]。对于大部分现代历史来说，经济发展的确能够买到幸福，也就是我所说的财富效应[4]。但是其代价却很大，诸如家庭破裂、期望落空、权利丧失、社会生活支离破碎、技能耗散、文化解体等。伦纳德·杜布说，在非洲，无论是生活在传统社会的人还是生活在现代社会的人，其内心遭受的痛苦都没有那些生活在由传统社会向现代社会过渡的社会中的人那么大[5]；来自韩国[6]（成功经验）、非洲[7]（尚未成功）及美洲土著人[8]（失败经验）的各种经验都在告诉我们这条通往幸福的道路并不好走，充满了痛苦和未知。在一项涉及55个国家的研究中，当"收入增长"这一变量被剔除后，收入和幸福感之间原先的正相关关系出现了反转（虽然不显著）[9]。因此，或许我们可以认为正是增长的收入而非其增长过程，提升了人们的幸福感。

表4.1 衡量经济发展的各种指标与主观幸福感之间的相关

经济发展	零阶相关	来源
人均国内生产总值	+0.58**	迪纳
"实际国民收入"	+0.69*	迪纳
购买力	+0.61**	维恩霍文
收入均等性（基尼系数）	−0.43†	迪纳

†=p＞0.05；*=p＞0.01；**=p＞0.001。

来源：Ed Diener, Marissa Diener, and Carol Diener. 1995."Factors Predicting the Subjective Well-Being of Nations." *Journal of Personality and Social Psychology* 69: 857, 859; Ruut Veenhoven. 1993. *Happiness in Nations*. Rotterdam: Erasmus University Press, 50.（Compare table 2.6）

没有什么能比人均国内生产总值和幸福感之间稳健的关系更能令经济学家和顽固的功利主义者满意了。比如说边沁就可能对此感到十分满意（如果不是受到惊吓的话）[10]。弗朗西斯·福山——他曾在20世纪90年代中期向世人宣布我们已经在市场民主制度之中找到了“历史的终结”[11]——也一样。

但是历史并不会在社会从欠发达状态向发达状态发展的进程中终结。正如我们在第二章中提到的那样，主观幸福感和国内生产总值之间并非是一种线性相关关系，以致在非常富有的国家里，增长的收入并不能相应地买来幸福[12]。对此，维恩霍文谈道：“这恰好反映了边际效用递减规律。”[13]

大多数研究价值和情绪的欧美专家都认同边际效用递减这一规律。他们发现，在欧洲的发达国家之中，人均国内生产总值和幸福感（或对生活的满意度）之间的确存在某种正相关，但是“这种相关并不显著”[14]。在大西洋彼岸，尽管美国从20世纪80年代到现在仍然是世界上最富裕的国家（按照平均工资的购买力对各国和各地区的富裕程度进行排名，不过排名中不包括那些“富得流油”的石油国家），但在所有发达国家和地区当中，其幸福感的排名却只排到了比较中间的位置（而两个相对贫穷的爱尔兰岛国却排到了接近第一或第一的位置）。可以说在美国用钱能买到的幸福要比其他发达国家少很多[15]。美国人为了更高的收入而努力工作，但回头却发现收入所能带来的回报并没有预期那么高。

跨国研究中得出的许多不一致的结论都是由文化差异引起的[16]，因此如果我们能够在研究中控制“文化差异”这一变量，那么或许我们能够知道更多。对此，有研究发现：即使对于一些像美国各州那样文化背景相对一致的政治单元（political units），其收入水平间的差异也无法预测主观幸福感间的差异[17]。例如：在美国威斯康星州，繁华地区的人们并不比贫困地区的人们更加幸福；在俄克拉荷马州，繁华地区的人们事实上要比贫困地区的人们更加不幸[18]。尽管维恩霍文的观点受到了某种质疑，但我却十分认同他的观点，即当国家越来越富裕时，金钱能够买到的幸福只会越来越少。正如第一章中提到的那样，随着战后美国人均收入的增长，感到“非常幸福”的人口比例却出现了下降。

在我看来，经济发展就像一条单行道。事实上，尽管没有几个发达国家陷入过长期的经济低迷，但是所有国家都有过称之为“经济衰退”的暂时性经济下滑。总体而言，短期的经济回落并不会对国民的幸福感带来很大影响——其中掺杂了失业对幸福感的影响[19]——但也有例外，比如比利时人对20世纪80年代出现的经济衰退表现出的绝望一度使得比利时从所有欧洲国家（幸福感的排名）中的第2或第3位下跌至几近末位[20]。因此，如果经济反弹足够明显的话，那么就很可能会显著地提高人们的幸福感，这也再次说明了经济上的剧烈变化和损失会影响人们的幸福感，而逐步改善却不能。

为什么经济增长在贫困国家能够买到幸福，而在富裕国家却不能？

为什么经济增长与幸福之间会呈现出一种曲线相关，这种相关在发展的最初阶段非常显著而到了后期却日渐衰弱呢？一种解释是基于满足食物和居所这些基本需求与满足尊敬和身份这些社会需求之间的差异[21]。特别是当我们把基本需求从其他物质需求中分离出来时，我们会更清楚地看到这一点。据埃德·迪纳等人的一项跨国研究显示，当为满足基本需求而产生的消费上升至美国国家购买力的近40%时，人均国内生产总值的增长显著地带动了幸福感的提升；之后这种带动作用渐弛下来，经济增长和幸福感之间的相关几乎为零（$r=0.05$）[22]。

但是在实现了现代化以后，正如迪纳和他的助手所说的那样，因为有了比之前更加充裕的资源，人们在追求自己的目标时难道不是应该更加容易获得成功吗[23]？是的，但是这一推测仅限于以下两种情况：（1）人们的目标是去获得某种可购买的东西；（2）这种可购买的东西能够带来幸福。但是本章的证据强有力地说明：个人和社会越是富有，能够带给其幸福的目标就越是难以用金钱衡量（尽管人们可能仍然会习惯性地去追逐更多的财富）。骨子里，我们仍然是物质享乐主义者（见第八章），但内心却从未得到满足。

一项来自澳大利亚的研究印证了上述关于收入增长与幸福感的关系。这项研究表明：在澳大利亚，当国民经济保持了十多年的稳步增长后，64%的人（中产阶级人士）报告称感到“澳大利亚中产阶级的收入在下降，前景也不容乐观”，51%的人认为自己的“生活质量在下降”。这项研究的作者谈道：“由此看来，经济发展与大众感受之间似乎存在着某种矛盾和失调。”[24]此外，一项来自意大利的同类研究也对“人均收入的增长反而招致了更多的不幸”[25]这一观点给出了支持。

然而在富裕的社会里，经济发展对幸福的提升能力并未消耗殆尽，这有以下两个原因：第一，经济的发展一般会提高低收入人群的收入水平，而对于他们来说金钱是可以买到幸福的；第二，较高的人均国民生产总值是一种公共商品，当人们在享受许多由国家财富带来的福利时（例如较高的全民教育水平和公共卫生条件），这种享受并不会以剥夺他人的享受为代价。随着公共卫生条件的改善，像婴儿高死亡率这类穷人才有的痛楚会在很大程度上得到缓解。与贫困国家相比，富裕国家拥有更加完善的福利体系。因此对于低收入群体来说，公共财富的增加既可以带来客观幸福，也可以带来主观幸福。或者更准确地说，公共财富的增加能够给人们带来某种解脱，这种解脱远比其他任何事物更能产出幸福。

一个公认的事实是，由于“搭便车”问题的存在，市场根本无法提供公共商品，因此“把国民经济增长看作一种由市场创造的公共商品”似乎略带讽刺意味。不用深究这一讽刺，公共财富提供的公共商品能够提升幸福感是否还有其他原因？

海湾中大潮上涨会浮起所有的船只，但有趣的是，如果潮水是一片绿色的钞票，一些船则会比另一些船升得更高。这势必会招来嫉妒，但是人们进行比较的标准却更可能是自己而非他人。换个说法：一些早期研究发现，如果一个人在自己的梯子上比原来爬高了一些，那么他是不会在意是否他人比自己爬得更高的[26]。与自我比较相比，社会比较似乎并不能带来幸福[27]（除非是"下行比较"，这会令很多不幸福的人感到些许安慰[28]）。当经济增长时，人们会将自己收入的增长归功于自己的努力，并从这些所谓的成就中得到巨大的满足感。即是说，幸福感既可以从自己为自己创造财富的过程中直接产生，又可以在参与国民收入的增长的过程中间接产生。正如我在第十三章中提到的那样，之所以我们会说"控制收益"（control benefits）是一种幻觉，就在于它误导了有此幻觉的人们（这种幻觉在幸福的人群中比在抑郁的人群中更为普遍）。然而，由于追求个人目标能够提高幸福感[29]，因此这一幻觉也有其实实在在的地方。

在任何社会中，是否富人就比穷人更加幸福呢？

如果我们对同一个社会中的富人、穷人及不穷不富的人进行比较，那么我们往往会得出与一些跨国研究相当一致的结论，然而这个结论却会挑战我们某些基本的、常识性的假设。这个结论就是：在贫穷社会中，个人收入和幸福之间的相关非常显著；而在富裕社会中，这种相关却逐渐弱了下来，甚至几近为零。在很多人看来，幸福在某种程度上是与收入成比例增长的；但在我看来，这种观念却是一种经济学谬论[30]。这种观念在所有社会中广泛流传，在经济学家之间几乎已达成一种共识。对于他们来说，金钱是偏好和边沁所说的效用的替代品。

在发达国家中，上述观念可以说是大错特错（如果不能说是错得离谱的话）。然而在欠发达国家中，这种观念却不无道理。比如说在希腊，我们发现收入和幸福感之间存在着某种比较显著的相关[31]。在之前匈牙利处于计划经济时期时，这种收入和幸福感之间的相关也是非常显著的（所以说这似乎并不是资本主义的产物）[32]。而在（1972年的）美国，这种收入和幸福感之间的相关却并不显著。一项由安德鲁斯和威西主持的（在我看来是所有生活质量研究中最好的一项）研究表明："以社会经济地位划分的群体在幸福感方面的差异并不大……在对生活整体的满意度方面，也并没有很大的差异。"安德鲁斯和威西评论道："一些人能够注意到某些细微的差异在很大程度上也是因为预期的存在，即很多美国研究者原本期望有更大的不同。"[33]

几年以后，乔纳森·弗里德曼在他的作品《快乐的人》中报告称："富人不太可能比中等收入的人更加幸福，中产阶级人士也不太可能比低收入人士更加幸福……对于大多数美国人来说，金钱，无论它能做什么，都不太可能带来幸福。"然而穷人却不同："他们很少有人会说自己非常幸福或是比较幸福，而更多的是说自己比那些高收入者更加不幸。"[34]又过了几年之后，安格斯·坎贝尔在对庞大的数据进行统计分析后报告称："我们似乎并不能从人们的收入情况推知人们对生活的满意度。"[35]对于欧洲来说，情况也没有什么不同。在进行了多年的跨国研究后，罗纳德·英格尔哈特和雅克-勒内·拉比耶发现："当我们试图用收入水平来解释人们对生活的满意度时，这种解释的力度事实上并不大。"[36]

对于美国收入和幸福之间微弱甚或是不存在的相关，阿盖尔非常赞赏地提到了边际效用递减规律，他认为：收入之于幸福感的促进作用之所以如此微弱，很可能是由于很多美国人已经处在收入能够促进幸福的水平之上了。但是这种相对富有的状态反过来又会受到期望提高的影响。美国人对物质进步缺乏反应很可能是由于他们的期望也在不断提高，且他们乐观地相信各种事情本就会发展得越来越好[37]。请注意这两个互相矛盾的原则：效用递减与期望提高。同时请注意这一讽刺：乐观主义通常与幸福存在某种相关，但同时也会提高人们的期望，看起来就好像为受挫做好了准备一样。

在美国的市场民主制度之下，人们的不幸和抑郁都在不断上升，但即使这一上升趋势停止，美国人的不幸程度也远远超过了此前各种发展理论所能预测到的程度。对此，我并没有夸大事实。尽管战后美国国民收入的增长与幸福感的下降存在某种稳定的相关，但在1976年的美国，我们几乎可以认为美国人

“是幸福的，很少焦虑，对自己的工作感到满意，能够从自己的婚姻中得到快乐，常常自得其乐，遇到困难时也有社会保障的支持”[38]。甚至在20年后，也就是1996年的美国，在人们的婚姻幸福感和对工作、团体及经济状况的满意度受到重击后，我们仍然可以说“大多数人是幸福的”[39]。因此对于那些乐见此景的人来说，至少盛载幸福的“玻璃杯里还有半杯水”。

经济学谬论的应用

如前文所提到的那样，弗里德曼的鉴别是非常独到的，即在穷人当中，金钱的确能买到幸福，让人们产生很高的幸福感。但事实上并不是只有穷人能用金钱买到幸福。正如我在其他地方所指出的那样，当金钱代表的是某种象征性的价值并且被看作一种自我的延伸，那么金钱除了具有满足人们对商品和服务的需求的意义外，它还具有证明个人存在的意义[40]。如此看来，金钱并没有什么特殊的地方；金钱能给予我们的，朋友、荣誉、信仰等也能做到。正是由于市场的主导地位使得金钱在发达的市场民主制度下显得如此特殊。因而我们能够从研究中看到：对于将主要精力投入到体育运动中的人来说，体育上的成就会在很大程度上影响其主观幸福感；而对于那些将主要精力投入到获取财富中的人来说，金钱上的成功则会在很大程度上影响其主观幸福感[41]。

有所有实行市场制的社会中，“有很多钱”是很多人的主要目标（见第八章），但也有很多人不以此为目标；至少有很多人并不愿意承认这一点。在美国，一项由路德教会主持的民意调查发现：当被问及“你认为什么才是生命中最重要的事情”这一问题时，有56%的人回答说是“与朋友和家人的关系”，有21%的人回答说是“宗教信仰和精神世界”，而只有4%的人回答说是“经济上的成功”[42]。另有一项来自美国的研究发现：当一组受访者被问到是否同意“金钱是我最为在乎的东西之一”时，有60%的人的回答是否定的[43]。此外，来自跨国研究的报告表明，在许多国家之中，很多人都不愿承认想要“变得富有”的欲望：在英国，只有9%的受访者愿意承认这种追求是“他们生命中的主要目标之一”；在美国和日本，这一比例分别是15%和38%。英国人比较“谦逊”的经济追求可以从以下调查研究的结果看出：与拥有“足够的存款”（16%）或是“一大笔钱”（2%）相比，英国人更喜欢处于一种“财务不吃紧”（61%）的个人经济状况[44]。

我们能够从中得到两则启示：第一，英国人对安全和自由的渴望更甚于对物质的渴望；第二，与我的论点——一个国家“富过”的历史或“富着”的现状会使得这个国家的人们生发出一些其他的非物质性需求——相一致的是，最古老的工业化国家（英国）是贪欲最少的，第二古老和富裕的国家（美国）排第二，而新近崛起的富裕国家（日本）是最具贪欲的。

细想一下，我发现我的大部分朋友都认同并不是购买或拥有了某些东西才让他们感到幸福，或是缺少了这些东西才让他们感到抑郁。而更可能是他们与配偶和同事的关系、孩子的幸福、成就感和（工作中）技能的施展给予了他们真正的效用（按照边沁的定义）。我在此诚挚地邀请你也来进行一次反思，这是由于：如果我们悟不到上述事实的话，那么我们往往会根据收入水平或所谓的生活质量来衡量自己的幸福水平。然而，在市场经济中，这种衡量方法尽管是一种惯用的方法，却不乏误导性。

为何在发达社会中，金钱买不到幸福？

高收入等于高效用（在此，效用的意思是偏好的满足，但只有当这种偏好的满足能够代表更为普遍的满足时，这样说才有意义[45]），这一经济学家提出的公式颇具说服力的原因就在于：对于大多数人来说，它既符合直接经验，又符合间接经验。如前文所述，这个公式的确与穷人的直接经验相符，但对于富人来说，金钱仍旧可以买到许多可贵的东西。例如，它可以买到社会尊重。亚当·斯密认为正是由于这方面的原因，“我们才会不断地追求富有而避免贫穷”[46]。但是他并没有把社会尊重的变化——其参照点会随着个人处境的变化而变化——考虑进来。毕竟作为参照点的邻居——琼斯一家的状况也是在不断变化的。更重要的是，如果你的邻居从琼斯一家变成了范·斯凯勒一家，那么你的参照点也会发生变化。一项由马克·斯泰因主持的研究部分佐证了上述观点，这项研究发现：收入的增长并不能让中产阶级人士体验到更加强烈的幸福感，除非他们能够从内心承认自己因此而提高的身份地位[47]。因此，我们或许可以认为：能够提高幸福感的并不是较高的收入，而是较高的身份地位。

但是金钱是否能够买到自我掌控感（认为自己能够掌控自己的命运）仍然无法确定。在一项关于工作对塑造人格的作用的纵向研究中，梅尔文·科恩和卡迈·斯库勒发现：人们的职位越高，他们对工作的掌控感就越小[48]。等级的提升也和自我掌控感一样。乔治·霍曼斯发现，升职反而会使人们感到更加不满。这是由于一次升职会使人们开始期待下一次升职，并拿预期与现状进行比较，不满自此产生[49]。在这种情况下，人们对新职位的适应只是提高了参照的标准（见第十七章）。因此，很多看起来金钱能够买到的东西都是短暂的，会在收入增长或权力扩大后形成的新处境中逐渐消逝。

在早期一项关于金钱对幸福的购买力的研究中，理查德·伊斯特林的发现对上文中提到的许多反常现象给出了相关支持：人们对环境的高度适应性使得人们在每次收入增长后，都能立即创造出一种新的衡量自己的标准。这也在某种程度上解释了为什么战后人们的幸福感没有随着收入水平的提高而提高[50]。尽管上述关于适应和社会比较提升的理论颇有见地，但它们却遭到了市场主义的强烈反对。此外，就适应理论而言，尽管适应会使老年人保持较高的幸福感，但这种对生活水平的适应却是与市场主义相对立的。因此，我们或许可以说：是渴望而非适应，令市场充满活力和商机。

除适应和社会比较提升之外，有证据表明还有其他一些变量会影响金钱对幸福的购买力，比如收入缺乏弹性这一变量，即收入无法影响人们的情绪，以及其他一些会导致人们给自己设限的情况。首先，制约金钱对自尊或自我掌控感的购买力的因素并不仅仅是适应或社会比较的问题，这是因为这些炙手可热的商品与收入水平毫不相关[51]。你或许会说金钱的增加会提高一个人对环境的掌控感，但事实并非如此。正如我将在第十三章中提到的那样，掌控的幻觉是如此深植于人类的认知系统，以致高收入通常与一个人的自我掌控感毫不相关。

社会比较影响和削弱幸福（见第十七章）的能力似乎是通过一种公平感，即一个人认为自己应该得到某些东西来发挥作用的。受到公平对待的感觉是很重要的。安德鲁斯和威西在他们主持的一项关于生活质量的研究（1976）中发现，受到不公平对待的感觉会降低人们的幸福感。值得一提的是，安德鲁斯和威西还发现，人们的不公平感主要源于人际关系而非收入[52]。因此，我们或许可以据此推测：是人与人的关系，而非与钱的关系在很大程度上影响了人们的幸福感。但是，人们当然也会进行某些收入比较。多年来关于自我和社会比较的研究共同表明，当人们认为自己所处的群体受到某种不公正对待时产生的情绪唤醒度要比自己受到不公平对待时产生的情绪唤醒度更高[53]。需要注意的是，在这种群体比较中，人们进行比较的对象是那些与自己处境相似的他人，而不是那些比自己更加富有或是更加贫穷的他人。（那些处于中上层富裕阶级的人们则更倾向于与那些比自己更加富有的他人进行比较，并因此而产生不幸感[54]。）因此，看起来似乎没有人会把自己的不满情绪与国民收入分配联系起来，“国民收入分配是否合理”这一问题并没有受到人们的重视。事实上，如西德尼·韦尔巴和加利·奥伦的报告所述，除了电影明星和体育明星们的高工资之外，许多社会经济团体的领袖人物，包括劳工和种族群体在内，都证实了非常接近按职业分类的实际收入分配[55]。并且另有研究表明，这一现状基本上是被接近社会底层的人群所证实的[56]。最后，可以说至少在20世纪70年代的美国，当和他人的工资进行比较后，人们很少会感到不满[57]。

以上这些环环相扣的发现能够帮助我们去理解为什么收入和幸福之间的相关并不大。首先，受到公平对待的感觉对于幸福感的贡献很大，但这主要来源于人们如何被他人对待；其次，至少在美国，人们很少对自己与他人的收入进行比较，而群体或职业间的收入比较也并不会给个体带来更大的不公平感；最后，人们倾向于认为当前的收入分配基本上是合理的。总之，所有这些因素加起来将收入和幸福之间可能存在的相关降到了最低。

在此我们不得不重提一下上一章中关于情绪稳定性的生物学解释，即我们生来就带有某种气质，使得我们在一生中倾向于幸福或不幸。对于我们在衡量幸福或不幸方面所作的努力，在简·福塞特看来，我们就好像是在衡量某种生物学上的稳定特性，比如蓝眼睛，而这种努力似乎并没有什么意义[58]。正如在第三章中给出的原因，生物学上的稳定性并不会影响收入和幸福的关系，如果有，那么这种影响也十分有限。在任何情况下，“蓝眼睛”似乎都更加倾向于以一种积极乐观的态度看待事物，这是由于人们通常天生就具有某种积极偏向，例如：在回答调查问卷时，人们更倾向于选择那些肯定的、赞许性的选项，而不是那些否定的、非赞许性的选项；选择那些指示“幸福”的选项多过选择那些指示“不幸”的选项；出于很多原因，人们毫无逻辑地相信，客观上不太可能发生的好事，即使不会发生在他人身上，那么也非常有可能发生在自己身上（这就是之前我提到过的“掌控的幻觉”）[59]。收入水平似乎并不会影响诸如此类的人类内在特征。

日常的快乐与其他能够给个体带来生活满足感的来源不同，却遵循了同样的模式，二者都与收入没有什么显著的相关。盖洛普曾经向美国人发问：“是什么给予了你每天最大的满足和快乐？”在得到的答案中，我们发现：家庭活动排第一，之后按顺序分别是电视（见下文）、朋友、音乐、读书看报、房子或公寓、工作、餐饮、汽车、体育赛事、“所穿的衣服”[60]。但所有这些事物和活动，包括汽车在内，对于处于贫困线以上的人们来说都不是无力承担的额外消费。产生自其他许多来源（尤其是住房）的快乐往往很容易进行比较，或者更确切一些，正如索尔斯坦·凡勃伦所言——很容易招致不满，但这种不满可能更多的是来自中产阶级或上层阶级，而不是下层阶级。

个人财产对个人的意义当然也很重要。一项研究发现，小学一年级的女学生更可能把自己等同于“所穿的衣服”而非她们的父亲[61]！但是，至少在贫困线以上，这些事物和活动所带来的乐趣并不取决于收入多少，这是由于：根据边际效用递减规律，富人所有的大量财产并不会比穷人所有的少量财产能够给所有者带来更大的满足感[62]。此外，作为一个社会，美国似乎过于看重财产的作用，以致忘记了这一事实：个人所拥有的财产并没有个人被他人礼遇所带来的快乐那么多。

那么工作的乐趣与收入的关系又如何呢？一种直观的推测是：收入越高，工作所能带给个体的权力、决定权和挑战也就越多，因此在工作中体验到的乐趣也就可能更多。但来自相关研究的证据表明这种关系似乎并不存在。20世纪70年代和80年代初，托马斯·贾斯特曾开展过多项关于“最能带给自己快乐的活动”的调查研究。1985年，在综合了这些研究的发现后，托马斯·贾斯特报告称：家庭活动（与孩子玩耍）和友情（与朋友间的社交活动）是最能带给人们快乐的。不过这项研究最出人意料的地方却在于“你所从事的工作”这一选项居然排到了“最能带给自己快乐的活动”的第3名，仅次于家庭和社交活动之后，而排在了看电视、参加体育活动、看电影、从事园艺、阅读和购物之前。并且研究还发现，工作过程中的收益（工作中体验到的乐趣）和工作本身的内在特征之间基本没有什么联系[63]。当然，其他一些研究可能会对工作中体验到的乐趣和职业本身的特征之间的独立性提出质疑，但是我们或许可以假定：即使二者之间存在一定相关，这种相关也绝不会比中产阶级精英们所设想的更加显著。（我曾经访问过一位贴壁纸的工匠，在他看来，处理角落的技能是他很重要的快乐源泉。）

对于幸福来说，没有痛苦与拥有快乐同样重要，甚至更重要，因为失去所产生的痛苦远比得到所产生的快乐对人的影响更大，且痛苦比快乐更让人记忆犹新[64]。就拿焦虑这一问题来说，人们一般都会认为穷人比富人更容易感到焦虑。但事实并非如此。安德鲁斯和威西在20世纪70年代早期所作的一项调查研究中发现：个体发生焦虑的频率并不会随着其社会经济地位的变化而发生变化……对于那些社会经济地位较高的个体来说，其发生焦虑的频率并不会比那些社会经济地位较低的个体更低[65]。对于处在贫困线以上的人们来说，金钱并不能减轻焦虑，它仅仅是改变了焦虑的对象。但是对于处在贫困线以下的人们来说，经济困难——感到没有足够的金钱为家人支付食物、衣服、住所和医疗等方面的花费——对于丈夫和妻子来说都是极度痛苦的[66]。

当然，“担忧收入是否能够得到保障”对于幸福来说也很重要（见第九章），但是这种担忧随收入水平的变化而变化的程度并没有人们想象得那么严重。例如，一项针对巴尔的摩和底特律地区的工人开展的研究（1976）表明，尽管蓝领工人和白领工人的收入水平基本相同，但蓝领工人对于收入保障的担忧却比白领工人更多一些[67]。20世纪90年代出现过的公司大规模裁员现象也向人们表明：即使处在收入和社会经济地位的较高水平，收入和社会经济地位也并不能得到保障。

我在梳理金钱与幸福之间的关系时就好像假定人们并不会参与自我定位（self-placement）的过程一样。事实却并非如此。那么，当人们面对不幸时又会做些什么呢？在一项关于社会精神病学的研究（1963）中，托马斯·兰纳和史坦利·迈克尔将那些会降低幸福感的社会压力，如生理疾病、丧失配偶、缺少或丧失亲密的朋友、没能“获得成功”等，与应对策略联系起来。他们发现，社会压力的发生并不会因社会阶级的不同而有所不同（工人阶级的压力指数为5.7，中产阶级为5.3，上层阶级为4.7），但是各个社会阶级对社会压力的应对策略却有很大不同。当社会压力产生时，中产阶级和上层阶级的应对策略是投入工作，这种应对策略有时会对某些社会压力产生抵抗作用；而工人阶级的应对策略更多的是付诸某些发泄性的行动，如喝酒、攻击等，而这种应对策略只会使情况更糟[68]。因此，金钱与幸福之间的关系在某种程度上受到了那些受教育程度更高、拥有财富更多的群体的调节。正如我们在幸福感的相关研究中经常看到的那样，穷人的境遇越来越差，富人的境遇则越来越好。在探讨幸福的时候，我们切不可忘记的是，重点不是砧板上的反复锤炼，而是看似无关痛痒的轻轻一刀，上刀刃为环境，下刀刃为我们的先天气质和后天经历。

为什么人们会认为自己的幸福取决于收入？

大部分人认为收入增长25%会让他们对生活更加满足[69]，但是当收入真的增长了25%以后，事实上他们并没有感到更加幸福或对生活更加满足。那么，为何我们是如此容易将某些东西当作我们幸福的核心呢？

其中一个原因就在于我们都是以自我为中心的，这并不是说我们都很自私，而是如让·皮亚杰所说，“以自我为中心”指的是我们会把那些在我们的脑海中比较突出的思想当作现实[70]。除凡勃伦之外，我们更能觉察到自己而非那些比我们富有或贫穷的邻居的情绪感受。但是假设我们每个人都作了一项比较分析，并且要据此对邻居的富有和其幸福之间有何关系作出回答，那么结果很可能是：我们根本回答不上来，因为我们似乎无法对他人的情绪感受作出准确判断。在一项调查中，当受访者的邻居被问到关于受访者的幸福时，他们的回答和受访者的真实情况可谓有天壤之别；“甚至对于那些十分了解受访者的人来说，他们也并不能很好地判断受访者的情绪感受……据此可以推论出：我们人类似乎无法很好地了解彼此的情绪感受”[71]。因此，评价一个富（或穷）邻居的幸福不会削弱我们的观念，即多一点儿金钱就会令一个人更幸福。

在本章的前面部分，我曾对（在某一宗教文化主导的国度里）坚守宗教信仰的幸福与放弃宗教信仰的痛苦进行过比较。文化的重要性还适用于个人财富具有治愈作用这一观念。人们通常会认为，更多的金钱会让自己更加幸福，同时由于对于自己为什么会产生某些情绪感受的无知，人们往往习惯于按照既有的答案来对自己的情绪感受进行解释[72]。除坎特和米尔之外，人们的基本假设是自己与他人都是相似的，没有人想要与众不同[73]。市场文化教导我们金钱是幸福的来源。许多研究都表明，人们并不能很好地解释为何自己会感到幸福或痛苦（见第十六章），并且由于传统的市场意识形态已经深深植入脑中，他们往往会认同幸福（或痛苦）的来源就是金钱。

认为我们的幸福取决于收入的另一个原因是，我们总会产生一些关于某些可能事物或生活方式的幻想。研究发现，近50%的美国人认为自己拥有可以让自己“过上想要的生活”的金钱[74]，尽管如前文所述，很多人都不愿承认想要“变得富有”的欲望。就像在寺院里，没有僧侣会承认自己已经达到了圣人般的修行。在市场文化中，我们很难相信一个人已经获得了自己想要得到的全部收入。这是一种幻想的破灭，而非一种对物质不满的衡量[75]。当然，这种幻想也受到了媒体塑造的成功人士形象（通常被塑造成某种没有烦恼、不受限制的理想形象）的刺激，于是在比较之下，我们的现实生活显得如此平淡和失败[76]。

或许最重要的原因是我们的确经历过金钱能够带给我们幸福的时刻。当收入突然出现了变化，我们的幸福感会在短期内受到影响，并且收入降低带给我们的痛苦要远远大于收入增长带给我们的幸福。但是，在对新近升职人士的研究中，霍曼斯发现收入增长带来的幸福并不会持久，这是由于新的收入水平很快就会变成我们衡量自己成就的标准。这一适应过程在所有关于幸福成因的研究中都有所体现（见第十七章）。此外，考虑到盖洛普并没有在美国或世界上的其他地方发现那些传说中贫穷而幸福的人，故这种适应过程对于解释穷人的幸福来说同样适用。因此，有研究者把幸福的穷人看作一种适应的状态，并且这些幸福的穷人因长期对此无能为力的经历而习得了无助感[77]。这也是收入和幸福之间如此不相关的另一个原因，即穷人对此已经不再抱有希望，且并不感到那么不满，如果不是不幸的话。

其他原因如下：美国人对于“无论什么收入都是自己赚来的，都是自己应得的”这一观点十分认同。市场经济也教会了我们同样的道理，即合理工资的定义就是在（完善的）市场制度下个体被支付的工资。这是一个纯粹程序公平的例子，但是正如精神分析一样，存在循环论证的嫌疑。这也是“公平世界理论”这一广受认可的实体公平理论所欲传达的思想，即人们所得的都是应得的[78]。对于成功人士（以及那些认为自己是成功人士的多数人，之所以这么说是因为有三分之二的人主观上认为自己处于平均收入水平以上）来说，公平世界思想能够支持自己关于自己的良好感觉。在某种程度上，正是由于这一原因，那些认为自己生活在一个公平世界中的人才会比那些认为自己生活在一个不公平世界中的人对生活感到更加满足[79]。林德布卢姆在谈及资本罢工相较于工人罢工的战略性优势时，称市场经济是证明和保持精英阶级的权力的一种“非常巧妙的设备”[80]。类似的，在我看来，市场意识形态就好像一种关于许多人类共同信念的汇编。相对于需求和均等的公平，市场更偏好应得奖惩的公平。

最后一个人们认为所有的幸福都源自金钱的原因是：官方经济文献否定了人们关于生活中许多快乐都来自工作的信念。经济学家称工作为一种负效用（disutility），即为了获得金钱和闲暇所必须付出的代价。在这方面，他们都是坚定的边沁功利主义者。在边沁看来，“为工作而工作的欲望是一种在人们心中几乎没有任何地位的欲望……厌恶，而不是欲望，是工作能够带给人们的唯一情绪……安逸，而不是工作，才是人们的主要目标。热爱工作是一种自相矛盾的说法”[81]。除了好奇边沁能够从这段话中得到多少快乐之外（当然也比较好奇经济类杂志到底付了作者们多少钱才让作者们感到足以补偿他们所付出的时间），我必须向读者指出《市场经验》中关于内在奖励的论述[82]。或者如安德鲁斯和威西在一项研究中所发现的那样，“效能感”（例如“你在生活中都完成了什么事”）对生活满意度的贡献是“金钱指数”的6倍[83]。再者如我之前引用过的贾斯特的研究所发现的那样，在所有关于“人们实际上喜欢做的事情”当中，除了与自己的孩子玩耍和与朋友交往之外，工作活动排到了所有休闲活动的前面[84]。除了较低水平的技能和自由决定权之外，工作本身并不仅仅是一种以收入作为补偿性快乐的痛苦。因此经济学家关于痛苦—快乐的计算是完全错误的。

令人奇怪的是，几乎没有人会去质疑这种关于金钱与幸福之关系的传统观念。正如卡尔·波兰尼所说的那样，如果你试图质疑金钱与幸福的关系，人们就会认为你很危险，甚至还会认为你脑子出了问题[85]。

关于发达国家中收入之于幸福的影响的两个推论

如果当国家变得越来越富有时，边际效用递减规律就会开始发挥作用，即出现金钱对幸福的购买力越来越小的情况，那么除了上文中提到的金钱与幸福之间较弱的相关，我们还能有何推论呢？在我看来，主要有以下两个：（1）金钱对幸福的购买力越来越小的情况仅仅发生在富人而非穷人身上；（2）在富裕的国家中，物质主义的价值观在逐渐淡化。支持第一个推论的是1957—1972年关于美国人的主观幸福感的调查报告，报告显示：高收入群体的主观幸福感在这段时间内出现了急剧下降，而低收入群体的主观幸福感却保持恒定。自然而然，这种情况会导致两个群体对各自的幸福感的评定越来越接近，于是我们看到，与1957年相比，1972年金钱所能买到的幸福变少了[86]。第一个推论确认了金钱的边际效用递减假设。

但是，我认为第二个推论似乎并不太正确。20世纪70年代，社会上曾出现过一种广受认可的看法，即人们认为战后那些在和平与繁荣时期成长起来的年轻人已经从物质主义价值观转向了后物质主义价值观[87]。与物质主义者相比，后物质主义者更看重自我决定（包括工作中的自我指导）和文化表征等价值观。后物质主义者一般都比较富裕，但是对于他们来说，金钱并不能买到幸福，因而弱化了收入与幸福之间可能存在的相关。因此，如果后物质主义能够如火如荼地发展起来，那么就可以进一步证实金钱对幸福的购买力的下降。但是它并没有如此发展，部分是由于为这种思想提供“养分”的欧洲繁荣不再，失业率也在逐渐上升[88]。对物质主义和后物质主义进行的更精确的测量表明，至少在美国，物质主义在年轻人中并没有淡化，反而在经历了15年（1972—1987）的稳步发展后达到了历史性最高（见第八章）[89]。但是奇怪的是，尽管如前所述，物质主义价值观在稳步发展，但金钱能买到的幸福却并不会比25年前更多；或者至少可以说，即使在20世纪70年代和80年代的经济停滞期，人均收入增长伴随而来的依然是幸福感的下降（见图1.1）。总结一下就是：金钱能买到的幸福越来越少，而物质主义却愈演愈烈！

对繁荣的成果表示失望

当到达相对富裕阶段之后，情况是否令人们大失所望呢？我曾提到过经济发展过程中存在的一些痛苦，但是在实现了经济发展之后也同样存在一些痛苦，这些痛苦很可能导致了美国人幸福感的下降。

其中一个理论主要是基于期望的落空提出的，即人们往往认为期望的达成会给予自己某种相对优势，结果却发现怀有同样期望的人也会因期望的达成而获得这种优势。比如说一个人为了获得比父母更高的学历而努力学习，结果却发现他人也取得了更高的学历，于是自己期望中的优势并没有出现。这就是“位置商品”（positional goods）理论，即人们从某种商品中得到的乐趣主要取决于这种商品所能带给自己的相对优势[90]。位置商品中内生的失望理论很容易让人联想到经济学中的一个现象，即因为有竞争者和仿效者的存在，企业家和发明家很少能够享受到工作所带来的全部经济回报。市场社会是公平的，更是充满变数的，但是我们当中又有谁愿意回到之前的专利限制或注册受限时期呢？

我们是否可以把这种失望归咎于媒体呢？对于某些情况来说是可以的，比如我将在第十一章中提到的政治隐忧（political malaise）就可以将责任归咎于媒体[91]。但与政治隐忧相比，幸福是一种更为亲密的感觉，更多的是源于经历而不是观察或二手资料。然而，如果腐败、犯罪、外来灾难、未成年人怀孕和犯罪、污染等坏消息不断传来，人们或许会认为自己理应感到不幸，或者从此类新闻中推断出与不幸相关的负性情绪，进而将这种情绪当作整个国家都有的情绪。那么当出现负面新闻报道时，人们的主观幸福感是否会随即发生变化呢？答案是否定的。越南和平谈判（停火协议和巴黎会议）使得人们在情绪上出现了短暂的波动；水门事件对人们情绪的影响微乎其微且转瞬即逝；古巴导弹危机的解决也仅仅让人们比之前多了那么一点幸福感，且持续时间很短[92]。但是我们的目的是检验关于普通慢性疾病和日常违法行为等的媒体报道对幸福感的影响，而不是关于战争与和平、总统辞职等大事件的媒体报道对幸福感的影响。不过需要注意的是，或许不幸感会随着某些负面媒体报道的出现而发生变化，但抑郁却不会。因此，我们似乎并不应该把战后出现的社会焦虑状况归咎于新闻媒体，而应该归咎于人们对生活不满的天性。生活满足会推动政治满足，反之则不成立（见第十一章）。

问题的关键并不在于这些事件和趋势能够合理化人们的各种情绪，而在于人们关于这些事件和趋势的讨论可以制造出一种“自废墟中重生”的假象。大多数情况下，我们财富的增长似乎与这些新闻报道并无关系。（1997年8月的一则新闻报道的标题为“美国人的忧郁：繁荣无药可救”[93]。）正如一位名叫罗伯特·萨缪尔森的新闻记者在其他场合所说的那样，“财富不会带来爱或敬意；它不可能让不诚实的人变得诚实；它也不可能让破裂的家庭重归于好，让犯罪不再发生”[94]。如果这些问题都与市场文化有关，那么看起来很多人既想要市场所带来的经济收益，又不喜欢由此产生的文化。正如许多亚洲国家领导人所指出的那样——真正的进退维谷。

享乐跑步机（The Hedonic Treadmill）

如果欲望、期望和比较标准与成就的提高速度一样快，那么即使收入水平提高得再多，也无法提高主观幸福感。这就导致了两位心理学家——菲利普·布里克曼和唐纳德·坎贝尔所说的“享乐跑步机”状况的产生[95]。难道我们就没办法摆脱这种状况吗？在下一章中，我将对此进行探讨。但在此，先让我们来分析下谁将注定无法摆脱这台享乐跑步机。在底层，穷人和较穷的人会从经济增长中受益，因为对于他们来说，无论是集体收入还是个人收入出现了增长，都能买到幸福。对于收入较高、教育较好的两类人群来说，至少有一种踏上自我指导工作的后物质主义路径的可能性，甚至有可能期待“一个思想比金钱更重要的社会”。但是对于那些似乎并不在乎思想是否会受到重视的中产阶级来说，更多的金钱并不能买到更多的幸福，享乐跑步机就摆在他们面前。

第五章
情谊还是收入？

鸟儿有巢，蜘蛛有网，人类有友谊。

——威廉·布莱克

如果对于处在贫困线之上的人们来说，金钱并不能买到幸福，那么什么才能买到呢？在我看来，是情谊，包括家庭和睦和友谊（社会学家所说的社会支持）。这个答案有一个显见的含义，即爱能战胜一切，但是除此之外，还有另一层不讨喜的含义。例如，它对我们的生活方式提出了挑战。这一含义的新奇之处就在于情谊之于收入的相对优势。但是首先我想要解释的是：为何情谊对于幸福是如此有益？又为何违背那些驱使我们向它靠近的驱力的成本是如此高昂？其次是比较分析：情谊和收入对幸福的贡献分别有多大？最后，如果以上这些都不再存疑，人们会作何选择？又是什么会阻止人们去作出有利的选择呢？

情谊会让我们幸福吗?

一种能够检验情谊是否是幸福的主要来源的方法是：考察人们对家庭生活和朋友的满意度与总体的幸福感是否相关。

对家庭生活和朋友的满意度

在1976年发表的两项关于生活质量的研究中，研究者发现对家庭生活的满意度是总体幸福感和总体生活满意度的第二重要指标。在对主观幸福感的贡献方面，对家庭生活的满意度要比对生活水平、对工作、对“你所体验的各种乐趣”、对宗教生活及对其他生活领域的满意度都大[1]。相关的文献综述也报告了类似的发现[2]。

在这两项研究中，对朋友的满意度（例如你对“经常见到的人”的感受和“与他们一起做事”的感受）之于幸福的贡献要小得多[3]；但是在跨国研究中，对朋友的满意度却是比对家庭生活的满意度更能预测个体的总体生活满意度的指标[4]。当美国人在评价自己对朋友和“经常见到的人”的感受时，大多数人给出了一个很少用在其他领域的答案——“高兴”[5]。

同时，交到一个新朋友或是与老朋友共同做些新鲜事会极大地改善人们的情绪[6]。如果这就是情感联结所带来的结果，那么其相反面——失去（loss）也在讲述着同样的故事，只不过是以悲剧的形式。抑郁最重要的诱因就是家庭和友谊的破裂。丧偶、离婚和分手都非常可能导致重度抑郁，带来不幸感[7]。多年来关于抑郁的研究得出了一个相同的结论，即如果我们能够消除一个人的孤独，那么我们就能赶走这个人的抑郁[8]。从根本上来说，幸福的感觉是与他人有所互动，是一种更为具体的感觉，综合了自上而下（总体幸福感调节对各个生活领域的满意度）和自下而上（对各个生活领域的满意度调节总体幸福感）两种调节方式。

来自多项跨国研究的证据表明，已婚人士比未婚人士更加幸福，并且与朋友和亲属经常联系也会增加幸福[9]。抑郁，与不幸一样，都与缺乏情感支持有着直接的联系[10]。

人们对于幸福来源的自我报告

人们对于“什么会使自己幸福”这一问题都有各自的观点，尽管人们的观点并不总是正确的。例如，如果我们按照人们对于各个生活领域的满意度的重要性的评估来衡量上面我们提到的相关测量，那么事实上这只会让预测更糟[11]。但是在市场民主制度之下，人们更看重的是那些自己认为自己所需要的事物。我曾在上一章中提到过一项由刘易斯·哈里斯主持的民意调查。在这项调查中，当民众被问及“你认为什么才是生命中最重要的东西”时，“与家人和朋友的关系”这一回答以压倒性的优势（56%）排在了所有回答的前面[12]。但是由于那些“生命中重要的东西”并不完全等于那些会让人幸福的东西，因此这项民意调查的说服力并不强。此前在1957—1976年间，约瑟夫·威洛夫及其团队曾试图对影响美国人心理健康的各种不断变化的境遇进行探究。这项研究中的自我报告进一步说明：情谊能够带来幸福（表5.1）。

表5.1　1957和1976年的自我报告中关于幸福和不幸的来源

来源	幸福的来源		不幸的来源	
	1957年	1976年	1957年	1976年
经济和物质	35%	28%	27%	20%
孩子	29%	24%	7%	7%
婚姻	17%	15%	5%	5%
其他人际关系	16%	18%	3%	13%
工作	8%	9%	11%	20%
自己的健康	9%	11%	7%	9%
家人的健康	8%	6%	5%	3%
独立，无负担	8%	16%	—	—
个性问题	2%	5%	13%	8%
团体、国家及世界问题	—	—	13%	24%
总计	132%	126%	91%	109%

来源：Joseph Veroff, Elizabeth Douvan, and Richard Kulka. 1981. *The Inner Americans:A self-Portrait from 1957 to 1976*. New York: Basic Books, 57.

报告显示出孩子和婚姻是幸福的两大来源，这反映了人们的传统价值观，我想将其称为“虚假的美好”（faking good）。这两项来源加起来远比幸福的其他来源更为人们所看重（1957年，二者之和为46%；1976年，二者之和为39%）。虽然我们不应该仅仅按照字面意思来解读表5.1，但你可能仍想知道为何人们的观念会从1957年的“不幸主要源于自身”转向20年后的“不幸主要源于朋友和亲属”。（在第七章中我将会提到：在这段时期之后，尽管人们还与朋友保持着比较亲密的联系，但人们却逐渐与亲属产生疏离[13]。）

但是，问题的关键并不是友谊或婚姻是否是幸福的可靠来源，而是即使扣除社会肯定和自我肯定这些动机，人们仍然会倾向于认为令自己幸福的是家人和朋友。事实上，在上述数据中，人们认为人际关系比收入和工作对幸福的贡献更大，并且1976年比1957年更是如此。

人际网络和知心朋友

如果我们根据朋友和婚姻的数量而非质量来衡量人们的幸福，那么朋友和婚姻对幸福的贡献甚至比之前还要高。知心朋友的数量要比其他任何来源（收入、吸引力、智力等，见下文）更能预测人们的主观幸福感[14]。此外，如果把各种社会支持因素加进来并计算其与幸福感的相关，我们就会发现其与幸福感有着非常强的联系[15]。

广度还是深度？

人们可能会认为亲密关系对于抑郁症患者的心理健康更为重要[16]，而对于普通的年轻人来说，“广受欢迎”才是最重要的。事实并非如此。正如我们在第六章中将会讨论到的“温暖”这一主题，相关研究发现：人们更需要可以信赖的知心朋友，而非那些仅仅可以一起“闲逛”的普通朋友[17]。这是否是因为研究中涉及的群体（学生）还太年轻呢？答案是否定的，研究发现：随着人们逐渐从青年步入中年，亲密关系对于人们的重要性也在不断增加[18]。回到我的中心论点，我想说的是：市场会扩展人们的人际关系网络（对人们很重要），却不太可能会增进人们的亲密关系（部分是由于亲密关系相当耗时）。

独自追逐还是有人在旁？

人们会认为有人陪伴时更幸福，还是一个人时，比如读一本书或是听一场歌剧更幸福呢？（正如我们将会看到的那样，成就感、自我掌控感与情谊对幸福的贡献一样大。）首先，证据就是上面的分析已表明的：人们与朋友在一起时会比与家人在一起或是一个人的时候在情绪上更为积极[19]。但是与家人或朋友“在一起”并不等于和他们生活在一起[20]。尽管老年人会感到与别人住在一起要比一人独居更为幸福，但是对于大多数人来说，独居时并不会比群居时保持的社会交往更少[21]。然而，独居的人在心脏病发作后死亡的概率会更高一些[22]，即是说，我们的身体会觉察到那些我们的意识所忽略的信息。我们似乎把礼俗社会的谆谆教导抛在了脑后，在为自己增加一些除情谊之外的选择的同时，我们也给自己带来了某些伤害，比如心脏病发作。

但是如果老年人的感受比较不同，那么青少年的感受也应当是不同的（无论是在意大利还是在美国）。事实上，青少年独处的时候是最不幸福的，但是当他们（尤其是意大利的年轻人）与家人在一起时也并不幸福。而当他们与朋友在一起时，他们却往往会感到很幸福，无论是和朋友一起学习、玩耍，还是什么也不做[23]。尽管这再次说明了朋友情谊优于家庭情谊，但同时也再次证明了情谊之于幸福的重要性。

为什么呢？这是因为我们往往会在与朋友一起做事的过程中体验到乐趣，而这些事情（如打网球、玩桥牌或扑克，以及聊天）很多又是一个人不能做的[24]。几乎参与任何一种团体活动（跳舞、体育活动，甚至工作）都会在某种程度上提高人们的主观幸福感，一部分原因是团体活动所具有的“互”的特性，这会使人产生归属感；另一部分原因是其所具有的“动”的特性，这会使人产生生理上的愉悦感。正如我们从其他研究中所知道的那样，即使是工作中的快乐也会在很大程度上受到人们是否喜欢与自己的同事共事的影响[25]。众所周知，当他人感到快乐的时候，我们才更可能感到快乐。如果笑容是可以传染的，那么情绪也一样。不过，正如一句谚语所说："当你笑时，整个世界会与你一同欢笑；当你哭泣时，你却只能独自垂泪。"

情谊的另一方面作用也经常被提起，即情谊可以减轻压力带来的痛苦。情感联结会向人们提供一种信息，这种信息会"让人们相信自己是被爱和被关怀的，是受尊敬和有价值的；自己属于某个能够相互交流和相互帮助的人际网络，并因之而能够减轻体验到的痛苦的程度，改善自己的健康状况，缓冲压力对健康的影响"[26]。

自尊和自我掌控感

人们最珍视的所有物就是自尊，它与社会尊重有着紧密的联系，这可以从埃古的赞美——无论男人还是女人，名誉都是他们灵魂中最贴心的珍宝——中看出。荣誉与名望，或是臆想中的名望，都是自尊的养料。安德鲁斯和威西曾经说道："如果说有人能够提高我们的自我价值感，那么我们少了谁的分红也不能少了朋友的分红。"[27]在此，我们已经进入了"反映评价"（reflected appraisal）的领域，即我们了解的自己要像我们希望别人了解的自己一样。有一句顺口溜这样说道："每个人都是其他人的镜子，投射出每个路过者的影子。"[28]

据说，美国人比其他国家的人更希望在他人心中树立起关于自己的良好形象。他们比其他国家的人更在意他人是否喜欢自己[29]。坠入爱河会提高人们的自尊，因为爱会平衡自我的两个子系统，即自我概念与理想自我[30]。

自我掌控感或者说一种能够影响自己所处的小环境的感觉是第二种人们最为珍视的自我知觉。一个人的一般效能或专业效能在很大程度上决定了人们在工作、婚姻以及比赛竞技中的成功。相关研究发现，在对幸福的贡献方面，自我掌控感仅仅排在自尊之后[31]。

情谊的驱力

如果情谊能够带给人们如此多的快乐，那这是否就是人们如此热切地寻求情谊的原因呢？事实并非如此，因为这并没有解释为何获得情谊会让我们感到快乐，又为何失去情谊会让我们感到痛苦。

相互帮助

迈克尔·阿盖尔和艾德里安·弗恩海姆曾经作过一项调查，在这项调查中，人们会被问到“各种情谊能够给自己带来什么”。当调查结束后，迈克尔·阿盖尔和艾德里安·弗恩海姆根据人们的回答，提取了三组相对独立的答案[32]。第一组答案是“从他人那里获取有益的和物质性的帮助”。这是关于情谊比较保守的一面，或者用最恰当的社会科学术语来说，这是社会支持[33]。当我向一组工人阶级的男性问及友谊对他们意味着什么的时候，他们一般倾向于这样回答：“当你需要帮助的时候有人可以依赖。”[34]在多数情况下，这种支持往往来自亲属；同事一般在工作方面提供帮助；邻居则是在生活琐事方面提供一些小小的帮助[35]。由于这些帮助都是相互的，每个人对于谁欠谁什么东西或多或少都有一笔心理账，因此这可以说是情谊的社会交换理论最直接的应用。

父母会在孩子未成年的时候帮助他们，但是当孩子成年以后父母是否还会继续提供帮助呢？当父母需要帮助的时候，孩子又是否会帮助父母呢？有关家庭观念淡化的证据（见第七章）揭示出：当孩子自立以后，父母提供的帮助就停止了，而且这种帮助从来没有回报。但是这种关于家庭观念淡化的推论并不完全正确。相关研究发现，在20世纪90年代早期，30%—40%的美国父母在50多岁的时候还在为孩子提供必要的帮助，大约有三分之一的孩子人到中年还能帮助父母解决家务负担，大约10%的孩子愿意在经济上为父母提供帮助。事实上，家庭成员是老年人获取帮助的最重要来源[36]。

情谊的进化基础

人类是为情谊而生的群居动物。在开始关于进化的讨论之前，我想先给出一条附加说明：灵长类动物群居在一起并表现出本能的亲密行为这一事实并不能证明人类也会受到同样的影响。一方面，有些猴子，比如狒狒生活在全部由成年雌性和幼仔组成的母系社会中；雄性狒狒则生活在外面的灌木丛中，只是间歇性地回来进行交配[37]。为了增加进化理论的说服力，我们在此补充了以下两类证据：（1）证实基因遗传作用的人类双胞胎研究；（2）掌控亲密行为的基因和荷尔蒙的相关研究。这些研究发现，当相关的基因存在时，亲密行为就会产生；而当这种基因不存在时，亲密行为则不会产生。幸运的是，当亲密行为受到关注时，有时这三种类型的证据也可能同时存在。

正如第三章中提到的那样，所有灵长类动物都是群居的，当它们与群体分离特别是与家族分离时，就会感受到痛苦。离群索居是痛苦的："恒河猴与其他的高等灵长类动物一样，在很大程度上会受到其所处的（社会）环境的影响。离群的个体会毫无意义地重复拉动一根杠杆，直到看到同类出现。"[38]亲密感始于家庭的凝聚力。在大多数灵长类群体内，不仅幼仔会得到良好的母性关怀，而且至少在与人类关系最近的灵长类动物——黑猩猩群体中，幼仔还会得到来自父亲的照料，即所谓的"遗传性投资"（genetic investment）。在一些亚种之中，除母亲以外的雌性会想要被允许去爱抚同一个群体内的幼仔，有时候还会充当保姆的角色[39]。因此，"自私的基因"既适用于核心家庭关系，又适用于扩展家庭或团体关系[40]。

一项有关社会支持的研究表明，这种模式并不完全是后天习得的，部分是来自先天遗传。研究发现，与家庭成员的关系会受到遗传和家庭成员两方面的影响，但遗传可以解释双胞胎在各种社会支持方面的相似之处。另外，基于朋友的数量、与朋友联络的频率、参加聚会和其他组织的频率等对社会融合作出的测量在很大程度上会受到遗传的影响（尽管这些数据很少会受到主观感知的影响）[41]。

前文提到的荷尔蒙证据令在这种情况下来自生理方面的影响更强烈了。如第三章中提到的那样，情感联结和协作关系一样，都有一种生化基础（后叶催产素）。至少有研究发现，由于服用了利眠宁的选手会更加放松，以致更具合作性，因此其在囚徒困境游戏中的得分要比那些服用了安慰剂的选手更高[42]。另外，社交方面的失调和孤立会导致应激反应，时间久了会损害性行为、身体发育和组织修复（见第三章）[43]。此外，关于家庭亲密关系的传统解释——强调孩子长期内无法自立和人类非周期性的性驱力——也不容忽视。

因此，我们之所以会去寻找情谊并期望从中获得幸福，是因为这是一种遗传性的程序化行为，违反的代价就是遭受痛苦和功能衰退。情感联结与合作的血液化学反应是我们先天的生理构造。而战斗或逃跑反应，可能是，也可能不是身体的默认设置，但它却是引发所有与慢性应激反应有关的疾病的罪魁祸首（见第三章）。

依恋与丧失

如果人类在孩童时期就学会了依恋，那么当这种依恋关系断裂时他们就会十分痛苦。作为成年人，我们会因分离而感到不幸，因为这是人类后天习得的一种倾向。来自有关灵长类动物的研究进一步对这种父母与孩子之间的亲密关系给出了有力支持。研究发现，当幼小的猴子与母亲分开的时候，它们表现出了与人类婴儿一样的行为反应。马丁·赖特和他的助手对8只豚尾猕猴幼仔进行了与母亲分离10天的实验，并检测了这一实验对它们的行为和生理的影响。正如在人类实验中发现的那样，与母亲分离会导致豚尾猕猴幼仔表现出抑郁的症状，例如：行动迟缓，玩耍减少，“形态上表现出无精打采，面部表情忧伤……心率和体表温度下降，睡眠紊乱，脑电波发生异常变化”[44]。

这项研究和其他灵长类研究一起证实了鲍尔比的依恋与丧失理论。最早的理论来自对“当照料者离开后，婴儿容易罹患疾病和发生死亡”这一现象的观察。在对这些观察进行详尽分析后，鲍尔比从中总结出一种关于人类对于依恋的需求和依恋丧失所引起的痛苦的通用理论。鲍尔比认为：“成年人的依恋行为就是其在幼年时期的依恋行为的一种直接延续……（并且）没有哪一种行为会比依恋行为所伴随的情绪更为强烈。这种依恋所指向的对象是被爱的，他们的出现会让对方欣喜万分。”[45]目前关于依恋和丧失理论的研究已经相当充分，这使得我们能够相信家庭和朋友之所以是幸福的重要来源的一个原因就是：他们从早期依恋开始就源源不断地给我们提供情感支持[46]。在我看来，当代发达社会对儿童重视程度的下降（见第三章）是这些社会中抑郁症发病率上升的直接原因。布朗和哈里斯认为：“丧失和失望是引发抑郁症的多数事件都具有的核心特征。”[47]

摆脱孤独

如果有证据表明在美国与其他不幸和抑郁盛行的发达国家中有许多人感到孤独，那么情谊缺失的情况实际上可能要更为严重。事实上，这种证据真的存在。在一项美国全国抽样调查中，大约有四分之一（26%）的人报告称自己感到很孤独；而在法国，这一比例甚至超过了一半（54%）。我们可以从以下的人口统计中推断出孤独的部分成因：穷人比中产阶级感到更加孤独；女性比男性更加孤独；当然，频繁搬家的人比长期定居在一个地方的人更加孤独[48]。此外，虽然我们无法确定大城市里的无名小卒[49]是否会比边远地区的农场工人更加孤独，但是看起来似乎住在大城市的郊区要比住在小社区提倡者所热爱的乡村会更少感到孤独[50]。

但是，孤独有一种更为独特和主观的成因。一项针对所有持续时间在10分钟以上的社交活动的研究发现，亲密关系的缺失是孤独的最重要成因[51]。没有人可以信任，没有人可以分享情感和思想，就会产生孤独[52]。这些并不是临时出现的症状，有研究发现这种孤独感可以持续数月之久[53]。相关研究发现，从事零售业的人很少会感到孤独[54]，其他来自日常生活中的证据也表明人们可以通过参与社交活动（如购物）来摆脱孤独（见第十章）。

那么孤独感是否在增加呢？如果在约瑟夫·威洛夫等人的研究中所列举的各种“人际关系问题”包括孤独这一项的话，那么我们可以认为，孤独在1957年（3%）至1976年（13%）呈现的是一种急剧增长的态势[55]。在展望全球心理健康前景的调查中，一项由世界卫生组织主持的研究的作者以这样的方式表达了自己的担心：“传统的社会群体保护机制已经受损，许多人受到迁居、家庭破裂和社交孤立的负面影响；作为压力性心理社会因素的一种反应，抑郁症的发病率可能会继续上升。”[56]这种上升恰好呼应了过去25年间家人和邻居相互拜访频次的下降（见第七章）。

对情感联结的需求

情谊的进化生物学来源有一种认知上的类比，通常称之为对生命意义的需求。意义的缺失倾向于表现为愤世嫉俗，并被认为与不幸有关[57]。这个词通常指向宗教或思想意识，但我认为人们更有可能在自己关心的人（尤其是他们能够信任的人）那里找到意义。在直系家族中，祖父母带着骄傲和焦虑来看护自己的孙子孙女，这才是以上思想的精华所在（托克维尔发现这种家庭在美国几乎不存在）。而约瑟夫·顺彼得的担心——没有家人继承财富会使得资本积累日渐枯竭——则是一种资本主义的说法。

此外，还有一种更传统的基于动机的投射性测量方法。这种情感联结需求的动机可能和进化或童年经历有关，也可能无关。通常情况下，对这种动机的测量是通过观察与人际关系有关的模棱两可的情况来实现的[58]。我们将其定义为“对建立、维持和修复与他人之间的人际关系的关注，并被与友谊的建立、淡化及失去相关的事情所佐证”[59]。与进化和依恋理论不同，有关各种心理需求（除了情感联结的需求之外，还包括成功需求和权力需求）的理论会因个体差异和文化差异的存在而有很大不同，这为我们提供了一种解决当代市场民主制度下出现的家庭及友谊问题的可行方法。因为需求代表着一种对缺失的反应（如大卫·麦克莱兰所说），或者是一种对已经拥有的事物的更多渴望，又因为对情感联结的需求与幸福感有很强的相关[60]，因此我们可以认为，这种需求代表的是一种先天遗传或后天习得的体验（taste），其是否能得到满足将会直接影响到我们的幸福感，并且反过来还会被幸福感所强化。那么，是否市场民主制度使得情感联结的需求屈居于成就需求和权力需求之下了呢？又或者，由于这种制度下人们对成就需求和权力需求的过度强调使得人们对情感联结的需求更大了呢？

尽管麦克莱兰成功地运用他的成就需求理论改变了印度的生产行为[61]，但是学术界普遍怀疑他的投射性测量，尤其是基于对童年经历、赞美诗、民间故事、教科书以及未经印刷的手抄本等的内容分析的测量[62]。暂且不提这些质疑，我发现麦克莱兰关于三种主要需求的液压均衡理论（hydraulic equilibrium theory）非常有趣，这一理论认为：三种需求处于一种动态平衡状态，当社会过度重视成就和权力的时候，人们就更想要把重心放在家庭和朋友上，从而使得对于情感联结的需求上升。麦克莱兰为他的理论找到了一些别人没有发现的证据[63]。尽管1901至1960年间美国媒体短篇报道中以成就和权力为主题的数量在增加，但是以情感联结为主题的数量却并没有变化；在埃及，当以成就为主题的报道和民间故事增加时，以情感联结为主题的报道和民间故事也并没有变化[64]。然而，有关美国人孤独感和不幸感上升的数据，以及有关邻里之间和亲属之间相互来往大幅减少的证据对“社会对成就、财富和权力的强调增加了人们对于情感联结的需求”这一观点给出了支持。这一理论把情感联结这一需求的满足看作诸如满足成就需求和权力需求的补充或替代[65]。

友谊需求的缺失

需要（needs）和想要（wants）是两码事。我们是否会想要更多的朋友呢？事实上可能不怎么想要。20世纪70年代早期，安格斯·坎贝尔和他的助手曾就“交新朋友的兴趣”展开了一项调查。这项调查发现，拥有最多朋友的人对生活感到最满意，并且大部分人表示愿意去交一些新朋友，但是这种需求并不大，只有0.5%的人说自己“非常感兴趣”。正如人们所预期的那样，朋友最少的人对交新朋友“非常感兴趣”；而朋友最多的人对交新朋友只是“一般感兴趣”[66]。以上调查表明，个体差异、人格特质和外倾性都会对快乐和友谊产生直接影响，并进而影响我们的幸福感[67]。那些内向的人、不擅长社交的人和不擅长交朋友的人将能够从那些改变了商品和友谊优先顺序的体制和文化模式中获益。

无论关于友谊的需求是否还有其他说法，再多的收入需求和再多的物质需求都无法替代对情感联结的需求。尽管拥有许多朋友能够提升我们的幸福感，但是对新朋友的需求更类似于换一部车或是换一台冰箱的需求，而非其他更具弹性的需求。有关抑郁症的研究对上述观点给出了有力支持。在抑郁症患者中，失去一个朋友往往是发病的“引发剂”，而不是因缺少朋友而引起的不为人知的痛苦。适应是关键。如果人们能够适应自己长期缺胳膊少腿儿——就如同一直没有一样[68]——那么他们也能够适应没有朋友的日子。正是这种适应解释了为什么孤独者会缺乏对朋友的需求。但是对于老年人来说，这种适应还有一种隐性成本，“在压力情况下，朋友的出现会降低血压……在某项实验中心率提高的人会在2—15年之后出现高血压，无论他们是否感受到压力或是情绪紧张”[69]。

情谊几乎可以说是幸福的一个条件。在发达社会中，有相当多的人长期感到孤独，很多家庭也在逐渐破裂。友谊和其他人际关系的缺失是特别痛苦的。看起来，人们对情谊的质量有很高的需求。但是人们对情谊数量的需求并不高。如果你问多布巫师他们想要什么，那么即使在那些最善于计算的智者的帮助下，他们也不会说是“摆脱巫术”。

情谊的成本是什么？

我们可以把生命看作一连串的交易，就是不断地用一个机会去换取另一个机会。在这部分中我们要探讨的是用收入换取家庭和睦与朋友的代价。首先，我要稍微说明一下金钱和情谊对主观幸福感的相对贡献。

金钱和情谊对主观幸福感的相对贡献

我们在第二章中曾经提到过人们对五大生活领域（婚姻、工作、经济状况、友情和居所）的满意度之于主观幸福感的分别贡献，结果表明人们对于婚姻的满意度之于主观幸福感的贡献是最大的（0.47），远高于对经济状况（0.29）和其他方面的满意度之于主观幸福感的贡献[70]。也就是说，与对经济状况的较高满意度相比，一个人对婚姻的较高满意度更可能让其对生活有较高的总体满意度。

此前引用过的两项关于生活质量的研究（1976）确证了情谊较之收入对幸福的较大贡献。例如，安德鲁斯和威西的“家庭指数”[对于孩子、配偶和婚姻的感受（r=0.19）]远高于“金钱指数”[对家庭收入的感受，以及关于“家庭经济保障方面”的感受（r=0.15）]之于生活满意度的贡献。情谊较之金钱在带给人们幸福感方面的优势因“与家人一起做的事情”这一生活满意度的第五大贡献因子（0.11）的加入而得到强化。在增加了这一项之后，家庭对总体生活满意度的贡献更大了[71]。

在坎贝尔等人的研究中，对“家庭生活”的满意度（r=0.28）、对婚姻的满意度（r=0.16）、对朋友的满意度（r=0.13）看起来似乎超过了对“生活水平”的满意度（r=0.23）和对“储蓄与投资”的满意度（r=0.15）之于总体生活满意度的贡献。我们再次看到，与对金钱的感受（存钱或者花钱）相比，对人的感受之于主观幸福感的贡献要更大一些[72]。值得再次一提的是，快乐的主要来源并不能通过市场[73]。

在转向对抑郁的讨论之前，我想提出一个不同的观点：在引发或解除不幸的过程中，收入和情谊是相互作用的。我们知道，贫穷会导致助长不幸和抑郁的环境产生，而在贫困线以上，这种相互作用就不太明显了。在此，我将借助表5.2中给出的数据——伦敦坎伯威尔地区抑郁症的各种诱因来阐释这种相互关系。那么表中提到的各种问题是经济方面的还是人际关系方面的呢？这个列表相当有用，因为它显示出人际关系和经济状况之间的相互作用是如此明显，而又如此令人痛苦。住房是个常见问题，工作也是，但是又有谁知道抑郁的家庭主妇为何不得不放下自己的洗衣工作呢？是因为她消极怠工吗？总而言之，家庭问题是上述问题的核心（长期分居的丈夫突然回家居住，或者从监狱归来，再或者因为在工厂里吵架而被解雇；必须要照看儿子；子女吸毒）。这些家庭问题能够归咎于收入相对匮乏吗？不完全是这样，因为至少对于处在贫困线以上的家庭来说，这些问题与收入的关系并不大[74]（尽管贫穷的确增加了离婚的可能性[75]）。（此外，如果市场带来的不安全感被归咎于这些突发事件，那么市场对于消除贫穷所作的贡献也应该值得赞颂。但是即使在较为贫穷的社会中，贫困也不是抑郁的重要来源[76]。）因为这些复杂性，我将主要在生活质量研究中去寻找幸福或不幸的来源。

此外，关于对金钱的追求不会带来幸福这一说法还有一点补充说明。尽管人们经常会通过追求金钱来弥补自己因得不到某些事物而产生的缺憾[77]，但是对于一些非贫穷人士来说，金钱的确能够带来幸福。对于他们（只占全国样本的6%）来说，较高的收入水平的确是幸福感的重要来源[78]。此外，对于一些人来说，追求金钱会得到巨大的满足。这会赋予他们一种生活目标，事实上还会赋予他们的生活某种意义。但是总的来说，这种物质主义者并不都是幸福的[79]（见第八章）。因为每个人都有各自的目标，所以我们更应该去关注自己的个性与一个社会的总体目标是否适应，以便达到一种更好的个性/环境匹配度[80]。但是如果人们眼中那些能够令他们幸福的事物事实上并没有这种效果，又或者令他们幸福的事物与他们所处的文化体系并不一致，那么什么才是好的个性/环境匹配呢？他们与多布人——他们因为信仰的巫术损毁着他们相互之间的关系而感到痛苦，并因此而看不到自身不幸的根源——又有什么不同呢[81]？

表5.2　伦敦工人阶级中可能引发抑郁的家庭事件

得到通知必须离开长期从事的洗衣工作
长期分居的丈夫回家居住
为照看孩子而放弃工作
新公寓计划破产
被房主驱逐
因为未支付房租而被告（丈夫失业）
因为住房问题，必须要做本不想做的流产
丈夫入狱
为了逃离讨厌的邻居而搬家
子女搬走之后独居
退房通知
丈夫出狱
念书的子女吸毒
丈夫因为在工厂里吵架而被解雇

来源：George W. Brown and Tirril Harris. 1978. *Social Origins of Depression: A Study of Psychiatric Disorder in Women.* London: Tavistock,160.

拥有某种事物与因某种事物而感到满足

表5.3提供了很详细的关于朋友数量的预测能力，详细说明了上面提到的各项与主观幸福感的关系。这些发现得到了另一项研究的确证和少许修正，那项研究也发现了幸福感与朋友的数量和约见朋友的频率之间有着非常紧密的关系[82]。

表5.3 不同指标对幸福感的预测能力

	η系数	β系数#1	β系数#2
家庭收入	0.17	0.19	—
个人收入	0.07	0.04	—
朋友数量	0.27	—	0.24*

*此表分别考察了“已获得的资源”和“其他现有资源”的贡献。η系数包括了这两种资源，也包括了诸如智力、健康和吸引力等的“先天资源”。朋友数量、时间压力和宗教信仰对变异的解释力（13.5%）远远超过家庭收入、个人收入和教育对变异的解释力（2.5%）。

来源：Angus Campell, Philip E. Converse, and Willard L. Rodgers. 1976. *The Quality of American Life, Perception, Evaluations, and Satisfactions*. New Yorks: Russell Sage, 368.

现在我想请大家注意一下对某些事物（金钱或朋友）的满意度和拥有某些事物之间的关系的不同之处。对收入的满意度与实际收入之间的相关性很小，对主观幸福感的贡献也比实际收入大很多[83]。这可能是因为收入的实际水平和对收入的满意度是两件非常不同的事情。一个低收入的人可能会对自己的工资水平相当满意，而一个高收入的人却可能非常不满意自己的收入水平。另一方面，对朋友的满意度并不比拥有（或是宣称拥有，见上文）朋友的数量之于主观幸福感的贡献多多少。对于友谊来说，满意度紧随拥有之后。

我从金钱和朋友对幸福的不同影响得出了两个重要推论。正如伊斯特林所说[84]，提高收入水平并不会影响人们的主观幸福感，因为对收入的满意度与实际收入之间并没有太大关系。但是对朋友的满意度与朋友的数量紧密相关，因此增加朋友的数量会对主观幸福感产生实质性的影响。我们不妨从享乐跑步机的角度来看下这些差异。在经济关系中，红皇后会说：“你看吧，要想停留在原地就必须不停奔跑。”但是红皇后却没能统治友谊。因为一个人对于朋友的态度与其拥有的朋友数量是紧密相关的。如果一个人在交朋友方面有困难，那么他很有可能发现新的友谊对其生活满意度的贡献。友谊为了匹配改善的环境而进行的标准提升不会招致怨忿，不会招致批评，因而远离了功利主义的地狱，即享乐跑步机[85]。

情谊和舒适生活的价值

我们所谓的价值是个模糊的观念，是由想要的（即一个人所想所慕的）和值得要的（即别人认为他应该想要的）共同组成的。弥尔顿·罗基奇业已开发出一组包括18个“终极价值”[诸如“和平的世界”“智慧”和“舒适的生活（幸福的生活）”的终极状态]的测量标准，以及一组包括18个“工具价值”或称个人品质[例如“诚实的（真诚、可信的）”“有责任的（踏实、可依赖的）”“有雄心的（努力、有抱负的）”]的测量标准。我想将这些数据用于以下两个目的：一是比较这些终极价值和上文提到的关于幸福感的主要贡献因子；二是看工具价值是否会进一步发展为终极价值。那么在此我们是否能够找到某些线索来解答我们关于金钱和情谊价值的疑惑呢？表5.4给出了相关的终极价值（它们的排序相当稳定）。

尽管表5.4中列出的项目并不完全符合我的目的（“家庭保障”混淆了家庭幸福和经济保障），但是这三个终极价值的相对排序（1981）同其在若干年前的生活质量研究中的排序是类似的，依序分别是：家庭、经济繁荣或物质幸福、友情。此外值得一提的是，在物质主义社会中，同其他未列出的项目相比，舒适生活在人们心中的价值却很低［“和平的世界”排名第二，“自由（独立、自由选择）”排名第三，“自尊（自重）”排名第四］。同时需要指出的是，在不受主流观点影响的情况下，人们排列优先权是多么容易！（他们愿意用多少物质享受换取和平、自由和自尊呢？）即使不包括道德价值或坎特口中所说的超越价值的尊严，经济学家所谓的价值也只是我们眼中的价值的很小一部分，这么说是否公平呢？

表5.5呈现的是3个排位最高的工具价值（我在过去两年已经测评过）。“雄心”在很大范围内完胜“爱”，而两者都被“独立”超越。此外，我们能通过被视为最具价值的事物来理解对朋友数量的低需求。显然，“爱（温柔、柔情）”这一价值并不是人们眼中那种对自己或他人比较重要的价值。

表5.4　1968—1981年物质价值和情谊价值的相对排名

	1968年	1971年	1974年	1981年
家庭保障（照顾所爱的人）	2	2	1	1
舒适生活（富裕的生活）	9	13	8	8
真正的友谊（亲密的情谊）	11	10	9	10

来源：Milton Rokeach and Sandra J. Ball-Rokeach. 1989."Stability and Change in American Value Priorities, 1968–1981." *American Psychologist* 44: 775–784 at 778.

表5.5　雄心、爱和自我满足的相对排名

价值	1968年	1971年
雄心（努力工作、抱负）	2	3
爱（温柔、柔情）	11	8
独立（自立、自我满足）	13	15

来源：Milton Rokeach. 1978. "Change and Stability in American Value Systems: 1968–1971." *Public Opinion Quarterly* 38: 222–238 at 226–227.

请注意，表5.4和表5.5放在一起后结果和含义并不协调。在各种结果中，“照顾所爱的人”位于第一，但是与之相关的品质并没有得到很高的重视。另一方面，财富（舒适的生活）的排名相当低，但是与之相关的品质（雄心和勤奋）排名很高。那么我们如此看重财富是否是因为它是雄心和勤奋的产物呢？相反，我们实际上并不是因为勤奋能够带来财富才看重它。大量文献与关于财富和勤奋的相对排名表明，相对于自己及他人的境遇，我们更看重自己及他人的个人品质[86]。在结果和含义的价值不相协调的地方，改变更有可能发生。但是如果我们更看重个人品质而非物质财富，更看重“爱”而非“雄心”，那么我们可能走错了方向。

在收入和情谊之间的个人选择

当人们必须在情谊和收入之间选择时，结果会怎样？这种选择不必是有意识的或是经过深思熟虑的理性计算。一个人是否会问：“我是否很穷，但更为孤独呢？”人们会从抑郁的生活中体会到，选择是被偶然降临的消除孤独或贫穷的机会，而不是被经过商讨得出的一个偏好计划表所左右的。可以说是供给方引导着选择。或者换个说法，在岔路口，“未选之路”——我曾将情谊比作道路[87]——与其说是被拒绝了，不如说是被忽视了。犹如礼俗社会向人们指明了来往于情谊的所有转角，却不给华尔街或者如不列颠人所说的大商业街（商场云集之地）设置路标那样，市场民主制社会向人们提供了各种能够增加财富的说明，但是对于如何增进情谊却没有任何说明。

信息网络尤其具有鲜明的工作地域特色。首先，市场提供给我们的更多是关于收入的信息而非关于投缘的同事的信息，这使得收入看起来比友情更重要。因此，人们申请工作时通常会受到薪水多少的影响，但是当人们评价自己的工作时，却会对同事是否意气相投给予更高的权重[88]。在这种情况下，身处劳动力市场的人们就会倾向于依赖关于文化价值的诠释[89]，就像上面罗基奇的研究中揭示的那样（“舒适的生活”先于“真正的友谊”）。即使为了高薪而放弃友谊可能导致人们对自己的生活满意度降低，人们仍然会在一定程度上根据高薪而不是更多意气相投的同事来选择工作[90]。此外，通过高收入而不是友谊来获得对生活的较高满意度是不切实际的，这是因为：正如上文提到的那样，实际收入与对收入的满意度之间的相关要比实际朋友的数量与对朋友的满意度之间的相关低很多[91]。

尽管价格不是经济选择中的最主要因素[92]，但是价格标签也会在超市帮到那些忙碌的家庭主妇，而紧缩的预算则会压制购物的欲望。在选择把时间用于获得情谊还是收入时，财务预算只会限制选择的一个方面。另一方面则更像是一次关于事业或婚姻的选择，选择的结果往往是看不见的。因此，市场严重影响了人类需求的满足。

除了偏颇信息以及常见度量和有限预算的影响这些问题，还有一个问题凸显出来：我们应当如何看待一个看起来可能被归类于金钱或情谊的选择，而实际上是一个介于金钱和情谊之间的选择呢？为了了解我们可以用多少情谊兑换多少收入，我们通常会要求人们对特殊商品进行概括。我们中的任何人都可以问一下自己是否愿意为了赚一点外快而放弃周四晚上的例行扑克游戏。我们不得不并且一直在进行这些选择，但是我们想得越多就越难以选择。由于“认知吝啬”，我们可能会像乔治·卡通纳所说的那样，像处理其他纯经济学的选择一样来处理这种模棱两可的选择，即我们会遵循习惯[93]。

市场对于人们的无差别性

市场对于人们的无差别性挫败了人们寻找情谊的积极性。我认为不应把这种无差别性归因于交易行为中的个人无关性（impersonality），或者像弗兰克·奈特所说的那样——将他人看作赌博的老虎机[94]。在我看来，之所以市场对人是无差别的，是由于市场是一个很像达尔文提出的生态系统——无关物种，但却被预设为要去竭力保护物种——的经济系统。就像生态系统可能会肆意挥霍物种的生命那样（例如，冬天会有三分之一的鸟类死去，而那些最能适应环境的鸟类的基因则被保存下来，从而能够在风雪交加的环境中存活并繁衍），市场也以一种类似的方式淘汰了大量适应性较低的个体和机构，而那些适应性最强的个体和机构则存活下来。这对个体来说既不残酷也不值得怜悯，是纯粹无差别的。就像自然界，市场是一个选择的过程。当然，在市场经济中，人们想把优先权从金钱转向情谊是有很多困难的。

这些困难之一是每个个体同市场中的其他个体是可替代的。无须证明，这种可替代性据说已导致个性中立以及道德中立[95]。尽管我并没有找到相关证据可以证明市场经济（和家庭或计划经济相比）存在着更多的不道德，但是大量证据表明个体只是被视作劳动力而不是一个人。此外，至少在经济中，很可能也在市场中，边际分析视最后一个雇用者为他们所属工人集合的代表，在一定程度上是因为薪酬计划是按照集合分类的，而在这个集合中个性是不存在的。

对个体漠不关心的另一个原因是个人的资本、土地和资源同样具有可替代性。这种常见的评论通常引出这样的假设，即如果工人和事物是可以相互替代的，那么工人至多是一个事物。但是因为这种替代在计划经济中和在市场经济中发生的情况差不多，因此我们在为机器替代人寻求基础资源的时候会更多地寄希望于技术而不是市场。

我们要讨论的第三项内容更多的是与市场经济而非市场有关。马歇尔报告称，经济学家会关注“欲望、抱负和其他人类天生的情感……但是经济学家往往是通过人们的外在表现而非人们的内部状态来推测人们的心理状态的”[96]。因此，“欲望、抱负和其他人类天生的情感”被我们忽略，而仅仅表现为动力场中的一组特殊动力。因为生态系统实际上指的是动力场、生态位和平衡力这些概念，所以看起来似乎我们并不需要去探究能够驱使人们以某种方式行动的内部状态。在S（刺激）→O（有机体）→R（反应）这一心理学公式中，我们可以看到“O”（有机体）并不受重视。但是，不涉及有机体或是人的情谊是不存在的。

可互补的友谊和收入

友谊不是商品的原因显而易见，即友谊不能重复生产[97]。如果友谊和收入成为互补性而非替代性物品，那么我们不管是在友谊市场中追求满足感（顺带获得一定收入）还是在劳动力市场中追求收入（顺带收获额外的友谊），事实上都是没有差别的。但是常识和研究都告诉我们，这个世界并非如此。为什么呢？

原因在于：为了挣钱而交朋友和为了买到友谊而挣钱都会糟蹋友谊。友谊是不能被利用的。那些只想着使自己的利益最大化的人通常易于失去朋友（特别是孤独的青少年通常有这种孩子气的想法，他们并没有认识到友谊需要忠实、承诺和关爱）[98]。为了挣钱而交朋友是把友谊工具化了。这是人与人之间关系的一种形式——在一些研究中被称作马基雅维利主义——但只会让人得到很多熟人而非朋友[99]。而马基雅维利主义往往会降低人们的生活满意度[100]。另一方面，为了买到友谊而挣钱的人往往会因为交易本身的特性而得不到友谊。只有友好的行为和情感才能创造出持久的友谊。任何其他的东西都无法买到友谊[101]。因此，情感和商品之间的互补性并不能消除我们对市场无法促成二者之间的交易的担忧，反之亦然。

对情谊或收入的投资

友谊和金钱的特性将会影响到与之相关的选择的性质。我们从投资到获得预期收益需要多长时间呢？尽管我们羞于将这种计算用在友谊上，但是我们仍然会对我们的朋友作出评估，当然我们的评估并不注重"金钱价值"，也不会关注谁是贷方，谁是借方。正是由于类似的原因，道德哲学家才会宣称朋友之间不存在公平与否的问题。

投资的成熟

一些曾经对友谊投资和金钱投资进行过研究的学者达成了一个共识，即与金钱投资相比，友谊投资的回报周期要更长一些[102]。但我并不同意这一点。只有当友谊投资能够产生即时回报时，一个人才会把时间和努力投入一次相遇，并且如果你不喜欢一个人，这种关系是不可能延续的。诺曼·布拉德伯恩和大卫·卡普洛维茨的早期研究显示，"交新朋友"实质上增加了"积极的情感"[103]。我们可以在短时间内从新朋友那里获得与老朋友一样的亲密感，得到同等的社会支持[104]。此外，多数研究表明，至少对于女性来说，在蜜月期里婚姻所带来的快乐回报是最大的，而且通常可以持续到孩子出生。婚姻的幸福可以一直弥漫在她们周围，直到孩子长大成人，离开家庭。总之，我并不认为推迟或等待期就代表了感情投资的相对失败。

除了时间和努力之外还有更多东西需要投入：（1）一个人冒着被断然拒绝的危险投入自己的自尊，不过一旦成功，他将直接收获被爱的喜悦；（2）

克服羞愧和压抑是痛苦的，但是对压抑的征服也是一种即时奖励。因此，我们也会遇到一些不常见的情况，比如成本同时也是收益，或者成本很快就能得到回报。一项由海斯主持的研究揭示出：尽管（与熟人关系相比）在朋友关系中存在着更多的收益，但是“由于朋友会为彼此付出很多，因此回报加上付出才是情谊投资回报率最好的预测指标”[105]。据我所知，没有一项与获取金钱有关的投资会把成本看作收益的一部分。

因为这些原因和本章的总体论述，我得出结论：情谊投资并不像人们声称的那样投入大而回报小或不及时。并且与金钱投资相比，情谊投资在当前低情谊/高收入的社会中更可能得到回报。此外，有一个更为深入的支持方论点，这就是边际效用递减规律。与受边际效用递减规律支配的市场商品不同，情谊反而会在相当长的一段时期内出现边际效用递增。这是因为情感是一种后天习得的技能，因此和其他技能一样，当个体掌握以后就可以充分享受这一技能带来的乐趣。如果这是一种适应性学习过程，那么每个新朋友都会易化这一过程。然而因为生活中的很多回报都与人的陪伴有关，因此对情谊的厌腻通常会比对商品的厌腻来得更迟一些。

第六章

在市场民主体制中寻找缺失的情谊

由于市场的匿名性，每一方的利益都带有不留情面的就事论事；由于人际关系无法估量，其理性计算的利己主义无须担忧任何偏离。

——格奥尔格·齐美尔

情谊在战后的美国发生了什么变化呢？这些变化又为什么会发生呢？如果说第二章中描述的不幸和抑郁是由情谊的缺失引起的，那么在这一时期情谊的健康品质（health-giving qualities）肯定也出现了下降。虽然并不容易，但至少在表达情谊的很多方式方面，我还是会把这个下降形势描述清楚的。

我想把这个分析与前面章节中提到的礼俗社会和法理社会联系起来，并对它们的特异性进行更为详尽的描述。和亨利·梅因爵士一样，滕尼斯认为转变是不可避免的。我把梅因、滕尼斯、韦伯所描述的这个转变称作情谊的第一个转折，并会将其与礼俗社会（大多是亚洲国家）出现的反向转折进行比较。

像类似的概念一样，情谊也有两个重要维度：广度，在此以拜访模式的数据来代表；深度，在此以一段关系的热情程度和亲密程度来代表。主要的实证分析是针对情谊的广度进行的，我将对过去25年间美国人的情感联结模式进行分析。此外，我们还要做一些工作，来看下是否是城市化，而非商业化，使拜访模式发生了变化，或者二者都是原因。这两部分包括了本章的主要发现。然后我会从情谊的深度方面展开讨论，即关系的热情程度和亲密程度（心理学实验对此已经进行了很好的探讨，但是有用的数据并不多）。巧合的是，很多亚洲集体主义社会进行了一场伟大的历史性实验，以求证家庭和市场这两大体系是否兼容。我将会对这一实验的结果（正如20世纪末的世界所呈现出的那样）进行探讨。

礼俗社会和法理社会：情谊的第一个转折

和“间断进化”（punctuated evolution）一样，历史变革往往是以重大突发变化期、社会生活转折期为标志的，至少对很多事后观察家来说是如此的。有时这些转折点是某些军事事件，例如：塞莫皮莱战役，土耳其人在维也纳的失败，菲利普无敌舰队的失败，等等。更中肯地说，这些转折点往往存在于我们的思想或信念发生变化之时，比如西方社会的文艺复兴、宗教改革运动、工业革命和科学革命。正如艾尔弗雷德·诺思·怀特海指出的那样，宗教改革是一个局部现象，但是科学革命却是一个范围更大的现象，可以说以牛顿和伽利略为代表的引领者们在这场革命中撼动了全世界的思想和行动基础。当然，工业革命及其在后工业社会的后遗症仍然在改变着我们的生活方式。

很多类似的变化都在改变着人们相互联结的方式。但在19世纪中期和20世纪早期，这一人际关系却被看作社会多样化的一个重要方面。尽管托克维尔、奥古斯特·孔德、埃米尔·杜尔凯姆是这种变革的主要解读者，但在此我将把重点放在梅因、滕尼斯和韦伯身上（由于他们是鼓吹经济关系胜过社会关系的代表）。亨利·梅因爵士（1861）曾谈到我们称之为发达经济体而其本人称之为“进步社会”（progressive societies）的一个良性趋势：

社会进步运动从某一方面来说是始终如一的。在整个过程中，它一直是以家庭关系的分解和个人义务的增长来区分的。个人替代了家庭，成为民法所考虑的单位……我们仿佛已经稳步迈向了新的社会秩序，所有关系都来自个人的自由协定……如果我们用身份地位来表示这些个人情况……至此，我们或许可以说社会进步运动就是从身份到契约的运动[1]。

26年后，经常引用梅因观点的费迪南德·滕尼斯对传统农业社会（礼俗社会）和现代资本主义社会（法理社会）进行了类似的比较。很明显，这是一个关于人际关系的理论（“人类意志关系”），同时也是一个关于必然变化的理论。在城市文化开花结果的任何地方，法理社会都是其不可或缺的部分[2]。礼俗社会和家庭模式类似，但是它从血缘关系（亲属关系）延伸到了地域关系（社区）和友谊（在滕尼斯看来，通常这种友谊大多是基于共同的宗教和共同的或相关的职业）。滕尼斯预料到我们会讨论主观幸福感，他说：“当我们被家人和亲人包围时，感觉最佳，极其快乐，就像与自己在一起那样。”[3]

另一方面，法理社会是工业资本主义社会。在法理社会中，“每个人都是孤立的个体，在他人面前我们很难放松下来……人们对彼此的态度并不是很积极”[4]。对于“所有人对抗所有人的战争”（借用霍布斯的说法）的紧张感，只有维持与他人的商业利益关系的需求及社会契约才可使之缓解，而绝不是什么感同身受[5]。

马克斯·韦伯发现，人们相互交往的方式的变化也令人痛心。先前人们的交往是公共的，“在团体里，人们感到和对方是相互拥有的，彼此的生活是相互交融的”。对于韦伯来讲，人类礼俗存在的问题与其说是利己主义占主导地位，不如说是人们把重点放在了理性计算上（这种理性蔑视一切自发的情感反应）。韦伯说，市场对所有人都“一视同仁”。尽管这句话对于（梅因所颂扬的）法律来讲是个很好的警示，但是对于人类情谊来讲则不是[6]。

那么梅因、滕尼斯和韦伯关于人类相互关系的发展趋势的观点——相互交往越来越少，从情感关系转为契约关系，从亲密转为冷淡——是否正确呢？滕尼斯对世人，特别是对女性的看法——“被……家人和亲人包围”时，女性会感到更加幸福——又是否正确呢？

战后美国社会中家庭关系和朋友关系的淡化

在1976年，据说有许多证据一致表明“在过去的25年里，非正式社交关系、网络及社会支持在逐渐减少，但是人们却越来越希望能够从这些社会支持中得到支持和帮助”[7]。不过这只是部分正确。如下所述的大部分是基于家庭成员和朋友之间不断变化的拜访模式。但是大家很快就会指出，人们现在更多的是以互相打电话或上网聊天的方式，而非上门走访的方式来“拜访”亲朋好友。这个说法确实有一定的道理：日均电话量从1960年的2.25亿次上涨到1993年的106.65亿次（其中很大一部分是业务电话，但其所占的比例并不确定）[8]。但是正如我们所看到的那样，人们拜访家人和邻居的次数越来越少（虽然他们见朋友的频率仍然保持在原来的水平，甚至还有所增加）。如果说大约到1994年为止的这段战后时期，人们见邻居和家人的次数减少是因为他们用打电话替代了上门拜访，那么为什么对于朋友却不如此？另外，密友之间的交流在很大程度上有赖于非语言沟通，比如“接近、凝视、面部表情、触摸、和副语言线索”[9]，而这是电话交流所不能传达的。

拜访次数的下降还有另外一个原因：电视的出现。在战后一段时期，看电视占据了公众越来越多的时间。正如罗伯特·帕特南所指出的那样，看电视剥夺了大众的公民文化，特别是剥夺了人们参与那些能够把大众和国家联系在一起的中间组织的可能性[10]。出于同样的原因，人们会把私人社交减少的责任归咎于电视的崛起，认为它非但没有促进社交，反而还取代了社交的地位[11]。

家庭和朋友

滕尼斯说，生活在法理社会的人们并不信任彼此。正如我们在第二章中（图2.6）看到的那样，人们越来越不信任彼此，尽管这与人们的信任感会随着经济的发展而不断增加的一般模式似乎正好相反[12]。特别是在这段不幸和抑郁空前增长的时期，年轻人的不信任感远比其他人更为明显[13]。此外，当被问到“你是否认为大多数人一有机会就会利用你”时，持否定态度的人在这个时期（1972—1994）也略有下降——从20世纪70年代的61%下降至20世纪90年代早期的56%。相互信任感的下降和对“其他人会利用自己”的担忧的上升似乎预示着这个社会越来越令人沮丧。那么这些相互不信任的表现是否是由于受到了城市犬儒主义的影响呢？事实并非如此：我们可以从表A.6.1（见本章附录）中看出，这种人们相互之间的不信任感受到的是贫穷而非都市生活的影响。

邻居、家人、朋友之间的拜访模式

根据综合社会调查的历史数据，我们对家人、邻居、朋友之间的拜访模式进行了分析，并得出了令人满意的结果。我们可以从这些拜访模式中看出滕尼斯的观点是有一定道理的，即我们与社区的联系的确减少了，与家人的关系也变得越来越弱了，但是与朋友的关系似乎根本没有减弱。这些情谊的形式之间的区别的确令人费解，我将在第七章中对其进行详细讨论。

综合社会调查中涉及的问题通常包括：“你大概多长时间拜访一次朋友”“你大概多长时间拜访一次邻居”，等等。社交良好指的是“几乎每天”或“一周几次”的拜访，社交孤立指的是“一年几次”“大约一年一次”或“从不”[14]。

邻居

我们可以从大量的数据中看出，在1972年至1994年的22年间，随着社交活动的减少和孤立状态的增加，邻居之间的拜访次数出现了急剧下降，并且这种下降还在继续。在很大程度上，邻居之间拜访次数的下降代表了人们对居住环境满意度的大幅下降（图6.1和图2.5）。邻居之间拜访次数的下降在女性中比在男性中更为普遍。毫无疑问，这是因为越来越多的女性出去工作，在家的时间越来越少了。不过悲哀的是，她们在办公室或工厂并没有获得职场友谊之类的相应补偿。或许想要一探女性越来越不幸福和越来越容易抑郁的根源，我们可以从这里开始[15]。

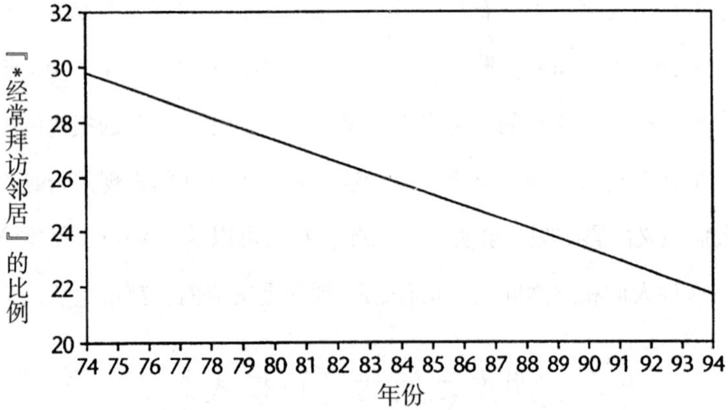

图6.1 1974—1994年间"经常拜访邻居"的比例

问题："你大概多长时间拜访一次邻居？"（几乎每天；每周几次；每月几次；一年一次；从不。）

*经常指的是几乎每天一次或一周几次。

来源：综合社交调查（全国民意研究中心）。

父母

父母离婚率的上升致使拜访父母这件事从一件变成了两件，这使得人们更倾向于以打电话的方式来问候父母。当配偶一方去世后，年老的父亲或母亲更渴望经常见到不在身边的孩子。因此，拜访父母这件事变得更加急切，也更加难做。于是拜访父母的次数在经历了1978年到1986年的增加后开始出现下降（图6.2），但是在这段时间，疏离感却在持续上升。综合社会调查还对1986年和1994年间人们拜访母亲的情况进行了对比，结果表明：在最近的8年里，人们拜访母亲的次数明显下降，疏离感却在持续上升[16]。在战后一段时期，尽管社会保障和医疗保险部门在为老年人提供经济保障方面做了大量工作，但是很多老年人宁愿放弃自己优渥的生活待遇，也不愿放弃子女一次或两次的看望。

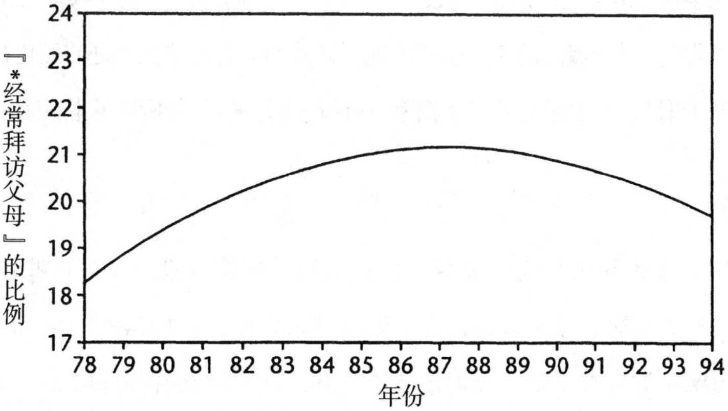

图6.2　1978—1994年间“经常拜访父母”的比例

问题：“你大概多长时间拜访一次父母？”（几乎每天；每周几次；每月几次；一年一次；从不。）

*经常指的是几乎每天一次或一周几次。

来源：综合社交调查（全国民意研究中心）。

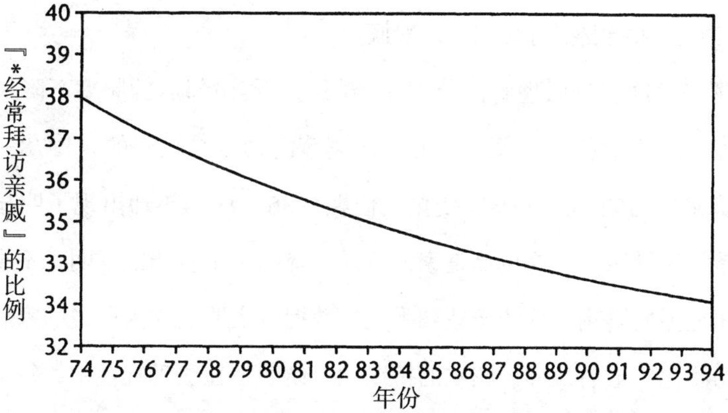

图6.3　1974—1994年间“经常拜访亲戚”的比例

问题：“你大概多长时间拜访一次亲戚？”（几乎每天；每周几次；每月几次；一年一次；从不。）

*经常指的是几乎每天一次或一周几次。

来源：综合社交调查（全国民意研究中心）。

亲戚和手足

我们可以从拜访亲戚的模式中看出大家庭的关系，且相对于西欧和北欧来说，东欧和南欧更为典型一些。虽然缺乏关于种族方面的信息，但是我发现在1974—1994年的20年里，由于社交活动的减少，人们拜访亲戚的频率也出现了下降；与此同时，与亲戚间的疏离感却出现了显著的上升。这些不好的变化在年轻人中表现更为明显。（手足间的互访频率也有所下降，相关分析详见本章附录。）

朋友

我认为这些拜访模式中最令人惊讶的是，友谊并没有受到这些不利趋势的支配。与对邻居、家人拜访情况的调查结果相比，在1974—1994年间，朋友拜访的频率非但没有下降，反而还有所上升；社交活动有些许增加，疏离感大大减少，特别是在1989—1994年的这段时间里（图6.4）。对于那些不幸福的群体——妇女和年轻人——来说，情况更是如此[17]。图6.5意图对比拜访家庭和拜访朋友的趋势。这一对比发现，这两种类型的人际关系之间的相关虽然不大却十分显著（$r=0.08$，$p<0.001$）。因此，我们可以认为我们主要针对的并不是那些对家庭和朋友都有影响的一般倾向。

让我们对这些难以理解的数据作个归纳：拜访邻居的频率下降最明显，幅度最大，这说明滕尼斯关于地方社区衰落的预言是正确的。1978—1994年间，拜访父母的频率几乎没有变化，但在1986—1994年却出现了明显的下降（特别是拜访母亲）。这也算是家人关系下降的一个较弱的证明，不过会受到取样时间范围的影响。拜访亲戚和手足的数据也表明了梅因所说的家属身份这一观念的淡化。最后，拜访朋友的持续性也说明“在法理社会中，每个人都拒绝与他人接触和让他人进入自己的领域”的命题是站不住脚的。

从拟合曲线来看，社会关系弱化的趋势在1986—1994年间愈发显著。在本章的附录中（表A.6.2），在对这个时期大众的社交模式进行总结后，我的很多猜想都得到了证实，并由此提出了“冷漠社会”的概念（社交频次下降，疏离感增加）。但是仍有一个关于冷漠社会的猜想未得到证实。对于特定群体——女性和年轻人——的猜想的证明虽然能够支持冷漠社会这一概念，但这种支持却并不够充分（见本章附录之表A.6.3）。

如果我们依然记得在那个时期，教育水平的大幅提高使得社交活动有所增加，家庭收入和个人收入也有所增长，收入的增长又进而减轻了人们的孤独感，那么关于冷漠社会的说法还是有一定道理的。

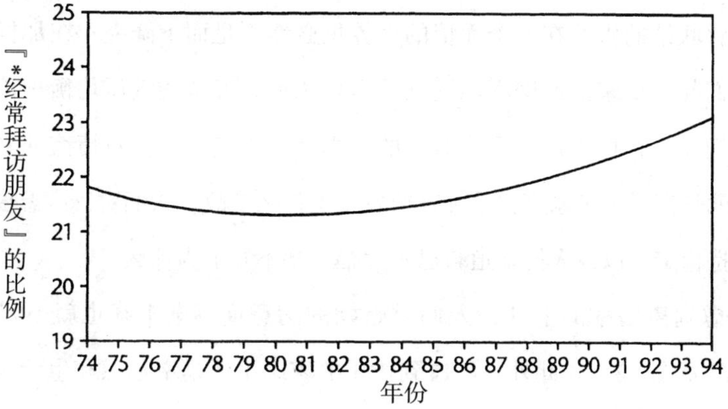

图6.4 1974—1994年间“经常拜访朋友”的比例

问题：“你大概多长时间拜访一次朋友？”（几乎每天；每周几次；每月几次；一年一次；从不。）

*经常指的是几乎每天一次或一周几次。

来源：综合社交调查（全国民意研究中心）。

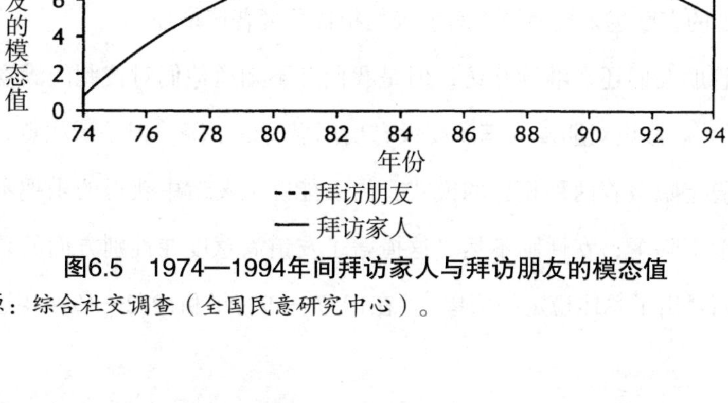

图6.5 1974—1994年间拜访家人与拜访朋友的模态值

来源：综合社交调查（全国民意研究中心）。

对家庭关系和友谊的满意度

在对满意度的相关数据进行分析后，我不禁想问：一个人对家庭和朋友的满意度是否会因为“物以稀为贵”的道理而增加呢？也许这就是克里斯托弗·拉什所说的“无情世界里的天堂”这一模式[18]。又或者这种满意度是否会因为情感联结的供给在一个无情的世界里必然不足而下降呢？在那样的世界里，人们与生俱来的亲密本能受到了压抑（见第五章的液压均衡理论）。或者，我们又是否可以认为适应时代的规则就足以使我们应对情谊缺失的状况呢？也就是说，无论家庭关系和友谊发生了什么变故，人们对其满意度不增不减，保持稳定，以致人们知道自己不幸福，却不知道为什么。

考虑到离婚率的上升，人们对婚姻的满意度逐渐下降也就不足为奇了（见第二章图2.2）。此外，考虑到快乐的家庭生活是幸福感和生活满意度最重要的来源，这就在很大程度上对美国当前不断上升的悲伤情绪给出了解释。这种悲伤情绪有其社会原因。这是否是由于一家两人都外出工作给家庭带来了压力呢？女性是否已经从家庭主妇的角色中解放出来了呢？但是这种公正的行为是否无意间增加了我们，特别是女性的不幸和抑郁呢（见第九章）？显然，这件事已经超出了我们的解决能力，不过值得一提的是，在一些不太发达的国家里，女性仍然扮演着常规的角色，但是她们罹患抑郁症的可能性却与西方国家的女性不相上下[19]。早期一项分析（数据样本的时间范围为1957—1776年）表明，对家庭不满意还有其他原因，其中包括：对孩子越来越不满，对为人父母和婚姻的态度越来越消极，对未来的担忧程度普遍增加[20]。

尽管朋友们还在继续互访，但是我们并不知道他们对彼此的满意度是否有所变化[21]。假设对朋友的满意度没有出现显著的下降，但是请注意，这种表面上的稳定隐藏着两种相异的模式：男人能够从友谊中获得的乐趣不断减少（满意度下降），女性则不然。这掩盖了友谊满意度在性别方面的差异，进而使人们得出了总体稳定的假象[22]。在1957—1976年和1972—1994年这两个时间段里，我们都能看到一种长久以来为大家所熟悉的模式，即社区和工作所能给予的，如今已经走到了尽头；人们不得不自己去交朋友，并主动去呵护自己的家庭关系。这一变化的发生部分是由于工作场所的人情味越来越淡。至少在早期，男性对同事关系的满意度是不断下降的[23]。在1957—1976年间，人们的主观幸福感受到了失败的社会支持的巨大拖累。在相关研究的研究者们看来，这是由于：我们是一种社交生物，需要依赖彼此之间的联系来帮助我们解决生活中的问题[24]。法理社会（市场社会）使得友谊成为一项艰苦的工作（见下表）。

表6.1　在家里和户外进行的娱乐活动

在家看电影	71%
去电影院看电影	23%
在家里和朋友聚会	62%
和朋友去饭店、酒吧或俱乐部	28%
在家通过电视看比赛项目	51%
出去看比赛项目	22%

来源：Roper. Oct. 15–22, 1994. *Public Perspective* 6(Aug.–Spet. 1995), 43.

越来越多的人脱离了家庭（包括离开我们的父母、亲戚、兄弟、姐妹），其后果就是越来越多的人不得不自娱自乐。罗伯特·帕特南的一篇关于低参与度的文章的标题——“独自打保龄：美国社会资本的衰落”[25]在某种程度上说明了这一点。我们是越来越多地在家里进行娱乐活动（经常独自进行），还是走出家门（通常是和别人一起）（表6.1）？在一项针对1965—1975年间人们的时间分配方式进行的研究中，约翰·罗宾逊发现人们相互之间的拜访和非正式社交都在下降[26]。也就是说，（至少对于家庭成员来说）拜访频率的下降，不仅是家庭不幸福的根源，也是与人共事的乐趣下降的原因。

但是也许原因可以追溯到城市化的兴起。我在本章的附录中将会提供详细的证据，不过概括地讲：（1）人口密度通常不会使拜访频率下降（但是也许会影响亲密度）；（2）在大城市邻居交往越来越少，朋友交往却越来越频繁；（3）在小地方拜访父母更为普遍，不过无论地方大小，城市化都不会产生系统性的影响。

依地方大小而变化的幸福感

来自综合社会调查的数据使得我们可以按照地方大小来衡量人们的幸福感。表6.2给出的是“非常幸福”（very happy，VH）和“不是很幸福”（not too happy，NH）这两项的对比。首先，当控制了“城市化”这一变量以后，在最富阶层以下的群体中，收入与幸福之间本就不甚显著的相关（见第四章）几近消失了。但在此我主要关心的是城市化或地方大小对主观幸福感的影响。当控制了“收入”这一变量后，我们可以看到主观幸福感会随着地方大小的变化而变化，例如：在每个收入群体中，感到“非常幸福”的人口比例在小地方都比在大地方高，感到不幸福的人口比例在大地方都比在小地方高。

表6.2 依地方大小和收入而变化的幸福感

收入的四分位等级	地方大小的四分位等级							
	最小		较小		较大		最大	
	VH	NH	VH	NH	VH	NH	VH	NH
最富	46%	6%	38%	6%	28%	8%	34%	11%
较富	30%	11%	23%	9%	31%	9%	18%	24%
较穷	33%	8%	31%	8%	28%	11%	27%	14%
最穷	29%	11%	21%	16%	23%	12%	23%	15%
平均	34%	9%	28%	10%	27%	10%	25%	16%

来源：综合社会调查（全国民意研究中心）。

这些发现和在第三章中提到的跨文化研究的发现并不一致。当控制了“收入”这一变量后，人口密度（地方大小的衡量标准）和主观幸福感之间的相关消失了[27]。对相同或类似的数据进行不同的分析后发现：在贫穷国家，城市居民要比农村居民更加幸福；在富裕国家则没有什么区别[28]。（因为抑郁症的城乡差异更为复杂且在各研究中得出的结论并不太一致，所以我必须给其留出一条尾注的位置来特别说明一下[29]。）如果在发达国家的所有文化中，主观幸福感和地方大小的相关并不存在，而我的数据却表明在美国这种相关是存在的，那么或许我们可以得出这样一个结论：刘易斯·芒福德所称的“城市文化”会因国家的不同而有所不同。鉴于美国城市的性质（和这样一个事实，即在美国，穷人集中在城市中心，而在法国和欧洲其他地区，穷人则主要集中在郊区），这种国别差异并不令人吃惊。的确，在美国的小地方，不幸者很少，幸福者很多。

另一个维度：热情程度

现在我们来讨论一下情谊的另一个维度——深度，或者说是家庭和朋友关系的品质。幸福感下降及抑郁症发病率上升的原因远不止社交频率下降这么简单。大多数心理学家[30]在分析人际关系时，都把情感的程度和种类与社交的频率进行了区别对待[31]。在这些分析中，亲密度被解释为人们相互交往的一个过程，在这个过程中人们向对方展示自己，并获得对方的理解、认可和关怀，以此来满足自己的需求[32]。然而，亲密度的关键却在于：人们在多大程度上更喜欢亲密的关系而非宽泛且肤浅的关系？例如，一项研究发现，在大学生群体中，“有73%的男生和83%的女生，相对于拥有很多好的但不那么亲密的朋友来说，他们更喜欢拥有几个亲密的朋友”[33]。另一项研究表明，缺乏亲密朋友是引发孤独的最主要原因[34]。

我把这种情谊的维度称作“热情程度”，比“亲密程度”这一概念更宽泛一点，因为它也可以在熟人之间传递。这是人际知觉的一种重要品质。根据所罗门·阿希和哈罗德·凯利[35]的观点，热情程度通常被认为与积极的品质有关，比如慷慨、幸福、幽默、善于交际、随和（不拘束和不固执）。当然，这是和冷漠相对而言的，冷漠通常表现为讽刺挖苦、设防式的交流、敌意、有城府，尤其是以自我为中心。热情—冷漠这一维度是非常重要的，因为它能够改变人们对他人人格的其他方面的感受。和滕尼斯一样，很多现代批评家（如路易斯·沃思、弗洛姆、芒福德、齐美尔）认为现代社会里社会关系的特征就是冷漠、缺乏人情味；人们相互把对方看作数字或机器，没有任何自我表露。

热情和亲密不只能够加强彼此之间的情谊，它们还能够缓冲压力[36]。另有研究表明，在发展亲密的互利关系方面，和物质支持相比，情感支持的价值更大[37]。当这些关系缺失时，人们会如饥似渴。至少在1957—1976年间，我们可以看到社会上广泛存在着一种“日益增长的对亲密人际关系的渴望”[38]。

我认为个人主义部分解释了为何人际关系在逐渐淡化。对此，值得一提的是，美国是（包括所有西欧发达国家在内）最为个人主义的国家。个人主义至少表现在以下三个方面：（1）虽然渴望更多的温暖，不过人们仍然在追求更大的独立性，并把这看作“幸福的重要因素”[39]。（2）和集体主义社会的模式化关系不同，在个人主义社会中，人们不受控制协议（controlling protocols）的引导，“倾向于发展能够有效建立浅层人际关系的能力”。人们不得不即兴发挥[40]。（3）和不太现代的社会相比，现代社会里的社会交换更多的是一种在极其精确的互惠基础上的二元交换[41]。英国人类学家杰弗里·戈罗尔说这种互惠“修饰”（grooming）在美国男性中是公认的惯例。互惠原则还有以下特点：尊重对方的利益、（伪装的）物质交换、需要时保证提供帮助，等等[42]。相比之下，集体主义社会中的社会交换有赖于“A帮助B，B帮助C，而C又在某种情况下帮助A”这一关系链[43]。这里的交换发生在个人和团体之间，团体的成员都了解这个协议并且会完成这个循环[44]。鉴于西方的二元交换需要去信任别人，交换的完成有赖于各方争取利益、奉承等其他的能力。另一方面，集体主义社会扩大的交换，要求人们对陌生人给予很大的信任，并被社会的团结（规范和公约）所强化。团结意味着一定程度的情感和温暖，互利则没有。这和哈里·特里安迪斯关于两种文化的重要差异的观点是一致的，即是说：在集体主义文化中，人们重视的是关系本身，即使它们并不完全有利；而在个人主义文化中，人们重视的是对维持一段关系的优劣势进行理性分析[45]。

城市化对人际关系的影响是另一回事。虽然大城市的人口密度不会对人类福利带来大的影响，但是人们和邻居及家人的疏离却会带来非常不利的影响。每个人都有一个刺激的最佳水平。对于一些人来说，大城市是刺激超限的（如同对另外一些人来说乡村太无聊）。然而，从总体上说，压力和不安全感会抑制友好关系的发展，且在大城市中这种现象更为普遍。例如，在紧张环境中工作的男性在家里就不太友善[46]。近期中产阶级经济不安全感的增加可能产生了同样的效果（见第九章）。

部分是由于市场、城市化和时间限制共同作用的结果，马基雅维利综合征出现了明显增加。这种综合征的特征包括“人际关系中情感的缺失……和对传统道德的敬畏的缺失”[47]。这种综合征和发展中国家工业化的兴起有很大关系，且在现代化的人群中更为普遍[48]。马基雅维利主义（来自《君主论》）创造了一种相对持久的、跨情境的行为模式，即有很多经常拜访的熟人，但是鲜有亲密的、感情深厚的挚友。20世纪50年代到20世纪70年代早期，在美国及一些欧洲、亚洲社会的学生和其他人群中，这种主义迅速扩张[49]。并且无论何地，这种主义在年轻人中更为盛行。随着马基雅维利主义的兴起，感情和热情都在下降。我们还不确定这是否只是美国人的特殊问题。库尔特·勒温曾经指出：在欧洲，尽管认识的熟人不多，但人们却会有几个亲密的朋友能够分享自己的秘密；而在美国，人们会和很多人分享自己的情感，当中却没有几个是亲密的朋友。

社会交换模式从以团结为基础转变为以互惠为基础，亲密关系的缺失，熟人多、密友少的综合征的兴起等综合表明，朋友间变化不大的交往模式可能掩盖了情谊的情感内容发生的重大变化，即热情的下降。因此，学生和抑郁者渴望更为亲密的关系。（这是一个临时提出的论点，有待证实。）

邻居、父母、亲戚互访次数的下降，亲密和热情的缺失共同说明：的确，市场和民主并没能促进情谊。现在我要转向另一类证据，即亚洲集体主义社会中家庭主义和市场的巨大冲突。

市场之于家庭的胜利

现在我想转向整个社会，把历史上高度重视情谊的人和更为个人主义、更为注重财富的人进行比较。首先，我将会对友善社会在追求财富的过程中采用市场制度时所发生的变化进行说明。其次，我将概述任何为回归礼俗社会所作的实践需要付出的代价。在下一章中，我将讨论“文化的享乐任意性”，即尝试适应情谊与财富的享乐回归的失败。

家庭价值还是市场成功？

我必须首先对个人主义和集体主义的最新研究成果进行简要的描述。特里安迪斯和吉尔特·霍夫斯塔德曾根据对个人价值的重视程度对这两种社会进行了定义。在他看来，个人主义就是人们追求各自的利益（自立、自尊、自利），不太考虑团体的目标，而集体主义就是把团体的利益和价值放在第一位[50]。总的来说，亚洲国家更推崇集体主义；西方国家更推崇个人主义，其中美国是所有国家中最为个人主义的国家。

如果西方市场个人主义模式近乎完胜礼俗社会模式，那么在亚洲集体主义模式下市场的成功以及家庭、邻里间情谊的缺失似乎促进了两种价值观的和解。社会和经济理论认为和解是不可能的：家庭主义和市场是不相容的，因为有效的市场需要：（1）最小成本出价人在不受友谊和家庭影响的情况下获得契约（梅因所说的“从身份到契约”）；（2）任人唯贤，不受任人唯亲和裙带关系的影响；（3）着眼于获利的理性选择；（4）银行业务中的风险通常是和可能的回报相当，而不是和友谊回报相称；（5）这些各种各样的限制条件通过公平的竞争来维护，任何给朋友的优先权都会削弱市场的有效性。贿赂尽管是可以接受的，但只是作为使利润最大化及增加市场份额的费用系统而存在。市场有效性的成本，也就是财富的成本，正是家庭和友谊关系。

就在不久之前，这个理论还被认为是一种谬论。那时全世界都认为，一些环太平洋和东南亚国家在市场经济繁荣发展的同时并没有丢弃强大的家庭主义模式和团体忠诚感。至少在亚洲，历史、文化和人类创造力通过把市场和情谊相结合，在解决该问题方面已经迈出了很大的一步。这个问题有两个方面：经济生活中家庭主义的价值（即公共家庭主义）和私人生活中完整的、有凝聚力的家庭的保留（即个人家庭主义）。

公共家庭主义

这些家庭主义社会是怎样把其集体主义文化和市场的要求结合在一起的呢？答案就是他们有一个与外部关系相结合的内在礼俗社会。如果有人认为这很怪异，那么不妨想一下这一事实，即所有物种都会把世界分成我们和他们，并且予以区别对待。这似乎是奏效的：从1980年至1994年间，韩国的（年均）经济增长率为7.6%，中国台湾地区为8.5%，日本为4.5%（但是在1990年为9.3%，从1991年至1994年为5%）。从1980到1994年间，美国年均经济增长率为3.8%。由此可以看出，除了最近的日本之外，亚洲家庭主义社会比奉行个人主义的美国的经济增长率高出两倍之多[51]。

公共家庭主义和经济的快速增长是相关的。在经济增长期，雇主提供给雇员某个特定的职位，这一职位就好像家庭成员在家庭中所扮演的特定角色那样。公司以家庭形式经营的假象可能很具说服力，至少对家庭至上的雇员来说是这样的。具有讽刺意味的是，公司越大（财阀），家庭主义越浓。但是在这个时期，另外一种家庭主义和友谊的标准正在逐渐削弱经济。

正如美国的个人主义不同于斯堪的纳维亚半岛和荷兰的个人主义，亚洲的家庭主义也各不相同。“在日本，决策单位是集体，命令是经过一致表决同意而后发出的……另一方面，韩国的公司则反映出一种家长制的原则……组织机构由一位家长和他/她的孩子控制，在此基础上才会聘用一些来自家庭之外的职业经理人。”相比之下，中国台湾地区的公司通过“家族式的网络来运作……在家长去世后，相关继承人都会得到一定的金融股份。但从总体上来看，它代表的是大家族的利益关系”。马克·奥鲁及其同事认为，这些公司之所以会取得成功，是因为“它们成功地将市场活动原则制度化，从而使之适应它们所处的（家庭主义的）社会文化环境和经济发展战略”[52]。但是即使这些作者们宣告了经济家庭主义的胜利，市场和家庭价值之间的紧张状态仍在持续。

个人家庭主义

为了解释中国台湾地区和韩国相对于其他经济发达地区较低的抑郁症发病率，多国小组把重点放在了这些国家和地区的家庭完整性上[53]。人们可能认为，在亚洲集体主义社会中，离婚率（和其他个人主义的测量指标高度相关[54]）是很低的。例如，在20世纪90年代早期的日本，每1000名已婚女性中只有5名离婚；而在美国，这一数字为21，是日本的四倍多。市场和家庭完整性，包括源自双亲家庭的良好保育，似乎是和谐共存的。但是值得一提的是，在19世纪的西方礼俗社会，即福山所说的“历史的终结”之前，离婚率也是很低的。最终，市场价值似乎战胜了家庭价值。即使在中国，离婚率也在上升；在泰国、马来西亚和新加坡，离婚率甚至翻倍增长（见下文）[55]。

市场成功与家庭价值能够和谐共存是有其文化上的原因的。所有集体主义社会都有其内部的互助模式，这是由于受到准宗教性质的儒家行为准则——邻居应当在需要的时候互相帮助——的影响。韦伯认为，西方社会之所以能够取得较好的经济和技术成就，是因为卓越的宗教给了人们远景和教诲，帮助人们打破了传统模式[56]。东方无处不在的宗教对传统的恪守和珍视，曾一度给经济发展带来了成功，并注入了更大的激情。但最终，也许韦伯是正确的，即要建立成功的市场，人们必须突破对彼此的责任的禁锢。

张允植对韩国集体主义社会中市场经济的发展进行了详细的分析。关于在市场制度下集体主义模式的存留，他解释说："对亲密人际关系的强调在市场化的大环境中被保留下来，通常被表述为'uiri'（情义），在日语里则以'giri'（义理）来表述。"说一个人不懂"uiri"，这是一种侮辱。"为追逐'冰冷'的目标而忽略人类的情感是不被认同的"；人们都应该"和他人分享情感"。总的来说，集体主义已深深根植于传统的文化模式之中，并且早已非常成功地适应了在韩国发展过程中出现的新市场形势[57]。即使在经济衰退后，韩国依然是很富有的。但是在银行业务中，"情义"是和利润最大化不兼容的。在这一矛盾中，退让的会是"情义"。顺带一提，我发现作为集体主义的代表，我们所分析的三个亚洲社会的政府在促进经济发展的过程中都扮演了积极的角色。家庭集体主义似乎是请求政府来干预，以维持对竞争的约束和对文化的保护（例如日本效率极低的水稻种植）。

经济快速发展的代价

各国都在极力追求更高的人均国内生产总值，这本无可厚非，但在亚洲国家和地区，人们的生活质量却为此受累。例如，在韩国，辛道澈在对一些非经济性的福利维度进行测量后给出了一个略带偏颇和别有意味的解释。他认为，虽然在研究所涉及的20年里，人均收入持续稳定增长，但人际福利和个人发展这两个维度都下降了20%，这意味着经济增长对于民众福祉来说是把双刃剑[58]。在全世界，现代市场和技术模式强加给传统模式的主要代价就是人际关系（特别是家庭关系）的破裂[59]。一项由埃德·迪纳、卡罗尔·迪纳和玛丽莎·迪纳所主持的跨文化研究对高收入水平和经济增长分别之于幸福感的影响进行了比较，结果发现：尽管幸福感和人均国内生产总值之间有很强的相关（$r=0.58, p<0.001$），但是幸福感与经济增长之间的关系并不大（$r=-0.08$）[60]。此外，这项研究还发现，和研究中所涉及的其他国家及地区相比，韩国和中国台湾地区

这两个亚洲集体主义经济体的抑郁症发病率要低很多。值得一提的是，这些国家和地区的离婚率也是最低的[61]。

衰退

1990年，日本市场由于银行业的家族主义标准而受到了一定影响。1997年，其他环太平洋和东南亚国家也发生了同样的事情。在衰退的背后，满纸都是这样的故事：偏袒朋友和家庭，在东南亚不遵守市场规则的皇家商业封地，人情标准替代商业标准，银行给朋友的贷款只以友谊作为唯一的担保，内部人员的内幕交易，等等。从1997年6月到1998年6月，印度尼西亚的国内生产总值下降了6.2个百分点，韩国下降了3.8个百分点，日本下降了3.7个百分点，中国香港下降了2个百分点，泰国下降了0.4个百分点[62]。前10年的显著增长主要是资本形成带来的；当发生了通货膨胀后，外资撤走，泡沫破裂，家庭主义经济暴露在效能敏感的市场的摧毁性力量之下[63]。

公共家庭主义的夸大和侵蚀

即使在衰退之前，也有很多关于家庭主义标准之弱点的报道。虽然一些关于20世纪60年代亚洲发展的分析认为个人主义实际上阻碍了西方的经济发展[64]，但是对于后来经济发展的观察却无法确证这一说法。首先，至少是在日本，对雇员的家庭式关怀并没有奥鲁和他的同事们所说的那样多。根据西方的推测，日本的失业率要远远高于日本官方统计所承认的数字。此外，“日本类似神话般的终生雇佣只包括了全部工人的15%到20%……（并且）如果人们提前退休，大公司只支付退休金（远远低于全额工资）”[65]。市场压力使小公司不能履行他们的家庭式责任，大公司则经常把比较不稳定的业务外包出去[66]。虽然按资历提升的原则提供了一定的安全感，但是女性和那些合同工人却因此而更加容易受到市场大潮的冲击[67]。

个人家庭主义

像其他的传统组织一样，家庭也在逐渐弱化。挣工资的人都迁移到了城市，剩下很多留守儿童；父母工作时间越来越长；老人活得越久，就越能意识到家庭在提供社会支持方面变得越来越不可靠。可以说家族网络在逐渐瓦解。在日本和韩国，“一些中产阶级的父母越来越多地依靠手机来养育孩子”[68]。在探讨父母双方一起照顾孩子一事的时候，我提到了低离婚率。但是跨文化研究发现，在日本，一位父亲平均每天和孩子待在一起的时间为36分钟，而在美国，这一时间为56分钟。在亚洲国家，赡养年老的父母被认为是理所应当的事。也许在进入市场社会之前他们是这样的，但是在进入市场社会之后明显不一样了。当被问及“你是否一定会赡养年老的父母”时，3个国家回答“是”的情况如下：美国为46%，中国为66%，日本为16%[69]。最后，不妨让我们来回顾一下关于市场社会中孩子的贬值的讨论（见第三章）。直观上很多人可能认为在中国是不会发生这种现象的，不过对比中国大陆地区和市场化的中国香港地区，研究发现，虽然香港的父母承认孩子的价值，但是大多数人也认为养育孩子的过程会增加自己的财政负担并需要作出某些个人牺牲。与重视安全和后代这些中国传统价值观相比，现在香港的父母对这些价值观的重视程度似乎并不强烈[70]。

在这方面，家庭主义传统和市场要求之间的矛盾，似乎对双方都产生了不良影响。虽然人们必须承认，亚洲的经济，即使在后1997年的衰退（post-1997 decline）之后，和其过去及其他欠发达国家相比也是成功的，且他们仍然珍视家庭生活，比个人主义的西方有着更亲密的友谊，但是家庭和市场之间的矛盾所产生的代价也是显而易见的。

家庭和市场的共生现象也许只是一段短暂的历程，但是梅因和滕尼斯所声称的契约关系和法理社会模式的必然胜利，即使在前途光明的亚洲文化中，似乎也已经取得了优势。那么问题来了：一种经济体制，能否既保持温暖且相互关怀的关系，又能追求市场的份额呢？人们是否能够一边在工业社会中进行韦伯所说的先发制人的合理计算，一边在家里寻求自发的情感呢？人们是否能够在公司外像对待客户那样，在公司里像对待家人那样对待彼此，在劳动力市场对自己的命运负责，在公司里对集体的命运负责，在交换关系中各自争取自己的利益，在公司内部关系中又“相互拥有”呢？正如梅因、滕尼斯和韦伯都曾指出的那样，市场力量对家庭主义文化的打击是毁灭性的。在非洲社会，家庭是最不可能改变的组织，但它也在改变[71]。那么在市场社会中，家庭主义文化是否毫无容身之地呢？也许吧！研究发现，和公司相比，家庭并非全部都是经济体制的产物，它们还有自己的自主性[72]。但是亚洲经验似乎并没有呈现出多少自主性。

也许人们应该站在类似马克思主义的辩证立场来看待问题。他说，经济体在实现社会主义之前，必须经过资本主义的胜利。同样，为了实现情谊和市场的和谐共生，社会必须经过一个个人主义阶段以达到必要的繁荣水平，这样才能再次发现家庭和朋友的好处。滕尼斯和韦伯也只是在事后才作出了预见。在下一章中，我将对工作中的驱力和这种文化变革的代价进行阐述。

本章附录

据地方大小区分的社团特性

人际信任

表A.6.1 根据地方大小和收入对“大部分人是可以信任的”这一信念进行的统计

收入的四分位等级	地方大小的四分位等级			
	最小	较小	较大	最大
最富	28%	53%	48%	48%
较富	38%	30%	30%	19%
较穷	32%	37%	47%	24%
最穷	31%	34%	28%	27%
平均	32%	38%	38%	29%

来源：综合社会调查（全国民意研究中心）；基本数据摘自耶鲁大学社会科学统计实验室的金秀妍所撰写的综合社会调查文件。具体分析为本人所作。

问题：“总的来说，你认为大部分人是值得信任的，还是认为与人打交道时再谨慎都不为过？”（回答呈两极分化状态，虽然有很多人回答“看情况而定”。表格中是认为“大部分人是可以信任的”的比例。）

高收入总体上会提高人们的信任感，而贫穷总体上会降低人们的信任感。但是我们主要关注的是地方大小对人们的信任感的影响，这种影响表现为：无关财富，地方越大，信任感越低。在大都市中，只有那些富人的信任感相对高一些。那些“中产阶级”（表格中的第二个收入等级）则表现得比较常规，其信任感随着地方规模的增大而下降。因此，如果不考虑收入的影响，我们似乎可以根据“城市化对信任感不产生连续性的影响”这一结果推论出“城市化对社会拜访模式的影响也不大”。

拜访兄弟姐妹

兄弟姐妹之间的拜访模式几乎没有太大变化（在末期有所加速），不过却伴随有一股深深的疏离感。在离开家庭后，年轻人和兄弟姐妹之间的交往要多于其他年龄段的人。然而，尽管“从不”拜访兄弟姐妹的人数非常少，但是人们的疏离感却增加了约25%。

冷漠社会假说的确证

在第六章中，社交良好指的是经常拜访（每日一次或每周一次），社交孤立指的是“一年一次”或“从不”。社交次数下降，孤立状态增加，我们将其称为冷漠社会。对于探究不幸福的根源来说，孤立状态的增加要比社交次数的下降更为重要。

表A.6.2　1986—1994年*间的拜访模式

拜访对象	社交状态	孤立状态	冷漠社会
父母	下降	上升	证实
亲戚	下降	下降	半证实
兄弟姐妹	下降	上升	证实
邻居	下降	上升	证实
朋友	上升	下降	未证实

*缩短的时间段反映了时间序列的局限性。

五种拜访模式中的三种可以证明“社会变得越来越冷漠”这一说法，一种比较模棱两可，另一种（友谊）则与这一说法恰好对立。

女性和年轻人也生活在一个冷漠社会里吗?

和其他群体相比，女性和年轻人这两个易于感到不幸和罹患抑郁症的群体是否正在失去和家庭及朋友之间的亲密关系呢？表A.6.3对这种可能性进行了评估。

表A.6.3　1978—1989年间妇女和年轻人的拜访模式

拜访对象	女性			年轻人（18—23岁）		
	社交状态	孤立状态	冷漠社会	社交状态	孤立状态	冷漠社会
父母	上升	上升	半证实	上升	下降	未证实
亲戚	下降	上升	证实	下降	上升	证实
兄弟姐妹	下降	下降	半证实	上升	上升	半证实
邻居	下降	上升	证实	下降	上升	证实
朋友*	上升	下降	未证实	上升	下降	未证实

*选取的是1973—1994年的数据。

在这些群体中，冷漠社会这一假说只得到了一般的支持。对于女性群体，冷漠社会假说在一种情况下不成立，在两种情况下成立，在另外两种情况下部分成立。它代表了孤立下降的一种良性模式。关于女性的最令人痛心的模式是市场工作增加了，家庭之外的友谊却没能增加。对于年轻人这一群体，冷漠社会假说在两种情况下成立，在两种情况下不成立，在一种情况下部分成立。

城市化和拜访模式

不管城市化是否是社交活动越来越少的原因，我们仍需直面它对不幸和抑郁带来的影响，不过我们不应把全部责任归咎于市场。除了人们所熟知的

"小地方的人际关系比较亲密"这一说法外，还有另外一种说法，即大城市较高的人口密度会对人际关系带来某些负面影响（由于它容易促成一些匿名关系）[1]。街道越喧闹，人们越不愿意帮助陌生人[2]。此外，一些研究表明城市生活不会让人们相互孤立[3]；另有研究发现，"城市问题不应当归因于较高的人口密度……因为较高的人口密度会促进城市生活的积极方面，保证城市和过去一样充满动力和活力"[4]。

1994年的综合社会调查中关于城市化对拜访模式的影响的证据可以归纳如下：总体上，由于孤立状态的增加及社交频率的下降，人们拜访邻居的次数会随着地方规模的扩大而减少。但是当控制了"收入"这一变量后，这种相关被大大削弱，以致失去了统计上的意义（$p<0.12$，ns）。例如，和中产阶级相比，穷人阶级更依赖于从与邻居（和亲戚）的交往中来寻找情谊（这种说法对小城市来说是正确的，对大城市则不然）。但是如图6.1所示，总体上邻居交往的频率是下降的，部分是由于占人口半数的穷人在大城市要比在小城镇拜访邻居的次数少。（这里的"穷"和"富"以及下面几段中所提到的"穷"和"富"指的是各占人口半数的较穷和较富人群。）

朋友拜访模式似乎与家人及邻居拜访模式全然相反，即是说，地方越大，人们拜访朋友的次数越多，相互孤立的状态越少。此外，即使在控制了"收入"这一变量后，这一拜访模式中所涉及的相关依然存在（$p<0.001$）。实际上，无论地方大小，穷人拜访朋友的次数都比富人多（虽然处于孤立状态的"穷人"要比处于孤立状态的"富人"多）。朋友间能够保持较高的拜访频率这一现象的部分原因可能是很多人都移居到了都市。

最后，尽管在主观上，我们可能认为拜访父母的次数在大地方要比在小地方少，但是根据地方大小进行的统计分析却没有得出类似的结论。也就是说，城市化的程度并没有产生全面的影响（$p<0.15$，ns），即使控制了"收入"这一变量也一样。

综合来看，虽然城市化（地方大小）对当代美国的拜访模式产生了一定的影响，但是这种影响并不是系统性的，而且这种差异常常是地方大小和收入高低的变形。

拜访模式是否有助于解释“小地方，大幸福”这一现象呢？

我们是否可以认为“小地方，大幸福”这一现象部分是由于大地方和小地方的拜访模式差异造成的呢？我将从如下三方面进行解说。

关于邻居。和小地方相比，大城市的孤立状态似乎更为强劲；如果人们不得不从邻居那里获得情谊，那么可想而知，无论贫富，大城市里孤独的人肯定要比农村和小城镇多。仅就幸福有赖于与邻居的交往这一点而言，邻居拜访模式之间的差别的确有助于解释为何小地方的人会更加幸福。

关于友谊。和小地方相比，大城市似乎并不会助长孤立，并且会鼓励各种社交活动。在这里，穷人是孤立的受害者（和制造者）。无论收入带来的差距是什么，我们都不能将小地方的大幸福解释为人们与朋友的亲密关系（由于在小地方，人们实际上与朋友见面很少，孤立状态更多一些）。

关于父母。相对大城市而言，农村和小城镇的人们拜访父母的次数要稍多一些，但是依地方大小和收入水平进行的分析却没有发现统计上的差异。一个可能的原因就是与父母的关系受到了更多家庭内部因素（而非收入和地方大小这些外部因素）的影响。然而，如果拜访父母能够增加幸福感，那么我们似乎可以认为小地方的大幸福主要得益于拜访父母的高频率。更确切地说，拜访频率是关于大家庭团结的感受的一种体现，正是这些感受，而不是实际的拜访行为，使得农村成了比大城市更幸福的地方。

第七章

舍不得收入，得不到幸福？

人们想要追求高收入，难道就必须以源自家人和朋友的幸福为代价吗？怎么会这样呢？其中一个解释就是，我们所看到的只是家庭与市场之间长达几个世纪的冲突中最近的一段时期。从某种意义上来说，资本主义对封建主义的胜利是市场对家庭主义的胜利（恩斯特·布洛赫）；市场对个人主义的大肆利用和强化对家庭主义来说是一种沉重的打击（梅因、艾伦·麦克法兰）；财富形式从土地到金钱和动产的转变将人们从血缘关系及地域中解放出来（齐美尔）；商业背景下的工厂组织之于家庭背景下的手工作坊的胜利（威廉·帕克），以及家庭和村落向工厂的半自愿式转变（爱德华·肖特）仅仅改变了师徒制度，但是在这一过程中却弱化了家庭主义。马克思和恩格斯说到了点子上，他们认为：资产阶级终结了封建制、家长制、田园派……而且撕碎了家庭体系的情感面纱，将家庭关系降为一种金钱关系[1]。

关于亚洲集体主义变迁之原因的解释只是对准了市场经济及其拥护者为把社会各个层面转变为经济主义的这场长期战争中的一场战斗。如此看来，果真是“历史的终结”啊！

当然也必须承认，市场带来的回报是空前的，例如：贫困率的下降，对老年人权益的保护，对民主的声援，疑难杂症的攻克，教育规模的扩大，平等和自由制度的推行，等等。但为什么我们还会感到不幸福呢？当然，大多数人可能是幸福的。正如普拉姆所说，我们几乎察觉不到那些幸免的痛苦。但是，这并不代表什么都没有失去：曾经暖心的情谊已经淡化，家庭的幸福也在流失。尽管亚洲的一些集体主义社会想要挽留这些真挚的情谊，然而从最近的一些尝试来看，它们似乎失败了。

情谊的代价

人类文明发展到当前阶段，当我们为了获得“一些”新的感受（我们是被家庭和团体所爱的）而放弃“一些”实际或潜在的收益时，那么我们的牺牲换来的又是什么呢？这里的“一些”是一种边际评估，即对“为平衡市场和情谊所作的努力”的测量。朝着这个方向努力，我们或许可以扭转不幸感上升和抑郁症发病率上升的趋势。

牺牲收入以换取友谊的成本与收益

下面是一些为了友谊而放弃收入的经济学说明。

首先，为提高生产效率而牺牲情谊对于幸福来说是非建设性的[2]。也就是说，为了从生产中获得效用，我们牺牲了工作场合的情谊，而这种情谊却可能带给我们更大的效用。在市场制的环境下，人们常常会为了获取利益而“变卖”情谊。对于这种情况，我默·伽亚谟曾经说道：“我总是想要弄清楚是什么样的消费者愿意付钱来买价值只有它本身一半的产品。”但是，来自美国的数据表明，对工作满意度影响更大的是同事间的情谊，而非工作所能提供的收入[3]。

其次，用税后工资来替代工作场合的情谊似乎是片面的，它只会让员工本人而非员工的家人受益。但是请考虑一下另一种商品——善意和温暖（见第六章）。许多家庭更希望外出养家的人每天能够带回家更多的温暖，而非更多的金钱。我们都知道，一旦养家者失去了工作，整个家庭，特别是孩子，相对于物质匮乏所带来的痛苦，其所承受的更多是来自养家者乱发脾气所带来的痛苦[4]。同样的，如果养家者愿意和家人分享自己的快乐，那么他/她的伴侣和孩子也会从中获益。事实上，正如蒂博尔·西托夫斯基所说，自情谊中产生的效用能够轻而易举地胜过自高生活水平中产生的效用[5]。

最后，以上提到的收入与情谊的权衡是指市场收入和工作场所的情谊，但事实上（至少在英国），一些保守的推测认为：家庭生产……使得所有家庭的可支配收入增加了50%，而对于有孩子的家庭来说，则增加了67%[6]。在这种情况下， 两种形式的情谊（A1.家庭情谊；A2.外部情谊，即配偶和孩子各自的社交生活）以及两种形式的生产力（B1.以什么价位将它承包出去；B2.儿童发展的生产力及其效用）自此出现。对于以上这一隐含的四格表，我们姑且先来看一下“A1B2”这一项，即把家庭内部关系与提高最紧要的生产力（孩子的福祉）结合起来。情谊和生产力是共生的。如果把孩子的效用计算在内，家庭生产的产出（包括照顾孩子的这部分数值）可能要比官方统计的数据高很多。由于孩子本身并不是市场的消费者，因此经济学家们在进行计算时并没有把孩子的效用计算在内。

人们的欲望是双生的。除了收入，人们还想要情谊。那么，情谊的代价到底是什么呢？

情谊的代价和痛苦

情谊的代价和痛苦主要体现在以下五个方面。一是对某种形式的情谊表现出厌恶，比如对过度关爱的腻味感，社会责任所带来的约束感，强烈的独处欲望，对自己的日程安排甚至是整个生活的失控感。我将以上这些称为情谊的痛苦。二是害怕被拒绝，因为情谊是有风险的，并有可能产生情感上的代价。因情谊而失去快乐的第三种表现比较与众不同，这是由于情谊中快乐的获得是以牺牲团体为代价的。第四种表现与失去做其他事情（想做却不太可能去选择）的机会有关。尽管一个人非常珍惜和家人及朋友在一起的时间，但同时也会觉得自己本可以利用这段时间来完成自己的书稿或者做些其他的事情，这就是机会成本。家人和朋友越是能够常常看到，这种感到自己作错了选择（情谊优先）的想法就会愈发强烈。情谊的边际效用也会逐渐递减。即是说，情谊的机会成本会受到各种替代品是否充裕的影响。其中的一个主要机会成本就是人类发展和社会变革。最后，关于获得某个团体的入会资格的条款是非常关键的，有些人可能会因为某些不利条款而不得不放弃自己的自由和尊严。

情谊的痛苦

会员资格难免会让个体感到约束。约翰·米罗夫斯基和凯瑟琳·罗斯认为，尽管社会支持对心理健康必不可少，但是“对团体的责任感不可避免地会对个体构成约束，人们需要时刻顾及家庭和朋友的期望、意愿和幸福。这种约束力会让个体产生一种无法掌握自身命运的失控感，从而增加了罹患抑郁症的可能性”[7]。这个解释在全世界的案例中都是说得通的。埃德·迪纳和孙恩库则解释道：“集体主义文化中的大家庭在为彼此提供社会支持的同时也限制了彼此的自由。因而集体主义文化中的个体很少能根据自己的意愿行事，也很难体验到较高的生活满足感。”[8]布朗和哈里斯认为，和伦敦相比，在苏格兰这样的礼俗社会中，“想要融入外赫布里底群岛的一些小规模团体，付出的代价远不止罹患抑郁症，还有各种精神障碍”[9]。回顾工业时代，你会发现，那时候的女性在工作环境中承受的人际压力远比在家庭中承受的压力大很多，即是说，“工作中的人际压力对特定角色压力的贡献最大”[10]。由于如前所述的原因，即成年人常常会在家庭中体验到一种不适感，且孩子们的存在会在某种程度上降低父母的幸福感，因此家庭也不是一个可以摆脱痛苦的好地方[11]。

情感成本

来自情谊的另一种痛苦就是害怕被拒绝。受到情感联结这一需求支配的人通常不会很受欢迎，由于让他们感受到活力的并非是与他人的情感联结，而是一种与他人毫不相干的驱力[12]。正如马斯洛所说，与想和别人在一起相比，需要别人是一种不健全的人格发展模式[13]，并且是令人痛苦的，因为一个人的抱负和努力到头来常常会被否认。

团体成本

对等的友谊关系，尤其是在个人主义社会中，可能要以团体的情感联结为成本才能获得。尽管有朋友和配偶陪伴在旁，人们仍然会感到孤独，就好像自己独处时那样。此外，团体间的情感联结还可能要以牺牲团体为代价。青少年犯罪团伙及吸毒、酗酒的年轻人之间的交情就是情谊带给团体及其成员痛苦的一个例子。因此，一项针对以色列、法国和美国地区的青少年酗酒问题开展的研究表明：和年轻人自己的个性特征（诸如态度、行为、人口统计学特征）相比，父母和同龄人的饮酒习惯是其酗酒的更好的预测指标。不同的是，在以色列地区，父母对年轻人的影响更大一些；而在美国和法国，同龄人对年轻人的影响更大一些[14]。

机会成本

机会成本并不会让人们特别痛苦，除非有人愿意放弃一个高级的快乐，而去追求一个低级的快乐。所有的经济交换行为都涉及机会成本，比如为获得更大的经济利益而放弃相对较小的经济利益。

人类和社会发展中的机会成本

南方小镇的好男孩综合征（the good ol'boy syndrome）可以说是和谐人际关系的一个典型例子。但是这种现象却妨碍了个人和社会的发展[15]。大多数的发明家和实业家都是一些边缘人物，他们接受自己的群体历史教育且具有很强的独立性[16]，这些人中包括了英国的苏格兰人、尼日利亚的伊波人、欧洲和美国的犹太人、法国的胡格诺派教徒等。社会的发展和变革离不开这些敢于尝新的非主流人士。

自由和尊严成本

像政治或经济共同体一样，群组中也有层级之分。群组的精英分子享有地位和成就，层级较低的成员却不得不为了群组的成员资格而放弃自己的尊严和骄傲。

礼俗社会的社会成本

如果西方个人主义者们想要回归家庭主义的传统，他们恐怕得牺牲过去商品所带来的部分快乐，尽管这些商品并没有给个体带来很多快乐。即使在想象中，那种回归小城镇的生活方式的诱惑也并不是很大。或者可以说，即使他们想要借鉴亚洲集体主义的经济成功模式，那么其所需付出的代价也不会低多少（由于他们得考虑普世道德，公平正义，等等）。那么，那些在西方个人主义文化中长大的个体就一定会在互助互惠的家庭主义文化中获得幸福吗？恐怕不是。在这种权衡中，我们放弃的并不是商品，而是一系列高度道德化的文化模式。边际调节是关键，由于个体期望培养的是方向而非目标。

痛苦的转变：文化在享乐意义上的反常现象

在改变市场和情谊的优先性的过程中存在一个反常现象。对于发达的西方国家来说，这种反常指的是它们当前的社会繁荣仍然受到最初使得它们变富的传统、制度、规范的驱使。这些驱力会赋予财富追求以更高的价值，并且会贬低情谊的价值。礼俗社会同样也存在这些反常现象。比如，银行家在《米德尔马契》一书中就是一个邪恶的形象，而商人和放债者的形象在《高老头》一书中也没有好到哪里去。这种紧张僵持的状态随处可见：伦纳德·杜布发现，尽管非洲人非常看重发达国家的人取得的财富，却十分厌恶他们为获得财富而采取的手段；20世纪70年代，一项来自波兰的调查表明，尽管大多数人渴望市场经济，却不相信商人们给出的定价；在中东，丹尼尔·莱纳发现等级制度文化下的人们对“零售商”一面表示蔑视，一面又表现出对其财富的嫉妒[17]。

问题的关键在于：（1）如前所述，情谊与收入之间有一个相对价值；（2）如果在这些商品之间进行选择遵循的是效用最大化的经济原则，那么当某种商品的供给变得充裕时，其相对于另一种商品的价值就会下降；（3）由于倡导商品供给应当有缺有余的文化会给供大于求的商品定一个人为的价值，因此这种价值与其享乐产出并不成正比。因此，情谊文化和金钱文化都很难将人们的效用最大化。每种商品的潜在快乐产出只有在被这种落后文化的成员延滞很长一段时间后才能为多数人所感知。这在很大程度上解释了市场民主制度下幸福的流失。在最后一章我还会谈到这一点。

在我们的市场社会中，经济学更像是指导我们如何通过最大化收入来最大化幸福的准则。在这一准则的指导下，我们开始了对福利、效用和幸福的研究。

变卖情谊以换取收入

尽管采用单一的解释理论是非常方便的（例如理性选择或繁衍适应性），但是只有当这些理论与其解释的各种对象相匹配时才会有所助益。正如托马斯·内格尔在讨论价值时所说，并非所有价值都能代表在各种环境之下对于某种商品的追求[18]。因此，尽管有一些原型理论可以诠释从经济优先到社交优先的转变，但令人遗憾的是，这些理论都不够完整。

我们来看看这五种候选解释理论——边际效用递减理论、适应水平理论、辩证理论、动机液压理论及学习泛化理论之间有什么关系。除此之外，我还想增加第六种理论——自由放任理论。

首先是边际效用递减和适应水平理论。边际效用递减（第四章中有所说明，第八章和第十五章会进一步提及）所产生的结果与适应水平有本质的不同，该理论认为所有的快乐和痛苦都与我们之前所了解的知识有关[19]。我们可以用心理物理学的概念来作一个类比：同样是举起一个10磅重的东西，如果我们在此之前举起过一个5磅重的东西，那么我们就会感觉这个10磅重的东西比较重些；而如果我们在此之前举起过一个20磅重的东西，那么我们就会感觉这个10磅重的东西较轻一些。当人们在某个特定领域内的经验值提升后，他们的期望也适应了这种提升，上升至一个更高的水平，以致成为他们进行评估的新标准，然而这种提升也并没能给他们带来长期的乐趣。同样的，当人们在某个特定领域内的经验值下降后，他们的痛苦也只是暂时的，由于他们的期望也会随之下降到一个较低的水平并成为他们进行评估的新标准，他们的失望感也会因此而降低不少。结果就是：收益提高无法提高主观幸福感，收益下降也无法降低主观幸福感。还记得第三章中的设定点理论的读者都会认同这一点，即路线不同，但适应水平都会达到同样的目的。适应水平是一个传统的心理原型理论，它能够解释诸如为什么截瘫患者在遭遇事故之后或是彩票中奖者在中奖之后逐渐又恢复到事发前的幸福水平等现象[20]。

边际效用递减理论认为，随着某种商品的供给的增加，其所能带来的乐趣在下降，但它却无法预测主观幸福感的下降。适应水平理论则认为，某种特定经历所能带来的乐趣是个常量，即使当这种经历本身得到了改善时也是如此。不同的经历都有其对应的适应水平，而边际效用则取决于商品的供给情况。适应水平理论能够说明天花板效应和地板效应，即乐趣的长期增长和下降都是不太可能的，边际效用递减理论则无法说明。

辩证理论主要适用于制度，而不是个人选择。市场和家庭等制度的过度发展会催生出一种反作用力，这种反作用力能够抑制其发展，从而达到一种新的平衡。因此，根据辩证理论，一个十分看重收入（或情谊）的社会会催生出某种力量以削弱那些致力于促进收入（或情谊）的制度，从而促进那些能够促进情谊（或收入）产出的制度的发展。辩证理论与边际效用递减理论和适应水平理论并不兼容，这是因为边际效用和适应水平都是依据个体行为进行自我调节的，且二者并不包含对于制度变化的隐性需求。

其他两个原型理论分别关注个体的动机和认知方面。

动机理论是一种液压理论，它是指某种需求已经深深植入人类体内，以致如果不能以某种方式表达出来，那么就会像弗洛伊德所说的那样，引发个体的不幸感。进化理论也是一种液压理论。繁殖的压力是既定的，如果某个物种阻挠这种压力，这个物种就会遭到灭绝的惩罚。而对于人类（特别是女性）来说，所受到的惩罚就是对满足感的剥夺。液压理论与边际效用递减理论是相互兼容的，前提是某种需求宽泛到允许替代性的满足；但它与适应水平理论并不兼容，因为假定的需求是一个常量，无法产生适应性调整。

学习泛化是一种认知过程，指的是个体将在某一领域或情境中学到的知识应用于其他领域或情境的过程，例如：将在市场实践中学到的知识应用于人际关系中，或者在亚洲家庭主义文化中，将照顾家庭成员的经验应用于市场环境中。

最后，尽管并不是一个有关选择或变化的理论，但是自由放任理论仍然可以解释社会中收入和情谊相对不均衡的现象。这一理论认为，社会及其代理人——国家为实现幸福最大化这一目标可以相信个人的选择，因为每个人都是自我利益的最佳评判者（见第十六章）。在使幸福最大化方面，自由放任理论与边际效用递减理论是兼容的，但与适应水平理论并不兼容。自由放任理论与辩证理论类似，它通过个体选择发挥作用，正如辩证过程通过制度变革发挥作用那样。当某种东西在人们的生活中变得唾手可得时，人们通常会感到厌烦并选择另一种东西。关于收入与情谊之间的问题的最大困惑就是，在自由放任政策之下，为何人们不选择去最大化幸福。

总之，详细阐述一下这些原型理论在收入与情谊的权衡中是如何发挥作用的是相当有益的。

边际效用递减

为什么在情谊受到高度重视[21]且友情更为亲密[22]的集体主义社会中，人们从朋友那里得到的快乐并没有比在个人主义社会中多呢？虽然有一种观点认为这是因为个人主义能提供更多的情谊选择，但是在我看来，主要的原因在于：在个人主义社会，情谊的稀缺性提高了其效用值。同样的，在集体主义社会，由于收入更为稀缺，因此其能够产生更多的幸福感。

经济学家未使用的一个辅助观点就是边际效用递增。技能产品（包括社交技能）上升的边际效用能够提高我们对朋友的评价（虽然对新朋友并没有多大需求，见第五章）。请注意朋友的效用递增是怎样使情谊替代收入变得更加容易的，并且这种替代在一段时期内不太可能逆转。

适应水平理论

人们（如奥吉布瓦人和多布人）不去改变让他们不幸福的实践的主要原因是：他们已经适应了业已习得的焦虑和相互猜疑水平。这是一个两难境地：如果他们越来越不满足，他们就可能越来越不幸福，而那种不幸福又可能会促使他们去改变制造不幸的制度。另外一个困境是：虽然幸福的人比不幸福的人更有活力，效率也更高，但是他们往往安于现状，以致缺乏改革的动力。根据适应水平理论，将个人的享乐水平调整到适应当前环境的水平，对于任何给定的幸福感的设定点水平都能够接受较少的客观收益，尽管这能够增加当前的主观幸福感，但这却是以长期的主观幸福感为代价的。因此，适应水平理论和关于社会变化的辩证理论是矛盾的。

辩证理论

辩证理论在历史进程中的发展并不是很顺利：关于任何组织形式都孕育着其相反的形式这一观点无法站住脚，更别说关于最终合成的部分了。但是无论是黑格尔还是马克思都没能对人类的这种动机——当无法在某种社会组织形式中获得满足感时就会发展出对立的组织形式，以期从中获得满足感——作出较好的阐述。按照这种思路，有人可能会说，因为在家庭主义社会中，人们的物质需求得不到满足，于是人们就创造或借来了市场；然后，由于人们发现这种创造或借来的市场满足不了自己的情感需求，于是人们就破坏了市场；最后，市场和情感因为互不相容而惨遭瓦解。

在美国，辩证理论呈现为另一种形式：市场的"受害者"创造了宗教复兴。依赖于礼俗社会"原始"特征的复活，宗教关系变成了很多友谊的来源。在对一项全国抽样调查的数据进行分析后，罗伯特·沃斯诺尔报告称，大约有40%的个体都从属于某个小团体，其中三分之二是和宗教有关系的团体。当被问及他们能够从团体中得到什么好处时，人们最常回答的是以下两项："让你感到自己不再孤单"（82%）；"当你情绪低落时能够给你鼓励"（72%）。在对我们所处的（礼俗）社会中的这些宗教性团体进行解读时，沃斯诺尔说道："我们可以把这（小团体）看作人们试图找回（在我们的社会中已经流失的）人与人之间的情感联结及与个人主义斗争的一种尝试。"[23]通过情谊的馈赠，宗教向现代世俗主义进行了复仇。

液压理论

对于家庭关系下降而友谊不降反升这一奇怪现象，我提出了一个液压理论（见第六章）。我假设情感联结的需求是一个常量，受生理驱动，恒定不变。当家人间的情感联结下降时，情感联结的需求（麦克莱兰）只能在与朋友的情感联结中得到更多的体现。但是麦克莱兰不是达尔文。至少在爱德华·威尔逊手中，达尔文的进化论暗示了一种更好的液压驱力——纽带[24]。无论市场教会我们什么，大脑和荷尔蒙都在驱使我们去寻求情谊。当无法找到亲密的情谊时，我们往往会用更为宽泛的情谊来替代。但是如果这种宽泛的情谊不能令人满意，我们就会感到难过。正如弗洛伊德所说，文明进步是以丧失幸福为代价的[25]。

学习泛化理论

市场和亲密关系互不相容的最后一个原因是：人们从市场中学到的东西无法应用到社交场合。法兰克福学派认为，由于市场涉及物质利益交换，所以在市场社会中，人们会彼此建立起相互关系。他们可能会借用“人人为商”这一亚当·斯密的说辞，或者如弗洛姆所说，在市场社会中，人人都待价而沽，即“我按照你的期望而存在”[26]。学习泛化理论的问题就在于其适用范围是有限的，例如：它无法解释为什么习得的亲子关系经验无法应用到市场关系当中。实际上，这一理论并没有对适用的范围进行明确的区分。因此，如第五章所述，“相互利用关系阻碍亲密和信任关系”这一范例是不安的青少年模式，而不是市场商人模式[27]。

然而，跨领域泛化模式包含了一组从宗教领域学来的并应用到生活中去的态度和信念，且使得先辈们在新教伦理中显得尤为突出。对特质和状态的划分是非常有帮助的。如果某种特征是一种特质的话，那么它就能跨情境应用；但是如果这种特征是情境特定的话，那么它就是一种短暂的状态。那么市场传授（或选择）的是什么特质呢？其中一种是内在性，即认为人类能发挥主观能动性，并能掌控自己的命运；它既能促进商业上的成功，又能促进社交上的成功[28]。另外一种特质是责任心，它是一种真诚而重要的特质，和新教伦理有着密切的关系；正如詹克斯在《勤奋》一书中所言[29]，它也和市场成功及人们的幸福非常相关，因为人们喜欢那些靠得住的人。因此，虽然人们从市场上学来的态度和认知抑制了他们的情谊，但是由于泛化的存在，情谊也得到了某种程度的发展。

价值和目标又是另外一码事。第八章的证据将会进一步说明功利主义价值观是怎样抑制社交成功的。人们会认为是市场催生了功利主义，但是农民为什么也那么功利呢？学习泛化理论并不认为是市场催生出了不利于友谊发展的特质。对此，我也不想多作解释。

自由放任理论

要解释生活在市场民主制度之下的人们的不幸成因，最好的办法是借用经济学家和政治学家的智慧。他们认为，每个人都在自己的小世界里努力平衡收入和情谊，从而最好地取悦自己，却鲜有成功。人们可能会说我们有足够多的幸福来抵消那些在幸福感的量表中测出的不幸福。我们的祖先为了能够在市场社会中掌控自己的经济命运和在政治生活中争取自己对自己的幸福负责的权利所作的努力也一定不是徒劳。正如康德所言，在任何情况下，每个人都必须为自己规划好通向幸福的道路，而不能由别人来规定[30]。那既是自由，也是个人主义。但是它也是我们在面对超出承受能力的痛苦和挫折时的一种自我满足。本书的第四和第五部分将会说明：为什么依赖市场来恢复我们的健康和依赖民主来进行自救都会失败。

结论

有关以上这些原型理论的最终报告还没有完成。关于自由放任的个人主义之于幸福感的影响，最近的成果正如罗伯特·贝拉、阿米塔伊·埃齐奥尼等人所报告的那样：个人主义的过度发展是人们深感不幸的根源，因为它抑制了情谊的发展。历史转折是不可逆转的，但是，难道我们不应该为逆转那个19世纪把我们带至现在这个境地的情谊大转折而努力一把吗？也许我们可以效仿那些亚洲的集体主义社会，在我们的经济主义社会中引入更多的情谊。不过，我不应该开药方，而应该去提供改革的线索。

在我看来，倡导家庭价值、利他主义和关爱邻里的道德和告诫，远不如对个人利益的直接呼吁更具有说服力。对于处在贫困线以上的人们来说，个人利益并不在于收入的增长；收入增长通向的只是一台享乐跑步机。在梅因、齐美尔、滕尼斯和韦伯标注的岔路口，有一个路标指向了未选之路——情谊。

第四部分

市场让我们不幸福

第八章

市场民主制度下的物质主义

自我保护的想法很普遍，也是与生俱来的。获取的欲望是一种习性而非天性，且在人类生存中更具有现实意义。然而，它却没有得到与自我保护同等的认可。这不得不说是一种任性的偏见。

——杰里米·边沁

市场经济能让幸福最大化吗？可能市场经济的某些本质限制了人们达到这种理想状态的能力。市场广受欢迎的主要原因是人们相信其拥有将效用和幸福最大化的能力，也就是说，准许个人以自己的方式追求幸福，并因此而发现通向个人幸福的道路。但是市场固有的限制性却破坏了这种田园诗般的美好设想。本书的第四部分将会从以下几方面来探讨市场是如何阻碍幸福的：第一，物质主义的影响；第二，幸福是市场的外部产品（externality）；第三，市场无法缓解不幸。如果市场所依赖的物质主义是不幸的来源，那么又何来“市场可以使效用最大化”这么一说呢？

物质主义

物质主义这一概念有两种含义。一种是从形而上学的历史观来看待什么是真实的、有说服力的因果关系，但这并非我所关心的问题。物质主义的第二种含义关乎价值、动机和目标。一个有争议的个体经济人——他的死讯被公布后，通常很快就会被人忘记——当然是一个物质主义者。但是又是从哪种意义上讲呢？难道物质主义指的是威廉·詹姆斯发现的某一类人所特有的实用和坚韧的品质吗？或者难道只有摸得着、听得到、看得见的才是真实的吗？但是在此我必须略过这些认知性的争论[1]，将讨论的重点放在动机和价值上，即探讨一下到底是什么促使人们想要通过追求财富来追求幸福。这不是马克思主义，但是可以说是庸俗版的马克思主义。

物质主义研究主要采用两种方法：（1）英格尔哈特对于物质主义价值的跨文化研究指向的是政策偏好，这里称为政策物质主义；（2）本章主要想探讨的是有关个人目标和价值的研究和理论，在此称为目标物质主义。

政策物质主义和后物质主义。恰当地说，政策物质主义是根据个体对一些公众政策的偏好来评定的：如果一个人把对抗通货膨胀和维持秩序放在首位，那么这个人就是一个政策物质主义者；而如果一个人更加看重提高决策、选举或保护言论自由的参与度，那么这个人就是一个后物质主义者[2]。在评定物质主义对幸福的影响方面，英格尔哈特的观念——后物质主义者并不比物质主义者快乐多少[3]——并没有多大用处。此外，后物质主义在通常用以指导个人生活的中心价值和目标方面并没有多少话语权[4]。因此，一项针对美国的学生开展的研究表明，后物质主义者和政策物质主义者在对收入的满意度上，在孩童时期关于物质剥夺的记忆上，在其父母的物质主义价值观上，都没有什么不同。事实上，亚伦·奥乌维亚和王南希认为，与政策物质主义者相比，后物质主义者对生活的满意度更依赖于对收入的满意度。这项研究为质疑英格尔哈特为解释其发现所提出的理论机制提供了有力的证据[5]。

在美国，这些后物质主义者们并不是特别友善。与其他人相比，他们并不太信任别人，并且不认为人们愿意提供力所能及的帮助，对于“人们不会一有机会就想占别人便宜”这一点也只是略为相信[6]。由于这些明显的原因，我将重点谈论一下目标物质主义者。

目标物质主义。与注重政策的政策物质主义不同，这里侧重探讨的是目标物质主义，即左右职业选择和个人努力的价值中心和方向。玛莎·里钦斯及其同事开发了一个用以测量物质主义的量表，这一量表有如下特征：“我们将物质主义看作一系列有关自己生命中的所有物之重要性的核心信念，主要测量以下三个信念维度，即获取的价值中心、获取对于幸福的意义和所有物对于定义成功的意义[7]。当你遇到一些测量以上价值观和信念的实际问题时，你就可以全面领会其中的意思了。表8.1是里钦斯和道森设计的18项量表中的一些题项。

表8.1　里钦斯和道森用以测量物质主义的题项

成功
我羡慕那些拥有豪宅、名车和名牌服饰的人们
人生中最大的成就包括对物质财富的占有
向心性
我只买我认为需要的物品（反向计分）
我喜欢花钱在不切实际的物品上
购物让我心情愉悦
幸福
我拥有的一切已经足够让我享受生活（反向计分）
如果能拥有一些我还没有的东西，我的生活会变得更加美好
即使有更好的东西，我也不会更加幸福（反向计分）
如果我能买得起更多的东西，我会更加幸福
不能随心所欲地买我喜欢的东西，有时会让我感到苦恼

来源：Richins and Scott Dawson. 1992. "A Consumer Values Orientation for Materialism and Its Measurement: Scale Development and Validation." *Journal of Consumer Research* 19: 303–316 at 310.

尽管这个量表比其他量表涉及的范围更广，但是大多数的研究还是抓住了主要的方面，即物质主义者将占有和获取看作他们人生的中心[8]。

第二种研究将物质主义（“我必须承认我相当重视和物质相关的事情”）和失范或反常联系起来。这一“失范量表”保留了一些测量犬儒主义的项目，比如：朋友的不可靠性，缺乏互助，“只要目的正当就可以不择手段”的准则[9]。有趣的是，在一个高度重视物质的社会，承认这一价值观的人们反而会以某种方式来表达自己的嘲讽和不羁。

除了以上里钦斯和道森提到的问题之外，第三种方法就是去询问人们为了变得富有愿意付出什么代价，是那种“要么做，要么认”的问题。这通常是大家所不愿承认的，因为我们所处的文化并不倡导我们去承认自己是多么在乎金钱。尽管我们知道许多人从事着无法让他们经常见到家人的工作，但是一项盖洛普民意测验的结果表明只有4%的人承认愿意从事这样的工作。出于同样的道理，尽管许多人不喜欢他们的工作，但是只有8%的人承认自己愿意从事一份不喜欢但工资够高的工作[10]。此外，在另一项盖洛普民意测验（1990）中，我们也很难发现可以说明人们认为财富能够带来幸福的证据。这项调查的结果显示：有一半的人认为富人和穷人一样幸福，11%的人认为富人更加幸福，36%的人认为富人没有穷人幸福。根据我自己多年前的研究，我认为出现这样的结果是因为人们相信财富能够带来更多的关爱[11]。因为这个或者其他原因，一项盖洛普民意测验发现，有82%的人认为他们并不嫉妒富人，而只有38%的人愿意承认自己也想成为富人。尽管这些调查的客观性在某种程度上受到了酸葡萄心理及社会赞许性效应的影响[12]，但是回想一下平时的工作，我们可以发现大多数人还是想要左右逢源，被同事所喜欢，避免麻烦，升职或者加薪，而很少有人明确表示想要变得富有。这是个碰运气且到处都是贪婪梦的世界。事实上，在大多数的偏好排序中，这个问题让人略感矛盾，下面我们就开始探讨。

物质主义会让人们感到不幸吗?

尽管经济学家们在对吝啬的寻求中限制了那些会让市场参与者变得贪婪和过度理性的品质，但是市场本身对于每个可能的动机和情感是包容并蓄的[13]。另外一些人则将市场思维解释得更为宽泛，比如：韦伯的新教伦理[14]，罗伯特·弗兰克、霍华德·马戈利斯、大卫·柯勒德等人关于利他主义的思想[15]。现在是时候来验证一下经济学家一直强调的观点了，即贪婪（或称物质利己）是推动市场运转的动力（从某种程度上讲是正确的），同时也是最大化个人幸福的动力（这点是错误的，下面我会讲述）。

之前提到过的里钦斯和道森的物质主义价值观量表同样也包括了有关人们对生活各个方面（如所拥有的乐趣、家庭生活、友情及生活水平）的满意度的问题。研究表明：物质主义与各个领域的生活满意度都是负相关的，其中物质主义与对生活水平的满意度之间的相关最大（r=−0.39），其次是与对所拥有的乐趣的满意度（r=−0.34）、对朋友的满意度（r=−0.31），最后是与对家庭生活的满意度（r=−0.17）[16]。在分析因果问题时，作者对“物质主义并非不幸的结果，而是不幸的原因”这一论点进行了论述。

蒂姆·凯撒和理查德·瑞恩的一些研究支持了上述观点。通过测量心理适应、活力、抑郁和焦虑等，他们发现金钱在一个人的心中越是重要，这个人所拥有的活力就会越少，也更容易感到抑郁（r=0.28，p<0.01）和焦虑（r=0.22，p<0.05）。相反，那些更为看重自我接纳和情感联结（与别人维持良好的关系）的人却很少感到焦虑和抑郁[17]。

一项关于高校毕业生的研究证实了物质主义和不幸之间的相关：在霍巴特和威廉史密斯学院的800名毕业生中，那些想要事业成功且拥有高收入、高名望的人认为自己“相当不幸”或“非常不幸”的比例是那些想要拥有亲密朋友和伴侣的人的两倍之多[18]。

我似乎一直在提物质利己主义，却从来没有给出能够证明物质主义者比其他人更加自私自利的证据。事实证明，他们的确如此。研究表明，当被问到“你会如何花费一笔两万美元的横财”时，物质主义者花在自己身上的金额要比非物质主义者多两倍，愿意捐献给慈善机构或教堂的金额也比非物质主义者少，愿意花在家人和朋友身上的金额甚至还没有非物质主义者的一半多。物质主义和为环保事业作贡献之间是一种负相关关系（$r=-0.21$，$p<0.01$）。物质主义者还会说，“我不喜欢往外借东西，即使是最好的朋友我也不愿意借”，而且讨厌“家里有客人”[19]。尽管理想主义者、救世主、“自我实现者”与物质主义者同样自私自利也不是没有可能，但是实际情况并非如此。自私自利是对物质主义者再合适不过的描述。

毫不意外，物质主义者与经济学家作出了同样的假定，他们将占有和获得看作满足和幸福的基础[20]。另有研究认为，太过重视美国梦的物质方面很可能会招致一场噩梦[21]。

为什么物质主义者是错误的呢？为什么在一个由物质主义者支配的社会中，物质主义带来的却是不幸呢？

为什么物质主义者不幸福？

简单概括如下：

（a）与情谊相比，当收入相对可观时，人们（b）会相信收入和财富是幸福的主要来源，（c）会认为自己与其他人都离不开收入和财富，（d）会参与一系列自认为能带来物质成功的不靠谱的活动，（e）自己对生活的满意度也主要受制于物质追求的成败，（f）因此其幸福感会比其他人低。

为什么（a）通过（e）会导致（f）呢？

物质主义是一组价值观，又或者说是一组人格特质，它并不是对一些和物质有关的职业（如商人、销售员）的特定描述。很多物质主义的研究对象是还没有特定职业的学生；很多相关的特性也可以在一些专业领域、艺术和脑力劳动者中发现。然而，一个人的谋生方式会影响他的价值观，且一个人的想法是很重要的。可以肯定的一点是，物质主义者的不幸并不是因为贫穷。在里钦斯和道森的研究中，物质主义和收入的相关是0.04（ns），而在凯撒和瑞恩的研究中，这一相关几近于零[22]。

物质主义者没有别人幸福，因为他们的价值观和行为总有些不太令人满意的地方；或者因为那些选择坚持物质主义价值观的人们本身就携带着不幸的种子。这两种假设似乎都有一些道理。

物质主义的价值观和行为助长不幸

外在的报酬。物质主义者所追求的外在目标常常很难带来幸福。这种外在目标与内在目标截然不同。内在目标往往伴有以下特点：自我接纳，与别人关系融洽，想要帮助团体，身体健康。凯撒和瑞恩发现，外在目标并不会给人带来幸福。与此相反的是，内在目标与幸福呈正相关，且与心理不适呈负相关[23]。

自主决定的缺失。因为物质主义者非常依赖外在奖励，而外在奖励是由他人提供的，因此其很容易受到他人的控制[24]。物质主义者缺乏的是自我奖励和自我指导[25]。这些观点都是被相关研究所证实的，但是我们不应忘记的是：占有物让人如此满足的原因之一就是它们提升了个人的掌控感[26]。

过程收益的缺失。主要为了钱而工作的人往往只能从结果中获得满足，而无法从工作的过程中获得满足。工作过程中获得的快乐就是所谓的过程收益。比如，那些主要为了钱而工作的人与那些有多种动机的人相比，其自尊水平往往比较低，更容易焦虑，并且对工作的满意度也比较低[27]。在我看来，并不是工作本身的激励性不够，而是只强调结果的这种心态剥夺了物质主义者的愉悦感受[28]。这就是物质主义致力于获取金钱的一面，正如我将在第十章中讲到的那样，从购物及获取商品中获得的快乐是非常少的。

竞争与对抗。市场制下的工作是否涉及更多的人际竞争和对抗呢？在我看来，经济学中的竞争与对抗的区别是可参考的。经济学家将竞争定义为多样化选择的存在，而人与人之间的竞争被定义为对抗。对抗会让人感到不快，多样化选择的存在却不会。至少，对抗在官僚政治中与在市场制中同样普遍。

金钱并不是一个能够带来满足感的目标。这里要重申一下我在第四章中曾经提过的一个经济学谬论。与诸如荣誉、虔诚、良知和情谊等不同，金钱产生快乐的能力非常有限。难道追求物质商品就比追求其他商品更加不容易获得满足感吗？在杜尔凯姆、弗里德里希·兰格和塞缪尔·普芬道夫看来，是这样的。关于物质主义者对“生活中的运气”的不满情绪，里钦斯和道森解释道：“对商品的欲望永远无法满足。获得新事物的快感转瞬即逝，并且随即又会被新的欲望所替代。这种循环无疑会导致不满……早前关于物质主义的实验证实了这一假设。”[29]

金钱和其他东西在快乐产出方面存在差异的原因与其说是不知足本身，不如说是金钱的特性（它既是投入，又是产出）。正如米考伯在向大卫·科波菲尔解释时所说的那样，在投入一定的情况下，人们总是想产出更多，这势必会带来痛苦。因此，约瑟夫·瑟吉指出，这种过度消费和生产不足的倾向可能是造成物质主义者对生活水平有过高期望的原因[30]。此外，金钱还被认为是获得其他快乐（虔诚、良知和情谊）的通行证，但事实上并不是。

最后，许多美国人对于自己的价值观和目标存在一种矛盾心态[31]。比如，1973年的一项调查显示，美国学生既赞成“不要太在意钱”（80%），又支持“挣钱是最重要的目标”（61%）。这一奇怪的“结合”可能是通过分化来实现的，同时也反映了一种内部冲突[32]。“有钱就好”对于自我展示来说并不是一种好的方式。因此，正是由于将物质放在首位才让物质主义者无法获得满足感[33]。

如果是物质主义者的价值观和行为向我们提供了他们不幸福的线索，那么他们的性格可能会提供更多关于不幸福的原因，简单来说就是：为什么他们会选择物质主义的价值观？

物质主义者的性格

一旦某种普遍的价值观上升为人格特质或类型，人们就不得不去面对分析性问题（analytical problems）的风险。比如，拉塞尔·贝尔克和他的同事曾发现一种关于嫉妒、吝啬和占有的综合征，并且在很多心理测验中得到了证实[34]。其他证据也表明，如果一个人太过看重物质，那么其自我发展的水平也会比较低[35]。

物质主义者和其他人有何不同呢？物质主义者不善于社交，即与其他人相比，物质主义者的社会适应能力和心理健康状况都比较差[36]。这一点源自一种不寻常的自我贯注，即自恋[37]。因此，物质主义者的不幸不仅可以解释为他们那毫无激励性的人生观，也可以用他们较差的社交能力和心理健康状况来解释。

物质主义者比其他人更加低效。一项研究表明，商业精英们的自我效能感还不如他那些头脑简单的兄弟姐妹[38]。原因可能是人们设定的目标太简单，缺乏挑战；或者是目标太难，失败是在所难免的。物质主义者总是会给自己设定一个高到无法企及的财富标准[39]。

物质主义者比其他人更加消极。探讨物质主义者性格的主要原因在于：学生这一被试群体和赚钱这件事并没有太大关系。此外，能够区分物质主义者和非物质主义者的活动几乎与赚钱没有太大关系：物质主义者看电视的时间比别人多，而且众多研究表明这一行为并不是很受大家欢迎[40]。相反，非物质主义者更愿意从事社交活动，计划未来，这些活动通常情况下（但并不总是）比较受大家欢迎[41]。

物质主义者比其他人更在意自己是否被平等对待。物质主义者能够很快察觉到别人所得和自己所得是否存在差异[42]。正如贝尔克所说，嫉妒是物质主义者所患的综合征的表现之一。但是他们嫉妒的对象并不是他们的邻居、朋友或者类似他们的人，而是八竿子打不着的人，比如电视上出现的人物就会引起他们的嫉妒。

物质主义是如何习得的？

我们可以用三个相关的理论来解释“物质主义是如何习得并被进一步强化的”这一问题，即社会化、随因强化的市场经验和进化论。这三个理论是互相关联的：社会化的重要性取决于市场教会了人们什么，这又反过来会受到人类的本性的制约，而谈到人类的本性就不得不提进化论。

社会化假设。与非物质主义者的父母相比，物质主义者的父母往往对孩子疏于照顾，不够热情和民主，而且更具控制力[43]。这表明物质主义是在一个不幸的专制环境中发展起来的。这也就难怪那些强调物质主义价值观的人的孩子更可能成长为一个物质主义者[44]。电视上无时无刻不在向我们演示如何用金钱购买商品，这就是人生的缩影；尽管我们成功地让我们的孩子规避了色情环境，但还是不小心将他们暴露在一个赤裸裸的物质诱惑世界之中[45]。

尽管物质主义与个体的收入水平无关，但是来自贫苦家庭的年轻人却更可能会把获取财富当作主要的人生价值[46]。在贫穷的环境中成长与在优渥的环境中成长是截然不同的。英格尔哈特的一项研究非常生动地展示了社会财富的变化。多年来，日本的民意调查都会向民众问道：“有些人认为应当把‘钱是最重要的’这一观念灌输给学龄初期的孩子，对此你是否同意呢？”从1953年到1978年的调查中，支持者的比例从65%降到了45%。大概有6%的人每年都会改变主意，但当日本已经变成一个相对富裕的国家时，支持者和反对者的比例之差从1953年的18个百分点上升到了1978年的44个百分点。这种变化主要是由于研究对象的改变[47]。

对童年经历的强调弱化了人们自身的经验之于物质主义的影响，人们常常会把其反应归因于早期养成的习惯和特性。当然，这其中肯定有不对的地方。在市场之中，人们逐渐习得了每天工作的目的和生活本身的状态就是挣钱，并会进一步把这些经验教给自己的孩子。

市场中的随因奖励。市场中的随因奖励体系是鼓励物质主义的最好的老师，可谓是一个完美的斯金纳箱[48]。但是人们能够从收入的强化中学到什么呢？关于绩效工资与收容所及学校中的代币经济的证据表明，那些领取工资的人非常清楚学习任何东西都是为了物质上的奖励；他们习得了为挣钱而工作，工作所得的收入就是其工作价值的体现。人们是否会习得物质主义的特性并不确定。比如说，在代币经济中，当涉及工作纪律和责任时，没有人会表露出真实的性情。很少一部分会被内化。事实上，当一些机构变得更加理性化和秩序化时，人们的性格结构也不会产生多大变化[49]。

但是在真实的市场环境中还会发生一些其他的事情。物质主义奖励被道德化后成了员工道德标准体系及行为操守的一部分。根据行为规劝理论，员工会不自觉地为自己所做的事情寻找原因。据此，员工常常暗示自己：我必须喜欢钱，因为我就是为它而工作的[50]。在我看来，人们的确在市场中习得了物质主义价值观，却不应当将之归因于市场过程本身。

这种学习和强化的过程可能是有效的，但是非物质主义者也会有此经历。人们需要区分学习和强化这两点。鉴于上面提到的社会化过程可能是一种答案，我们或许可以认为来自第一份工作的经历会将个人导向另一种价值观。例如：尽管个人的价值取向引导人们找到了第一份工作（为了金钱而工作，为了情谊而工作，又或者为了公共福利而工作），但在此之后，发挥作用的却是这份工作本身的价值取向。在以挣钱为目标的工作中习得的经验会强化目标物质主义，但是在良好的社会关系既是方法又是目标的工作中习得的经验强化的却是非物质主义的动机[51]。尽管“我即我所为”这一观点并不总是正确，但是它的确也在某种程度上发挥着作用。

在众多影响物质主义的社会变迁中，女性和青少年工作地位的提升及宗教作用的提升最为重要。如果为钱工作鼓励了“钱就是生活的目标”这一想法，那么当女性加入劳动力大军时，物质主义肯定会有所增长[52]。高中毕业就参加工作的人也为这种增势作出了“贡献”[53]。类似的，宗教能够给人们提供多样化的目标和价值取向。因此，欧洲信仰宗教的人数的减少可以说是为物质主义的增势铺平了道路[54]。不过，在美国，这种情况并没有发生。

获取的进化传承及对占有物的热爱[55]

我曾在第三章中提到，如果一个人的个人品质中有40%受到的是遗传基因的影响，那么即使不研究遗传对于物质主义的影响，也要研究一下其对获得的影响。进化论的一种研究方法就是观察小朋友的行为。丽塔·菲比在查阅了人类关系区域档案[56]后得出了以下结论：大部分的研究表明，占有和获得的欲望是天生的，社会必须灌输给个体一些不一样的东西。但是丽塔对此持怀疑态度，她认为："这些研究证据都太过笼统，对于实实在在的结论来说太过站不住脚。"[57]另一方面，一些普遍的经验会使得"哪些是我的"及"哪些不是我的"这一区分成为一种普遍的文化规范[58]。

欧内斯特·比格列豪尔在对动物获取性行为的研究中发现，除了为筑巢囤积物料及储存食物外，动物社会中并没有类似人类社会中存在的获取现象[59]。同样的，相关的动物实验表明，动物也会为了"报酬"而工作，但是当"报酬"减少时，它们反而会更加努力地"工作"，因此这并不是一种报酬驱动性行为[60]。此外，劳伦斯·贝克关于领土占有之根源的相关研究破除了关于人类获取和占有的进化论解释。他发现，对领土的占有并不是一种个人行为，它必须通过结盟才能生效[61]。

除了社会化理论和随因强化理论之外，还有一个关于人性的理论，这一理论认为：孩子们在成长的过程中会生发出对一些东西的渴望，但并不是金钱和物质。英格尔哈特在此借用的是马斯洛的需要层次理论，尽管这一观点在后续研究中并没有派上多大用场[62]。我从致力于说明"人们在天性使然情况下会是什么样子"的人类发展理论中没有得到任何启示，又或者恰恰相反[63]。即是说，尽管我们并没有发现能够证明我们论点的进化论证据，但是物质主义可能是人类某种生而就有的取向。

物质主义从原始社会发展到传统社会，之后逐渐没落

尽管遵循随因强化这一市场规律的人数的增加似乎暗示着物质主义在后工业化社会中的兴盛，但是来自跨文化研究的证据表明，物质主义（获取和占有）呈现的是一种曲线发展模式。人类学家报告称，与欧洲、亚洲和北美的一些发达社会相比，一些欠发达社会中的人们相对没有那么物质化。理查德·恩瓦尔德（1932）认为，原始经济的特征就是人们丝毫没有通过生产和交换获取利益的欲望。布罗尼斯拉夫·马林诺夫斯基（1922）说道，尽管在更加发达的社会中，获取是工作的动力，但是在欠发达的社会中却不是。卡尔·波兰尼谈道，如果这些所谓的经济动机都是人类本能的话，那么我们就不得不去重新审视一下此前社会的各种不发达阶段了[64]。

在人类社会的早期阶段，人们交换的目的并不是获取利益，但是他们的占有欲难道会因此而比较弱吗？或许是由于那时候的大多数财富都是公有的。艾利克斯·英克尔斯和大卫·史密斯发现，与城市里的工人相比，乡村里的农民和畜牧业从业者更可能将自己的所有物看作幸福的来源[65]。但是他们很容易受到物质主义的蛊惑。杜布指出，在非洲，人们在通往城市化的道路上学到的第一件事就是对占有物质的渴望[66]。

在众多关于主观幸福感的跨国研究中，迪纳等人发现物质主义在贫穷国家比在富裕国家更为兴盛，他们说道："我们的发现并不赞成'富有国家的人们更加物质化'这一说法……这些发现证实了一个关于后工业化社会的假说，即人们的注意力已经渐渐从获取物质商品转移到了自我发展及其他的追求上面。"[67]

在发达国家中，物质主义的变动应当与财富的水平还是应当与一个国家富裕时间的长短挂钩呢？第四章中给出的相关证据——将"变得富有"列为人生中最重要的目标的比例，英国最低，日本最高，美国介于两者之间——表明一个国家富裕时间的长短多少和物质主义有些关系。如果根据英格尔哈特关于年龄组和社会化对物质主义价值观的影响的理论，那么我们很容易得出：财富

是受世代经验影响的。

越过财富和收入的水平就是所谓的边际。在发达经济国家生活的原住民（例如新西兰的毛利人、美国的原住民）要比占国家人口多数的非原住民更加物质化，但这并不是因为他们相对比较贫穷。人们一旦被边缘化，就很容易变得物质化[68]，这是由于在地位和归属的另一侧，追求经济上的成功是唯一可行的目标。

那么哪种社会形态是最物质化和最不物质化的呢？我认为原始社会是最不物质化的，其次是我们现在生活的后工业化社会[69]，然后是农业或传统社会（滕尼斯所说的礼俗社会）；最物质化的应该是工业社会，（正如孟德斯鸠所说）生活在其中的人们认为自己可以改变财富的水平。这让我想起约翰·梅纳德·凯恩斯的一个观点，即“当我们足够富有的时候，我们才会承认对金钱的热爱就是为了占有（区别于为了追求生活乐趣），由于这种信念往往会让人感到反感，持这种信念的人也会被认为是三观不正”[70]。

现代社会中的后物质主义和目标物质主义

根据英格尔哈特的说法，曾经有段时期，人们认为后物质主义几乎要胜过了政策物质主义。但是之后的调查却得出了如下三种结论：（1）政策物质主义更可能是教育水平提升的产物，而非社会化的产物[71]；（2）在20世纪80年代后期和20世纪90年代的经济大萧条之后，后物质主义在欧洲开始没落[72]，但这种没落并没有在美国发生；（3）研究发现，政策物质主义与目标物质主义成反比关系[73]。

当然，物质主义的变化只是价值观和意识形态变化中的一部分。我们或许应当把政策物质主义和目标物质主义的变化看作价值观变化过程的一部分。埃莉诺·斯卡伯勒这样说道：“宗教崇拜的淡化，左右物质主义的社会基础的削弱，女权主义的出现，以及环保主义和后现代主义的发展都在某种程度上反映了价值观的变化……欠发达国家也会发生这种变化，只是时间上要稍晚一些。”[74]

如果上述说法对政策物质主义的变化比较适用，那么也应当适用于目标物质主义的变化[75]。而我们看到，在宗教多元化的美国，新近兴起的各种意识形态并没有对物质主义的价值观产生实质性的影响，这可能是由于市场的观念和实践对美国人有很强的强化作用。20世纪70年代早期及20世纪80年代，在11个西方发达国家中，美国是物质主义最不明显的国家，在政策物质主义国家中排在比较靠后的位置，在后物质主义国家中排在前一半的位置[76]。当物质主义价值观的总体态度与对物质主义目标的偏好态度相冲突时，一些矛盾又再次浮出水面[77]。

欧洲和美国发展趋势的冲突、人们对金钱和物质主义的矛盾心态、政策物质主义和幸福感之间的弱相关关系，这些都导致了政策物质主义和目标物质主义在美国发展的不确定性。

美国的物质主义是兴盛还是没落?

再重申一遍我的假设：任何价值或商品的供给到一定程度都逃不开边际效用递减这一规律，这预示着当社会变得越来越富有时，物质主义对幸福感的贡献就会越来越小。如果人们更理性些，物质主义就会消减不少。有两则论据可以支持这一论点，一则是关于美国大学新生的个人目标和价值观的调查，另一则是一项针对政策物质主义所进行的全国选举研究。关于学生价值观的变化的解释是通过对两种价值观的对比实现的：一种是将追求财富作为人生目标的价值观，一种是将发展有意义的生活哲学作为人生目标的价值观（图8.1）。在图8.1中，我们可以看到：从1966年到1978年，物质主义价值观在下降而发展有意义的生活哲学在上升；之后趋势出现了反转，从1979年到1987年，物质主义价值观在上升而发展有意义的生活哲学在下降；1987年之后的7年间，二者基本不再变化[78]。需要指出的是，在这段时期，美国大学新生的物质主义价值观却从未下降过。

政策物质主义和后物质主义在1972年到1992年间都出现了上升，且后物质主义的上升幅度要大于政策物质主义，甚至在1988年之后超过了后者（见图

8.2）。但是由于分析所使用的数据的离散性比较大，因此这种上升趋势可能只是一种假象。再仔细观察一下，我们会发现：政策物质主义在20世纪70年代出现了急速下降，并且在1988年到1992年间基本保持稳定。在图8.1和图8.2中，从1972年到20世纪80年代的这段时期都是物质主义的上升时期，从20世纪80年代中期到20世纪90年代早期的这段时期都是物质主义的平稳时期。那么是否出现了天花板效应呢？

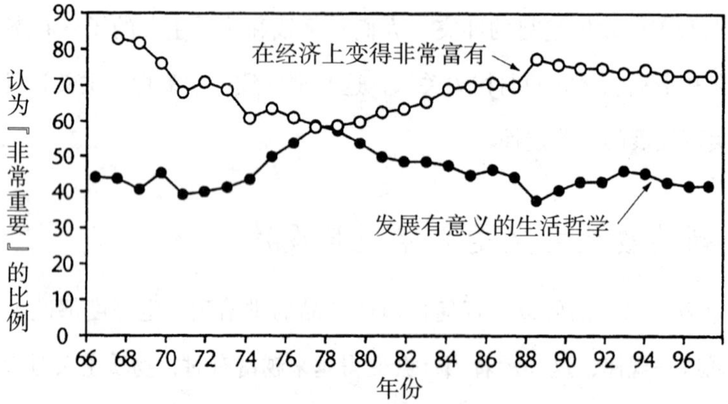

图8.1　美国大学新生的目标物质主义

来源：一项针对每年入学的20多万大学新生进行的年度调查，发表在《美国大学新生》上（洛杉矶：高等教育研究机构，加利福尼亚大学洛杉矶分校）。图8.1由大卫·麦尔斯绘制并授权转载。

在对欧洲后物质主义的变化模式进行研究后，斯卡伯勒发现：物质主义者的比例在降至75%—80%时就不再下降了。斯卡伯勒认为，这种变化模式中存在一个天花板效应：在比例低于20%时，后物质主义一直在上升；而在比例高于20%—25%时，继续上升就比较困难了[79]。这种模式与我所揭示的模式——物质的饱和会使得其他非物质性的商品更具吸引力——恰巧相反。如果饱和效应和天花板效应都在发挥作用，那么不幸就发生了：物质主义者并不能从其努力的成果（金钱）中得到满足感，并且由于一些原因，他们也无法从其他（能够带来满足感的）事物中得到满足感。

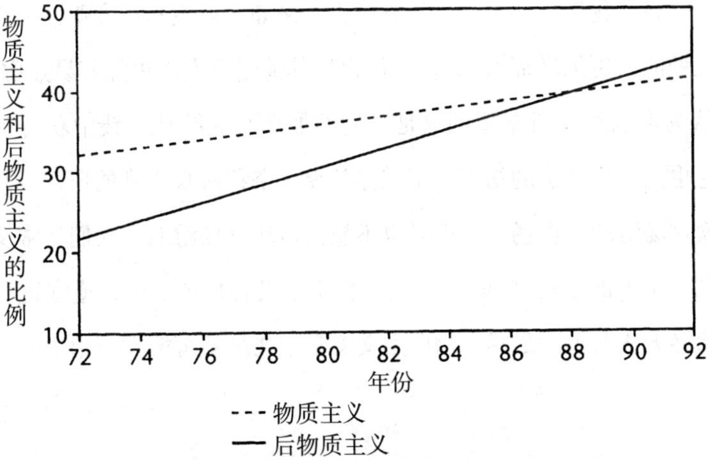

图8.2 政策物质主义与后物质主义

问题：“在一国之中，我们的愿望不是总能实现的。如果你必须在如下选项中作出选择，那么你会首选哪一个？哪一个又会是你的次要选择？1.维持国家秩序（物质主义）；2.在重要的政治决策上赋予人民更多的话语权（后物质主义）；3.反对物价上涨（物质主义）；4.维护言论自由（后物质主义）。

来源：国家选举研究。

关于美国年轻人和日本年轻人的价值观变化的比较进一步支持了天花板效应的存在。一项关于日本人的目标物质主义（将金钱作为人生导向）的研究表明日本人的物质主义在逐渐下降，且持有物质主义价值观的年轻人的比例要比老年人的比例低很多。而在1970到1987年间，持物质主义价值观的美国大学新生的比例却在逐渐上升。但是日本仍然比英国和美国更加物质化。这似乎存在一种天花板效应：物质主义下降到一定程度后反而会趋于稳定。这是为什么呢？

其中一个原因就是此前提到过的女性和青少年参加工作的比例的增加（工作环境中的随因强化和金钱价值观会增强他们的物质主义）。也就是说，越来越多的女性和年轻人因为国家变得越来越富有而获得了工作的机会。或者说，能够让非物质主义者感到幸福的职业（老师？社工？民政服务？研究与发展？表演艺术？）的供给是有限的[80]。对于非物质主义者来说，好马难遇好鞍，而且“替代物”也并不会好到哪里去，例如：店主和小商贩并不比其他从事类似工种的人更加幸福[81]，管理人员也比其他专业人士更加容易焦虑[82]。

我认为市场经济所希望的只是人们参加那些能够从金钱中获得满足感的工作，这也是市场经济的初衷。正如弗兰克·奈特所观察到的那样，其实人们并不喜欢这场游戏（市场），而且也不想被迫玩这场游戏。人们非常反感以成败来评判一个人的市场规则[83]。所以说物质主义者是现实的，遵守这场游戏规则，却始终无法获得满足感。物质主义者常常在最不可能发现幸福的地方寻找幸福。

物质主义和情谊

我们已经从工业社会发展到后工业社会，那我们的价值观也该从金钱转移到情谊上来，这样才能获得更大的效用或者幸福。这一想法与一些关于变化的指标不谋而合。例如，后物质主义者希望“受别人尊重，与朋友融洽相处”，但是他们也更倾向于“走出家庭，参与到更广泛的社交活动中去”。然而，更在意“婚姻、家庭、孩子”的却是政策物质主义者[84]。在我来看，后物质主义者是多变的，20世纪90年代欧洲新左派信徒的减少与美国新左派信徒的不增不减可能是20世纪60年代出现的意识形态淡化的“后遗症”。后物质主义者甚至无法代表欧洲的意识形态发展趋势。20世纪80年代，在接受调查的欧洲人中，有三分之二的人表示“不想太看重金钱”，十分之九的人表示“希望更注重家庭生活”，而这当中肯定包括了很多后物质主义者[85]。

物质主义综合征的一个表现就是排挤情谊，这是由对物质追求的强调造成的。事实上，物质主义者的确想要“与别人建立良好的关系”，只是并没有把这一目标放在首位而已[86]。重新确定首要目标并不是说要引入一个新的目标，而是将不受重视的目标排到前面，从而替代之前那个效用极低的目标而成为首要目标。

物质主义者似乎陷入了一个不幸的循环：（1）物质主义并不会给人们带来生活满足感或幸福感；（2）不幸和抑郁会让人们离群索居，疏远他人；（3）情谊缺失会让物质主义者感到不幸福。我们是否应当同情这些自作自受的物质主义者呢？当然，他们所取得的成就可以在某种程度上给他们带来安慰，但是这其中所付出的代价却是无形的。

物质主义的政治经济

物质主义者是经济人，他们具备在市场经济中行事的所有素质。要是这些人兼具理性（而理性本身与幸福是一种负相关关系[87]），那么市场就能够最大化他们的幸福。不妨思考下这一悖论，即市场理性驱动着物质主义者去追求财富，但更多的财富（超过贫穷水平）却无法带来更多的幸福。此外，那些选择成为物质主义者的人对生活的满意度也比较低。在经济学家看来，物质主义者或经济人身上所具备的满满的都是成功人士的品质，但是事实上，他们从一开始就已经输了。

第九章
幸福是否是市场的外部产品？

从广义上讲，经济活动中衡量成功的标准是人类所体验到的幸福。能够对个体产生影响的除了物质，还包括个体与他人之间的关系的品质。

——兰德尔·巴特利特[1]

市场会造就幸福的社会吗？如果说物质主义者与幸福无缘，那么这是否是由于市场本身存在着不利于幸福的缺憾呢？本章和下一章将会对这一问题进行探讨：本章主要针对的是收入和劳动力市场存在的普遍问题，下一章主要针对的是消费者市场；这两章都会谈到友谊和收入的权衡问题。我希望尽可能地避开“富裕中的贫困”、剥削、贪婪等一些带有批判性的论述。这些观点可能都是对的，但在此我想从别的方面来探讨我们的中心议题。

这章的中心议题主要包括以下两部分：首先，作为幸福的来源之一，金钱正在逐渐丧失其使人幸福的能力。这一点大家应该都很熟悉，所以在此只会简单提一下。其次，幸福和不幸的主要来源似乎并不存在于市场之内，因此无法受到市场的重视。在关于劳动力市场方面，我会提出一系列问题，比如收入水平和收入保障的关系，工作中的愉悦感的提升，家庭和睦，社会融合，职场社交，等等。在这些方面，市场对“效用最大化”起到的作用通常是反向的。

金钱和幸福

在战后一段时期：（1）尽管美国的人均收入水平提高了，但同时人们的幸福感也出现了下降（且其他发达国家的抑郁症发病率也上升了）。（2）尽管经济增长并不是一种令人愉悦的体验，但是对于发展中国家的人们来说，收入的增长足以弥补这种痛苦[2]。（3）在美国，自1957年起，收入增长所能带来的快乐产出就一直在下降，以致在贫困线之上，较高的收入水平对于幸福感的提高几乎没有什么影响。（4）从结果来看，收入在购买幸福上的效用是边际递减的，具体表现为这种效用在贫穷国家比较大，在富裕的欧洲国家比较小，在美国甚至更小。日本也出现了和美国类似的状况（尽管日本的人均收入在战后增长了5倍，但是其国民的幸福感却几乎没有任何变化[3]）。（5）我们还看到，在富裕的国家，特别是在美国，情谊的快乐产出一直都比其他商品大。（6）现代市场化进程的致命弱点就是对孩子的价值的贬低。与此形成鲜明对比的是，那些仍旧保有家庭主义的国家和地区似乎能够抵抗那些经济发达国家所无力应对的抑郁症的侵袭[4]。富裕的国家通过强调生产力而变得富裕，生活在其中的公民也比生活在其他贫穷国家的公民更加幸福，但同时那些将追求财富作为主要人生目标的人却并不比其他人更加幸福。有的人会说，为了后代的幸福而牺牲自己现在的幸福是一种慷慨的行为。但是有三种情况需要考虑：

第一，只有少部分人会从他们的成就中获得满足。正如顺彼得所说，他们并不太在意钱，而是想要打造并统治一个自己的“专属王国”[5]。从某种意义上讲，他们并不是真正的物质主义者。对于普通人来说，金钱所能带来的快乐产出取决于物质成功在其心中的地位[6]。

第二，没有任何证据可以表明20世纪40年代的人们辛勤工作所换来的经济增长提升了下一代人的幸福感。事实上，下一代人的幸福感反倒在20世纪60年代和20世纪70年代出现了急剧下降。孩子们并不知道自己生活在一个孩子价值不受重视的时代（见第三章），但是在成长的过程中，他们会慢慢体验到这种痛苦。

第三，对比富裕国家和贫穷国家，有的人可能会觉得为经济增长而付出的努力和牺牲是值得的，即使由经济增长带来的人均国内生产总值的提高对人们的幸福感几乎没有影响[7]。在贫穷的社会里，收入增长的乐趣似乎抵消了增长的压力。比较一下富裕国家中财富的差异，有人可能会质疑我们为经济增长所付出的代价是否值得。

关于第二个中心议题（不幸的主要来源不在市场之内），我将在本章重点探讨下劳动力市场。然而，我们也应当知道不幸在消费者市场的价值观中也有很多来源。对此，我们很难说是由于市场本身还是市场的意识形态造成的。

有两个基本问题：（1）考虑到早在我们变得不幸和抑郁之前，繁荣兴旺的市场制就已然存在，我们是否可以将不幸和抑郁的蔓延归咎于市场制的推行呢？这一问题的答案是我要探讨的重点，即金钱的边际效用递减现象给稳定的市场注入了一个变量。（2）考虑到物质主义的危险性和农业社会对物质主义的推崇这一事实，我们又能够在多大程度上将不幸的增长归咎于市场的发展呢？其中一个答案可能是：农业社会的家庭经济在给人们带来财富的同时并不会对社会关系构成破坏[8]。除此之外还可能存在其他答案，接下来我将会进一步探讨。

幸福的来源是劳动力市场的外部产品

在马克思看来，工作的境遇是幸福和不幸的主要来源，而杜尔凯姆则认为需求的不断扩大使得人们几乎不可能获得满足感。这两种观点都是正确的，而且都对本章和下一章的相关论点给出了支持。但在此，我将循着马克思的脚步，重点讨论一下工作和劳动力市场。首先，我要谈的是消费者市场和劳动力市场之间的差异是如何对幸福产生影响的。消费者市场的反馈是直接且迅速的，消费者能够对其幸福的来源有更强的掌控力。尽管他们想要的商品可能并不能带给他们幸福，但是在有限的预算范围内，他们总能得到自己想要的东西。而在劳动力市场，员工只有很少的选择，因为他们的技能是不能互换的。他们总是面临买主垄断，但消费者却很少遇到这种状况。退出作为一种重获掌控权的手段，其代价对于员工来讲是十分巨大的，远远超过了消费者退出的代价。员工的很多选择都是在雇主的严格控制下作出的。此外，劳动力市场所能提供的选择常常是两难的，比如说在工作保障和薪资水平之间作出选择[9]。

轻视精神收入和工作愉悦还有一个深层的原因：市场将工作看作一种成本投入，而消费则被看作一种获得利润的方式。让员工更快乐和让工作更令人愉悦是一种利润预支，而让商品更受人欢迎，让消费更加愉悦却是利润的来源[10]。一个基本的论断就是人们工作是为了挣钱，挣钱又是为了消费。工作是不产生效用的，由于消费抵消了收入的效用。但是即使在市场经济下，这种说法通常也是错误的[11]。有关工作的内在乐趣的研究表明，工作本身是有效用的，工作本身以及对工作的“应对自如感”常常是快乐产出的一种来源。对工作的“应对自如感”是非常重要的，原因可参见第四章中安德鲁斯和威西在研究报告中对“效能感”的论述。最后，公司之间的竞争对于员工来说是非常不利的。当这种竞争受到市场的约束时，公司就会肆意地变更员工的利益，比如内部培训，工作保障和其他福利待遇等。（而经济学理论则认为，当公司之间的竞争受到市场的约束时，管理层就会倾向于和员工分享公司利润。）

有两个原因可以说明愉悦和工作保障是市场的外部产品：第一，员工的满意度对生产效率几乎不产生任何影响（见下文）；第二，尽管亚当·斯密认为工资能够抵消工作中的一些不良体验，比如危险和肮脏，但事实上这一设想却鲜有奏效，它们是确实的外部产品[12]。

下面我将对这些不被认可的市场的痛苦和快乐进行详细分析。

工作时间越长，压力越大？

在《过度操劳的美国人》一书中，朱丽叶·肖尔明确表示，由于工作过度操劳，美国人常常会感到压力很大。她认为尽管在1940年以前的100多年间，工作时间一直在减少，但是从那以后（稍早于抑郁症发病率开始上升和幸福感开始下降的时期），工作的时间却又普遍开始增加了[13]。人们的压力源于“时间压榨”，而不是源于工作中的事项和责任。我并不怀疑美国人和其他发达国家的人们压力过大，我怀疑的是他们的压力是否真的如朱丽叶·肖尔所说——源于超时工作和过度操劳。

谈到工作超时，肖尔对一些官方数据和各种研究进行了取舍，却仍未能说明在最近几十年间人们的工作时间是大有增加的。这个问题是技术性的（肖尔可能是对的），但是请注意以下两组数据：来自美国劳工局的统计数据表明，在1960—1988年的28年间，人们的平均工作时长几乎没有变化（从每周38.3小时到每周39.1小时）；据联邦储备委员会的官员透露，在1995年的2月到3月间，人们平均一周的工作时长减少了24分钟，降至34.5小时[14]。此外，对比不同国家在1993年的工作时长差异，我们发现美国是40小时，介于英国的43.6小时和法国的39小时中间。（稍后我将会提到时间压榨给家庭和孩子带来的间接伤害。）

我同样质疑工作压力的性质和意义。在对工作之于性格和态度的影响进行了长达10年的纵向研究后，科恩和斯哥勒报告称，从长期来看，工作更长的时间会让人感到踏实。当然我们也不能据此就认为工作压力在心理导入方面是一致的。由于所有的工作压力都可能被认为是“有压力的”，这些发现对“压力带来的影响必定是有害的”[15]这一观点提出了质疑。此外，时间压榨与幸福的关系是双向的。如果人们“总是感觉很忙”或者“从来都不感到很忙”，那么在业余时间他们也不会体验到很强的幸福感和满足感（图9.1）[16]。请注意，在1976年间，报告称“从来都不感到很忙”的人至少是“总是感觉很忙”的人的两倍。

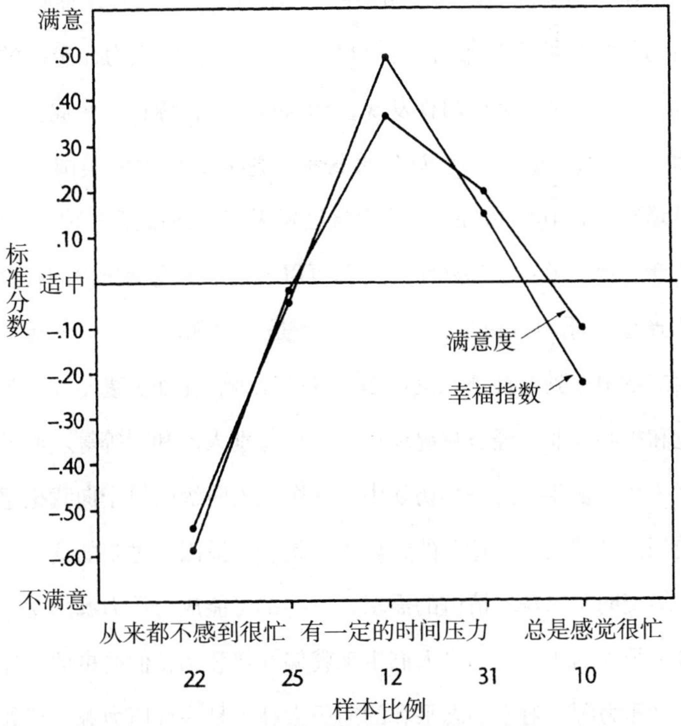

图9.1 主观时间压力指数（以业余时间的幸福指数和满意度来表示）

来源：Angus Campbell, Philip E. Converse, and Willard L. Rodgers. 1976. *The Quality of American life:Perception, Evaluations, and Satisfaction*. New York: Russell Sage, 357.

尽管肖尔的研究表明员工的赔偿要求在20世纪80年代早期涨了3倍[17]，但是考虑到每10万人中“因工伤亡”的比例从1960年的21人下降到了1988年的9人，因此赔偿要求的增加更可能是由于工作的某些方面无法得到保障，或者是由于人们的健康意识的增长。此外，还有很多更重要的理由可以谴责市场[18]。

压力与不幸

在第三章中我们曾提到过，应激反应会“使心率加速并调取脂肪中存储的能量，还会抑制免疫系统、痛觉、消化、生长、发炎、性冲动和性行为”。

处于压力之下的人们更容易生病、抑郁、焦虑、没有自信和感到不满足[19]。压力是对生活质量不满的最好的预测指标[20]。压力是否一直在增加呢？ 在英国，超过80%的医疗从业人员报告称：自1979年以来，因压力而患病的患者有了显著增加[21]。在美国，民意调查发现，59%的人报告称自己每周会有一次或两次体验到“巨大的压力”[22]。肖尔报告称，感到有压力的美国人的比例出现了“显著增加”，其中30%的人认为自己每天都处在重压之下[23]。对此，路易斯·哈里斯也曾谈道：“1986年的美国可以说是一个充满压力的社会。”[24]

压力产生的原因有很多，且有些并不是很明朗。这其中包括了一些类似我们在第二章中提到的抑郁症发病率上升的原因，比如夫妻不和、孩子麻烦缠身、失业和担心失业、经济状况堪忧、长期与别人不和，等等。此外，媒体的过度侵扰（在许多年前的一个访谈中，一个工人阶级的男士向我抱怨说自己每天都会受到大量“无聊信息”的轰炸）也是一个原因。过多的选择、自我实现的需求、结交朋友以获取情谊的需求，这些都可能成为压力源。女人的双重角色也会带来很大的压力。如果人们生来就偏好熟悉和相似的事情，那么大同主义也是一种压力源。对于心态平和的期望太高也是一种压力源。正如弗里德曼（和米尔）所说，在幸福之中，兴奋有余而平静不足[25]。

问题的关键并不是说我们应当把这些压力源归咎于市场，而是说这些压力源是市场之外的，市场无法提供解决的对策，或者说这些对策只能使事态更加恶化。这些问题并不会随着经济的增长而逐渐消失。相反，当经济增长进入到后期阶段，这些问题可能会愈发严重。

失业

由于失业率和通货膨胀与不幸和抑郁的增势并没有太大关系，因此我们很难把不幸感的上升归咎于这些经济弊病。此外，根据适应模式理论，生活在一个失业率较高的社会并不会让就业者更加不幸[26]。事实上，有证据表明，与失业率较低的领域相比，在失业率较高的领域工作的人们对工作的满意度反而会比较高[27]。然而，失业是极度痛苦的。正如阿盖尔指出的那样，失业者罹患抑郁症的比例在不断增加，并且症状会越来越严重……酗酒的程度也会越来越严重。失业者酗酒的比例是上班族的两倍。有自杀倾向的人是普通人的8倍，特别是在失业的最初几个月里。根据相关研究，我们似乎可以认为是失业引起了心理疾病，而不是心理疾病引起了失业[28]。一项来自德国的研究发现：长时间的失业和再次失业会使人罹患抑郁，失去希望，并引发经济问题；而工作或者正常退休则会减少人们罹患抑郁症的可能性，并且会缓解经济问题[29]。失业会严重影响人们的身体健康。有研究表明，失业的事实或可能性会令血压和血清胆固醇升高，增加血液中儿茶酚胺的浓度和降低去甲肾上腺素的浓度，提高压力发生的频率及罹患身心疾病的可能性。除此之外，这些破坏性的影响还会波及失业者的配偶和孩子[30]。

最后，一项来自澳大利亚的研究表明：失业者找工作的动力越强，其罹患抑郁症的可能性就越大[31]。或许有人会想要用新教伦理来解释这一现象，但是对于那些找工作动力很强的人来说，他们往往会把自己当前所处的困境归咎于社会体制而非自己。至少在美国，新教伦理与经济成功并没有多大关系[32]。

如果对经济成本（操纵生产可能性边界下的经济）和市场成本（引用自动平衡来维持或者恢复平衡）进行一下区分，有人可能会说是失业导致了高额的经济成本。保罗·萨缪尔森和威廉姆·诺德豪斯曾经写道：“在高失业率时期的损失是现代经济记录中最严重的浪费。这些损失是垄断或由关税及配额引起的浪费造成的无谓损失的许多倍。”[33]但是失业是否既是经济成本又是市场成本呢？当然不是，市场并不承诺零失业率，而且这一现象也是中央银行的经理人所不愿促成的（以免加速通货膨胀）[34]。因此，失业是市场的外部产品。

我没有找到任何资料可以证明通货膨胀会对抑郁症、生活不满意或是不幸福产生任何影响。因此，尽管有研究发现失业与情绪和生活压力存在很强的相关，但是通货膨胀与任何一项都不存在相关[35]。来自跨国研究的数据表明，幸福感和通货膨胀率之间不存在任何相关[36]。尽管如此，人们的确对通货膨胀心存恐惧，并且深信其会降低自己的生活水平[37]。

我的结论是：失业的确会在一定程度上促成不幸感的蔓延，但这种影响很小；抛开公众的恐惧不提，通货膨胀并不会直接对人们的不幸和抑郁产生影响。通过增加失业率来控制通货膨胀，我们显然是在给自己增加烦恼。

经济保障

虽然我们可以用经济谬论来处理收入水平问题，但是它并不适用于处理收入保障，特别是工作保障问题，而这却是与每个人的幸福都息息相关的。金钱可以买到商品、服务和保障这一事实模糊了许多关于人们对金钱的渴望的解释[38]。不过还好有两项研究可以帮助我们澄清这一问题。第一项是安德鲁斯和威西于20世纪70年代早期在全国开展的一项关于人们对生活各个领域的满意度的调查，结果显示：49%的人对自己的收入感到“比较满意”，而只有26%的人对“自己和家人的安全感”感到“比较满意”[39]。第二项是1993年的一项民意调查。在这项调查中，人们会被问道：“金钱对于不同的人有不同的意义，对于如下列出的每一项关于金钱的意义，请告诉我它对你来说是非常重要，有些重要还是不重要。”将各项列为“非常重要”的比例如表9.1所示。

表9.1 认为金钱对于人的某方面的意义“非常重要”的比例

安全感	78%
可以帮助孩子	63%
舒适感	62%
自由	58%
愉悦	45%

来源：Roper Starch World Inc. May 15–22 1993, reported in *American Enterprise*, Nov./Dec. 1994, 98.

人们眼中那些对自己十分重要的东西常常并不是总体幸福感的可靠指标。幸运的是，一项关于生活质量的研究能够帮助我们解决这一问题。亚历克斯·迈克洛斯在1983年于密歇根地区开展的一项研究中发现：在全部12个生活领域中，对经济保障的满意度是对整体的生活满意度影响最大的一项。对此，迈克洛斯提出了如下观点，即人们主要是通过观察某些方面的差距建立起自己的幸福标准的。这些差距主要包括三种：一个人所拥有的和他所想要的之间的差距，一个人所拥有的和别人所拥有的之间的差距，一个人所拥有的和他曾经拥有的之间的差距。他认为这三种差距可以解释经济保障满意度54%的变异。其中，解释力度最大的是第一个差距，即“一个人所拥有的和他所想要的之间的差距”[40]。和较高的收入相比，人们更想要较高的保障，且前者比后者对幸福感的影响更大。

几乎没有任何怀疑，在经济保障因“新政”（New Deal）和“伟大社会”（Great Society）的提出和践行而大幅提升之后，美国大众的不安全感也在过去的几年当中出现了大幅提升（这不禁让我们联想到抑郁症发病率的上升和幸福感的下降）。媒体也没有忽略日益增长的经济不安全感，详见本章参考文献41中从《纽约时报》中摘录的采访和调查[41]。

那么市场在解决这种不安全感中扮演的是什么角色呢？ 谁会从中受益呢？价格上涨会让消费者感到不安，而管理者和股东们却会从这种不安中获益。不安全感是美国经济成功的负面产品。经济上的安全感较低的员工对收入增长的需求相对也比较低[42]。员工的不安全感对利润的增长是有好处的。对此，考虑到市场之中的掌权者是从这种不安全感中获益的，或许我们不应把这种不安全感看作一种纯粹的市场外部产品。

工作满意度和休闲满意度

工作满意度是市场的外部产品。当我们对工作的各个面向之于幸福感的影响进行一番检视后，这一点的重要性就会自然而然地显现出来。首先，我们应当知道的是，大多数人都是喜欢他们的工作的，而且工作满意度在很大程度上能够预测一个人对生活整体的满意度，反之亦然[43]。但是此时我想要关注的是工作满意度的改变。1972年至1994年间，人们对工作的满意度下降了5%（见图2.3）。这一下降并不是首次：1979年的一项文献综述指出，从1959年到1979年的20年间，人们对工作的内在品质的满意度出现了下降，但是在此期间并无任何来自工作方面的客观变化。言外之意就是：发生变化的并非工作本身，而是人们自己的标准[44]。

1991年的一项盖洛普民意测验从一个不同的角度揭示了工作满意度下滑的状况（表9.2），这一权衡有一个很有意思的推论：根据一般的经济学理论，如果一个人非常看重工作，那么考虑到休闲的机会成本，他也应当非常看重休闲[45]。但事实并非如此，至少更重视休闲往往是和不重视工作相关的。

当监督力度较弱，不需要重复一些毫无技巧的工作且工作具有一定的挑战性时，个体往往会有很高的工作满意度[46]。总的来说，弗雷德里克·赫茨伯格的观点是正确的，即工作的内在特性（没有被市场明码标价）对个体的工作满意度（喜欢自己所做的工作，与同事意气相投，有所作为的感受）的贡献最大[47]。

怀此于心，我们对几个导致工作满意度下降的可能原因——工作本身的性质、公平感、工作中的情谊和关于“工作本身是有趣的”这一信念的改变——进行了考察。其中两项明显可以被排除掉：工作性质本身的改变和没有被公平对待的感受。

表9.2　1955年和1991年“更重视工作”和“更重视休闲”的比例变化*

	1955年	1991年
工作时光	38%	18%
休闲时光	49%	68%
没有想法	13%	14%

问题：“你更享受工作时光还是休闲时光？”

*我们不能把工作中体验到的快乐和休闲中体验到的快乐之间出现差异的原因归为休闲满意度的相对提高，因为来自综合社会调查的相关数据表明休闲满意度从1973年到1994年几乎没有任何变化。

来源：*The Gallup Monthly*, September 1991, 2.

工作性质的改变。有关工作需求改变的主要理论是由哈里·布雷弗曼提出的去技能化理论[48]。然而，尽管在装配线被引入后，去技能化的确持续了一段时间，但是战后的趋势仍在于提高工作本身的挑战性[49]。

公平性。与工作满意度的其他形式相比，目前并没有证据能够表明个体感到收入不公[50]或者感到因为性别而被区别对待（这一点并不适用于一般的性别歧视感受）[51]。

有关市场公平性的另一点在于：收入不平等在过去20年的增长态势本可能掀起一场狂潮，却并没有。这是为什么呢？因为一个人的待遇公平性是通过比较自己和相似群体（相关的参照组）的待遇得出的，而不是通过和更富或更穷的群体进行比较得出的。因此，收入的全国分配在很大程度上被掩盖了。这种群组内的比较模式也是马克思预言阶级矛盾会失败的原因之一。事实上，正如韦尔巴和奥伦所说的那样（见第四章），除了电影明星和体育明星们的高工资之外，许多社会经济团体的领袖人物，包括工会、农业团体及文化协会在内，都证实了非常接近按职业分类的实际收入分配情况[52]。

情谊。对于那些找工作的人来说，收入是最重要的考量[53]。但是对于在职人士来说，工作中的情谊却是最重要的[54]。不幸的是，至少在战后一段时期，人们从工作情谊中得到的快乐越来越少[55]，这又进一步导致了工作满意度的下降（见图2.3）。

工作本身的乐趣。正如西托夫斯基指出的那样，工作本身的乐趣是幸福的主要来源；喜欢和不喜欢一份工作的差异远比收入不均导致的经济满意度的差异更为重要[56]。如果效用是指生活满意度而不只是偏好排序的满意度，那么工作本身的乐趣就是最大化效用的一种无价方式。它是一个市场外部产品。那么市场是如何回报美国68%的劳动者——在他们看来，自己全身心地投入工作并且常常超额完成任务，工作对自己很重要，自己为此牺牲很多——的呢[57]？

还有市场是如何处理在第八章中提到的过程收益的呢？市场通常并没有补偿那些在做大多数人都不喜欢做的工作的人们，也没有减少一直在做自己喜欢做的工作的人们的收入[58]。随着教育水平的提升，人们对于工作的内在品质的要求也越来越高。而事实上大多数的工作并不具备内在品质，这在某种程度上导致了人们对工作的满意度的下降[59]。

工作生活（work life）与市场对家人和朋友的影响（第二个大议题，我将其看作一种市场的外部产品）二者之间存在某种相关。的确，工作生活的数量和质量会对家庭生活（正如在有关工作和家庭的关系的研究中所发现的那样[60]）和从朋友那里得到的快乐产生很大影响。

市场的外部产品：朋友和家人

按照陀思妥耶夫斯基的观点——市场并不是效用的最重要来源，我们是否可以把快乐看作一种市场的外部产品呢？毕竟对幸福贡献最大的不是商品，而是社会关系，而这些关系中只有很少一部分能够通过市场获得。既然社会是由我们的社会关系所组成的网络，那么我们是否可以把社会也看作一种市场的外部产品呢？这一领域的伟大先行者波兰尼认为：“并不是经济体系内置于社交关系，而是这些关系内置于经济体系。”[61]但在我看来根本不是这样。我们的大部分社交，比如在家里、在酒吧、在咖啡馆、在饭店、在车上、在体育场，甚至在一台电视机前（看电视期间，大约有五分之一的时间人们是在交谈的）的社交，都不会涉及任何交易，也不会提到金钱问题。考虑到市场无法根据社会关系的运作模式回归到均衡状态，因此社会（或者至少是其包含有社会关系的面向）是市场的外部产品。这些关系根本不在市场的考量范围之内。但是，反过来就不是这样了，因为市场行为并不是社交关系的外部产品。

在此，我想重申一下“时间压榨”这一概念，不过并不是出于其对工作压力的影响的考虑，而是出于其对家庭幸福的影响的考虑。工作满意度与婚姻满意度是密切相关的，因为工作失意难免会殃及婚姻，甚至孩子。工作无保障是造成家庭不和的主要原因，一家之主失业绝对会成为一场灾难。（正如我们在第三章中所提到的那样，大萧条时期给孩子带来最恶劣影响的并不是物质匮乏，而是父母自身的压力[62]。）有大约半数的工人阶级成员报告称自己陪家人的时间越来越少，其中那些要外出工作的母亲（无疑是这部分人当中最为辛苦的）则报告称自己的双重角色带给自己“许多”或“极大”的压力[63]。这是双重困境的一重；另一重事关全职家庭主妇，她们的幸福感通常要比那些要工作的母亲的幸福感低很多[64]。如果这一困境允许有第三重，那么这一重则事关儿童：研究发现，无论是否从事工作，女性都报告称自己分配给家庭的时间（在1965年到1975年间）下降了20%以上[65]。这种工作上的失意势必会影响到儿童的幸福。尽管这种失意在关于成人幸福感的研究中无法被捕捉到，但是正如在第二章中曾经提到的那样，它却在关于抑郁症的流行病学研究中被广泛揭示。相关的流行病学研究表明，抑郁症对儿童一代的影响远比对父母一代的影响严重得多[66]。

如果在市场经济中工作会对家庭产生影响，那么失业对儿童的影响甚至更大。一项来自芬兰的研究发现，失业家庭中的儿童和家庭成员会出现各种身心机能紊乱症状，在各种卫生教育促进活动中都不够积极，失业家庭的儿童的住院率也比未失业家庭的儿童的住院率高[67]。

对于雇佣者来说，这些家庭成本是外部产品；但是对于家庭来说，这些却是内部产品。因此，如果把“工作缺乏保障和缺乏乐趣”这一主题与“家庭（和友谊）关系的破裂是抑郁和不幸上升的主要成因”这一假设联系起来，那么我们或许可以认为，劳动力市场将这些成本加在劳动者及其家人身上的倾向是导致人们心情恶劣的主要诱因，不过这并不是因为工作是不产生效用的，而是因为市场掠夺了工人应当给予家庭生活的时间。因此，家庭生活是市场的外部产品。

我曾经提到，市场经济不再能够通过提高收入水平来最大化或是提升效用，并且对于不幸和抑郁的多种来源，市场经济既没有兴趣，也无力应对。下面我要转到劳动力市场会对情谊产生影响的另一个场所，即工作场所。

市场工作的社交性

据说资本主义在分化阶级的同时也将各个阶级团结起来（将资产阶级聚集在垄断性越来越强的公司，而将工人阶级聚集在规模越来越大的工厂）。如此发展的话，这种团结把家庭按照阶级进行划分，在工厂里把管理层打造成了异己力量，并且就像国家一样，借助象征而非借助情谊来团结民众，因此并不能带来幸福。我们可能永远也不会知道阶级团结是如何影响人们的幸福感的，但是我们至少可以探究一下在内部劳动力市场和外部劳动力市场，市场力量是如何影响情谊的。这些力量在以下方面发挥着作用：投资情谊和投资创收活动之间的选择，市场对于人的无差别性，经济上导致的流动性对家庭和邻里关系的影响，以及第六章中讨论过的“冷漠社会”令人心寒的方面。

影响工人和企业之间的所有内部关系的基本原理就是代理人（雇员）和委托人（雇主）之间存在的矛盾。企业通过提高生产力来创造效益，而这些效益首先被分配给企业主和管理者，其次才是雇员。这种关系并不是对等的：工人的状况好转（收入增长）往往是以管理者和企业主的状况恶化为条件的。更令人惊讶的是，当工人对工作的满意度提高时，企业的状况往往不怎么好，这是因为工人的满意度与企业的生产力和收益性之间并不存在相互兼容的关系[68]。

因此，市场对于情谊的鼓励或是打击都与工人的满意度没有太大关系，仅与情谊之于生产力和收益性的影响有关。考察市场是否接纳情谊的一种方式就是去看一看人们充满情谊的行为是否会获得回报。研究发现，“友善”和“尊敬他人”会得到回报，但是“合群”和由“情感联结的需求”所引发的行为却不会得到回报[69]。工人之间的矛盾会阻碍生产力；友谊也不见得能提高生产力，但一些同事情谊可能会有所助益。在工业革命的最初阶段，当第三世界国家的移民逐渐从农业化的生活模式转变为工业化的生活模式时，他们也学会了在对待妇女和学徒时抱有更多的怜悯和同情[70]。在市场化的企业中，被情感联结的天性所驱使的工人走上了一条狭窄的道路。

管理也不会免受市场的制约。一项研究报告称，那些希望自己的商店能够保持一种规模不大却氛围友好的状态的人们常常不太可能采取那些能够促使业务迅速扩张的策略[71]。另一方面，尽管管理者天生就有获得成功的需求，并且比较看重企业的发展（尽管重视规模多过利润），但是对于情感联结的需求通常与对成功的需求是负相关的。多少情谊和哪种情谊会同时受到管理层和工人们的支持，市场对此是很挑剔的。

为何市场不借助同事情谊的力量来激励员工呢？在亚洲集体主义社会中，家庭主义行为损害了用人唯贤的原则，但是在欠发达国家中，这种团结却是促进生产力的一种强大力量。因此，人类学家雷蒙德·弗思发现："对工作的有效激励有赖于个体在社会团体中的成员资格。由于害怕丧失成员资格及这种资格可能带来的收益，因此人们从不敢松懈。"[72]马克思希望从西方工业社会到原始社会都更加自然一些：在西方，委托人和代理人在利益干涉方面存在分歧，工人与管理者是一种对抗关系。正如迈克尔·布若威所述，小群体的团结通常都是一种共谋，其目的是蓄意破坏驱动体系运转所必需的效能[73]。为了提高企业的收益性，无论是管理者的情感需求还是劳动者的情感需求都被限制在市场之外。因此，管理者也走上了一条狭窄的道路。

结论

难道我们真的就无法摆脱享乐跑步机吗？在第三章中，我曾提到尽管穷人能够从收入水平的提高中获得幸福，且受教育水平较高的群体能够躲进充斥着友情和思想的后物质主义世界中，但是处于中间的物质主义者——就如哈姆雷特的父亲的鬼魂注定会在夜里的某个时间出现一样——却始终无法摆脱享乐跑步机。

但是，躲进情谊中是每个人都能做到的，且躲进工作的内在乐趣中也很容易。的确，情谊可能会侵犯隐私（情谊的效用递减），但是这并不是我们在此讨论的重点。来自关于工作的内在乐趣的研究表明，至少在自我指导的情况下，富有内在乐趣的工作的本质特征就是让人即使在“自由时间”也想继续工作。不再只是满足的问题，这种工作会让人上瘾[74]。

尽管市场经济给我们带来了繁荣富足，却未能使效用最大化。如果政府的政策在制定时不那么随意的话，那么我们还是可以对“最大化效用”这一市场的初衷抱有一定的希望（见第十八章）。为此，政府必须放弃金本位，并把人均国民生产总值的增长看作一条实现政府和市场的共同目标——最大化幸福——的参考路径，而非绝对路径。

回想凯恩斯给其孙辈的建议，我们发现他又一次突破了自己学科的限制。他敦促“孙辈们”在谋生的同时活出生命的色彩。他希望我们不要高估经济问题的重要性或者为之牺牲其他更加重要的事情。凯恩斯认为，“人类的永恒问题”是学习如何幸福地生活[75]，或者说是学习如何使幸福最大化。

第十章

消费者天堂中的痛苦与孤独

消费者市场是一个可以让工作的“痛苦”获得回报的地方。当然，人们的确获得了安慰。不管我们怎么看待商品及其推销员、广告商和售货员，我们总能从购物中心、邮购目录，还有街角的杂货铺中获取所需，并从自己所购的商品中获得满足感。总的来说，正是这些丰富的商品和服务将第三世界和前共产主义国家的人们吸引到了市场经济中，各种电视剧和广告让他们的鼻子紧紧地贴在了电视屏幕上。

在本章中，我将主要解决两个问题：购买和消费对幸福和不幸的影响；购买和消费文化对幸福的主要来源——情谊的影响[1]。我们生活的世界是一个消费者的天堂。在这个伊甸园中会有怎样的魔鬼来捣乱呢？商场中的人群是“孤独的人群”（lonely crowd）吗？

消费文化

一段有关消费者行为的论述生动地描绘出瑞普・凡・温克尔从长眠中醒

来后所看到的景象：他得出了一个结论，那就是对于世界上大多数发达国家来说，销售、购买和消费是人们日常生活的核心部分[2]。一位人类学家将此称为“发泄消费”（rage to consume），并将其发生的原因归结为资本主义的“稀缺性逻辑”（logic of scarcity）[3]。埃里希·弗洛姆将现代人称为“消费人”（Homo consumens），并表示“我们人类，唯一的目标就是不停地制造和消费”[4]。

许多研究者都发现，美国人对购物和消费有着神化般的崇拜。消费主义以一种深刻的方式塑造了美国人生活的整体[5]。我们生活在一个历史上最典型的消费型社会中[6]。我们不妨来看下消费文化的3个指标，即购物所耗费的时间和从中获得的快感、广告的轰炸以及支出而非存款在收入中的占比。美国人花费在购物上的时间比其他任何国家的人都要多，并且存款在收入中的占比也较小。女性花在购物上的时间要多于男性（女性为4%，男性为2%）[7]，但是难道男性和女性共享的不是相同的消费文化吗？这算是资产阶级文化吗？也许是吧，但工薪阶层的人会通过电视吸收这种文化，并且在美国，由于工薪阶层迁居到了阶级划分不太明显的郊区，因此他们也会从邻居那里受到消费文化的影响[8]。非裔美国人同样也是消费文化的接收者。有研究表明黑人消费者似乎比白人消费者对广告更有好感。除了因剩余限度（residual limitations）而限制购买的房产，非裔美国人比白人更倾向于购买那些能够显示地位的商品[9]。消费文化在美国十分普遍。并且对于一些人来说，购物是幸福的一个重要来源。

一位研究者曾写道：“美国人平均每周会去一次购物中心，这远比他们去教堂的频率更高……我们的购物中心比中学都多。”这些都是看得见的指标，而我更关注的是人们对购物的态度。一项1987年的调查显示，93%的美国少女将购物视为自己最喜欢的消遣方式[10]。此外，调查显示成熟女性也同样喜欢购物，尽管她们从中得到的快乐会因阶级的不同而有所不同（上层社会的女性喜欢购物场所中精彩的展示和优雅的氛围，而工薪阶层的女性则喜欢购物中讨价还价的过程）。但是对于外出工作的女性来说，购物则是一种不必要的麻烦，其所能带来的愉悦感也越来越少。男性通常对购物没有太大的兴致（他们只喜欢汽车和耐用消费品），购物能够带给他们的乐趣并不多[11]。

商品的低享乐产出

按照我们先前提到过的经济学谬论——在贫困线之上，收入水平的提高并不能提升人们的幸福感——的思路，有人推论说那些能够用金钱买到的东西并不能带来较高的享乐产出。此外，正如我们在第八章中谈到的那样，那些热衷于积累商品和财富的人本身并不幸福。因此，在安德鲁斯和威西关于各个生活领域对生活满意度的贡献的经典研究中，一项关于“你可以买到的商品和服务”的消费指数在30个领域中仅排在第12位（β系数为0.06），甚至排在了政治态度的后面（通常与幸福感的关系不是很大），并且完全被有关娱乐、家庭以及自我的感受所淹没[12]。安德鲁斯和威西的问题与我的初衷并不是很符合，但是他们的研究结果足以表明购物和商品并不是主观幸福感的主要来源。

那么购物的乐趣与其他活动的乐趣相比又如何呢？结果并不理想。在贾斯特有关人们喜欢做的事情的研究中，我们发现在22种活动中，“购置生活必需品”这一项在1975年和1981年都排在了倒数第2位，而“其他购物”则在这两年都排在了第17位，或者说是倒数第5位，略领先于修葺房屋。同时还要注意的是，购物所能带来的愉悦感在这6年间是呈下降趋势的[13]。这一排名也得到了来自其他相关研究的支持[14]。购物所能带来的愉悦感在人们喜欢做的事情中排名的确较低，同时“其他购物”所能带来的愉悦感的下降似乎也证实了“成年人对购物的兴趣在下降”这一相关发现，即成年人对购物的喜爱远低于过去。购物这一让青春少女雀跃万分的事情，为何却难以取悦大多数人呢？

消费文化的愉悦和不快

在此我们所要解决的问题是消费文化是否会让人们更加快乐或者更加不

快。鉴于我们在生活中花费在购物和消费上的时间比例，这个问题也会对我们的幸福感产生影响。由于消费已然成为日常生活不可分割的一部分，因此从消费中获得的满足感也成了整体幸福感的一个重要方面[15]。当然，获得自己想要的食物、衣服、住房以及各种娱乐消遣的确能够带来愉悦感，就像这些东西被剥夺时会带来痛苦一样。不过在本书中，我要讲的并不是“剥夺”的痛苦，而是“获得”的痛苦。

首先我注意到的是，消费者的幸福是人类幸福的一种反映，即幸福感的自上而下理论。艾利斯·伊森曾经在一家购物中心拦下行人，赠给他们一些意外的小礼物，以期让他们的心情好起来。稍后一段时间，这些行人又被问到对自家家电的保养和修理的满意度。结果表明，这些心情愉悦的人会比其他人更可能报告称自己的家电运行十分良好[16]。对所有物的满意度除了有赖于物品本身的质量以外，还取决于物品所有者自己的心情。与其说人们因购物和消费而感到快乐或不快乐，还不如说快乐的人对自己的一切都十分满意。稍后我们将看到生活满意度是如何影响政治满意度的，以及如何以同样的方式影响消费者满意度的。

尽管有很多人感到自己受制于市场，但是也有一些人——那些感到自己能够掌控自己生活的人会感到自己能够掌控自己的购物体验。对于大多数人来说，占有这一行为意味着权力的赋予，尤其是占有金钱，无论人们是否被赋予了内控点。金钱能够转换为各种各样的赋权行为，这种金钱的可替代性是一种独特的优势[17]。对于个人来说，这就是消费者主权的含义，它发生在购买的那一刻。琼·鲁宾逊曾说过：“只要主动权掌握在生产商手中，那么消费者主权就永远无法实现。对于消费品，买家必定是业余者，而卖家则是专家。”[18]但是，就人民主权论而言（见第十三章），正是随因强化的经验和选择的即时性赋予了人们掌控一切的感觉。作为一种积极自由的体验，消费文化——正如弥尔顿·弗里德曼所说——对市场来说是一种有力的推荐[19]。

除了自由和控制的愉悦感，在购物和消费中还有自我表现的愉悦感、给予的愉悦感以及上文提到的所有愉悦感。当“传统的家庭主妇”说“我喜欢亲手制作蛋糕”或“我喜欢去购买日用杂货……（还有）满足孩子们的需求”时[20]，她们是在表达发挥创造力和承担母亲责任的预期快乐。消费文化主权的苦涩无需影响我们对购物和消费的愉悦感的认可。

广告对幸福感的促进作用可能在于：它能够帮助个体创造并管理令人满意的个人形象，比如啤酒饮用者的男子汉形象、香水购买者的女性形象，等等[21]。事实上，越来越多的自我形象自消费世界而非工作世界中诞生，自我形象更多的是以“消费英雄”、电影明星和名流富豪为模板，而非以安德鲁·卡内基、亨利·福特[22]及比尔·盖茨这样的“生产英雄”为模板。事实上，有时这种形象塑造的过程体现的是一种自我的放大[23]。从这个意义上讲，消费者的身份认同可能正是“社会疏离这一存在主义问题的解决方案”[24]。如果它们有助于回答存在主义的问题，那么对幸福感来说就是有益的。

“用消费品来定义自我”的不利面就在于：人们会感到如果没有某种产品，自己的人生就是有缺憾的，甚至就连洗衣产品的广告都会加上一句“最终接触……得到丈夫的爱与认可”[25]。很显然，广告的目的并不是制造满足感，而是制造不满足感，包括对自身的不满。如此看来，广告对身份和上行比较的强调并不会让人们感到快乐；相反，如果广告强调的是下行比较，那么人们则会从中得到快乐[26]。事实上，当广告试图强调某个产品的身份象征时，它常常会隐含有这样的信息：如果没有×产品，你就不够好。这样的信息让人特别难受，尤其是当你根本买不起这款产品的时候[27]。

消费文化还隐含有一个特点，即消费越多就意味着工作时间越长，这是由于消费者要通过兼职和加班等形式来赚取足够多的金钱，以满足消费的需要。朔尔认为，这一特点非常令人不快[28]。尽管为实现某个目标而努力工作这一行为本身并不会导致愉悦感的下降，但是正如在第九章所说的那样，随之而来的压力和焦虑却会对愉悦感产生一定影响。那么这一隐含的特点会不会也意味着有某只“看不见的手”在背后发挥作用呢？伯纳德·曼德维尔这样写道：

"为了制造奢侈品/一百万穷人被雇佣/可恶的傲慢阶层比之更多一百万/嫉妒和虚荣/才是行业的老大。"在二十世纪伊始至二十世纪七八十年代，对奢侈品的广告诉求（与满足需求相比）在不断增加[29]。

有一个普遍的观点可以帮助解释我接下来要讲的巨大痛楚，这一观点认为：尽管有人称市场的功能是满足人类的需求，从而最大化人类的各种满足感，但广告的功能并不是为了最大化人类的各种满足感。广告的作用是让人们对现状感到不满，制造欲望，并且充分利用当前的不满。广告必须利用不满以达到自己的目的。

最后，尽管农民文化中的物质主义（对财物的热衷）要强于消费文化中的物质主义，但是消费文化中的物质主义却在很大程度上导致了幸福感的下降（见第八章）。是否是对消费文化的特点——无节制购物——所产生的后果的不满造就了我们之中的后物质主义者或非物质主义者呢？作为消费者行为研究的发起人之一，乔治·卡通纳认为答案是否定的："对消费品质量的不满……会加剧人们对社会的不满，但并不会对物质主义的价值观产生影响。"[30]

消费文化附带的恶名

从各方面来看，问题并不在于消费文化会让人们感到不快，而是人们对此居然感到十分快乐！自从"修道院将禁欲主义带入了日常生活，并且逐渐掌控了世俗的道德观"[31]，这个世界也发生了很多变化。正如上文所说，如今的美国，购物中心比教堂多，而且也更有人气。消费文化附带的恶名包括很多方面，比如：它滋养了享乐主义和"发泄消费"（马歇尔·萨林斯）；它破坏自身的行业伦理，将之替换成消费者伦理（丹尼尔·贝尔）；它鼓励歧视性对比（凡勃伦）；它导致了对金钱的迷恋（马克思）；因为消费者的幸福被认为具有绝对的相对性，所以它导致了永不满足的不断努力（已作必要修正，霍布斯、马基雅维利）；财富每增加一次，它就会刺激一次欲望，使得欲望不断上涨（杜尔凯姆、兰格）。跟幸福不同，愉悦感并没有哲学上的支持，并且放纵也常常被认为是意志薄弱的表现。在宗教中，暴饮暴食，跟情欲一样，是重罪。“看不见的手”这一理论也有着平行的伦理观：消费是自私自利、自恋及自我中心的表现，同时没有显见的公益性（曼德维尔所说的“个人恶习中的公共美德”除外）。消费会产生债务，这种情况在美国更甚于欧洲，由于欧洲人更倾向于储蓄消费而不是借贷消费。如果说，在大部分社会体系中，储蓄是一种美德的话（20世纪90年代的日本除外），那么消费就是对这一美德的否定，是一种放纵行为。罗伯特·库特纳曾经说过，一切皆可出售[32]，一切事物都有内在价值，包括人与人之间的关系。（“现金关系”这一术语最初由卡莱尔发明，后被马克思和恩格斯用在了家庭关系上。）另外，一个迷恋消费的社会不可能在同一时间培养或产生文化[33]。但是，这对于解释民众对广告的反应来说似乎太过精英化了。

那么人们对电视广播、报纸杂志和广告牌上充斥的各种广告又是如何反应的呢？在电视广告的发展初期，美国的民众似乎并不十分排斥广告，他们将广告视为观看电视节目所必须付出的代价[34]。这是不是因为广告是热门节目的主要资金来源呢？在英国，英国广播公司的节目资金主要来自对购买电视机所征收的税款。此外，1983年，一项汇总了15项研究的报告指出，只有5%的人反对在独立电视台和其他商业频道上播放广告[35]。

在消费文化中进行决策的痛苦

对于一些买家来说，也许“搜索是一项更广泛的信息收集活动的一部分，因为消费者基本上只对某一特定的产品感兴趣”[36]。但是对于其他人来说，尤其是那些还有其他考虑的人来说，作出购买决策的过程是十分痛苦的。这种痛苦主要表现在：

矛盾。我们通常不会在有关理性选择的文献中看到“矛盾”这一概念，但是在有关消费者市场中的决策行为的研究中，一项研究指出“矛盾”是决策中最常遇到的问题之一。根据这项研究，我们会“同时期待和不期待一个结果，并且同时会把这一结果看作令人愉悦的和令人痛苦的，令人喜欢的和令人讨厌的”[37]。这种无法确定的体验，本身就是一种痛苦。更糟糕的是，它体现出我们的分裂自我，我们的多重身份（我们既是节约者，又是挥霍者；既是享乐主义者，又是顾家主义者）。

后悔。虽然决策后失调的情绪消减（使自己相信买到手的东西要比没有买到手的东西好）会慢慢发生，但不可否认的是，在购物和消费中的确会产生后悔的心理，比如：为超出预算的消费而感到内疚，为买了一件不合身的夹克而感到羞愧，为买东西时没有使用折扣而感到后悔，为没有买到某样东西而感到气恼。

认知超载

选择的激增使得我们在选择中所能享受到的乐趣越来越少，也超出了我们处理选择的能力范围[38]。消费者市场已经成为或即将成为一个认知超载的地方。但是，上文提到的对搜索的热爱在一定程度上是与事实——调查显示，只有不到十分之一的消费者会在购买鞋子或其他个人配饰前查看广告，只有一半的消费者会在购买大型家电前查看广告——相悖的。有三分之二的人在购买大家电时没有与伴侣商量。总之，“人们大多懒得去搜寻信息”[39]。或者，当消费者获得相关信息时，他们“并不知道该如何处理或使用这些从广告中获取的事实性不怎么强的信息”[40]。更令人沮丧的是，有报告显示，产品信息的不断增加在提高人们对产品的满意度的同时，也降低了消费者按照最初的设想挑选商品的能力[41]。这是认知超载这一消费者行为问题的外在表现，其中有研究发现，当认知复杂度降到极其简单的水平时，其复杂程度会不断增加，直至超载[42]。为了更好地进行决策，信息优势图应当表现为一种曲线模式，即是说，信息太少或太多都是不利的[43]。

不满意的选择

人们喜欢自己选中的东西，因为这是自己的选择。在这一点上，市场及市场文化具备其固有的优势。这正是上文所提到的“自我掌控”主题以及“我的东西更好”这一主题（正如威廉·詹姆斯所说）。但是人们在市场中的确有更好的机会去测试自己的选择的优劣，这一点在顺彼得看来尤为重要[44]。然而，当购物者在购物时不参考可用的信息，不按照自己的特定需求去选择产品，不为大宗购置提前作规划，相信偶然的评论而非可靠的信息，听信销售人员的片面之词，被品牌而不是产品相关特性所吸引，认为价格可以代表品质[45]，这也就难怪即便他们得到了自己要求的产品，却仍然感到自己的需求没有得到满足。正如卡内曼及其同事在实证研究中所发现的那样，需要和喜欢是满足感的两个不同的方面[46]。

现在或以后

广告是如何影响延迟满足的能力的呢？因为延迟消费而获得的回报之可见性使延迟满足受到了限制。在一项实验中，沃尔特·米舍尔及其同事对分发给孩子的奖励（糖块）的可见性进行了操纵，并对孩子们是否能够延迟自己的需求进行了考察，结果发现：如果孩子们能够看到奖励，那么他们更可能会打破纪律，当场吃掉糖块[47]。让一些诱人的目标变得可见和急切，这不就是广告的作用吗？除了广告之外，购买的冲动本身也会让人感到急切，并会带来不愉快的结果。购买的冲动从享乐角度来看是非常复杂的，可能会激发情感冲突。冲动性购买容易在消费者对后果的后悔减弱时发生。这相当令人不快[48]。另外，暴饮暴食者的一个特殊问题就在于他们更容易受到外部刺激的驱动，只要看到或闻到东西就想吃，而不是被内部刺激所驱动，即吃饱而后自然停止进食。市场的特征之一就是随时随地提供看得见的诱惑，这也使得自我控制成了消费文化的一个特殊问题。

作为这些吸引消费的现象的结果，在美国，存钱的欲望变得越来越小，存钱越来越等同于“剩钱”。一些人常常是在满足自己的各种需求之后，再决定存多少钱[49]。作为人均广告花费最高的国家，美国的存款率却是所有发达经济体中最低的，这简直是一场灾难。在经济层面，我们也许会对自己根本无法承受的花费和享受感到后悔（不过凯恩斯曾将20世纪30年代经济大萧条发生的部分原因归于过度储蓄），但在享乐方面，我们持保留意见。

最佳唤醒

与此相关的一个问题是人们需要或喜欢的唤醒程度。赌徒的唤醒程度常常超出了正常范围[50]，在诱惑（广告最主要的功能）之下更为糟糕。简而言之，人们在中度的唤醒水平下表现最好。例如，儿童在中度的唤醒水平下会表现出最好的行为，在这一水平之上或之下，其行为水平都会有所下降[51]。有效的广告会利用适度唤醒这一法则[52]，但美国广告业的矜持在其他方面也许表现得很急切，例如“我必须使用尚蒂伊夫人洗发水来吸引我的爱人”。由此造成的痛苦是双重的：首先，购买洗发水的人的爱人在头脑中想到的是其他事情，所以并没有像预期那样给出反应；其次，那些买不起洗发水的人则认为他们的爱人会因此而不再爱自己。

自己和他人

道德的负担在于——像考虑自己的事情一样考虑他人的事情，而市场经济则完全没有这种倾向性。亚当・斯密曾说过类似的话：“我们每天所需的食物和饮料不是出自屠夫、酿酒师或面包师的恩惠，而是出自他们利己的考虑。”[53]的确如此，但是对于日常生活中的各种决定，我们仍然不得不面对自我—他人的困境。在这里，我想广告和消费文化通常会让我们更倾向于优先考虑自己而不是他人。在这方面，我们可以认为，广告通过允许我们优先考虑自己来减轻我们的痛苦。它并不是让人泯灭良心，而只是把良心限制在购物者对自己和他人应尽的责任之内[54]。

商品对满足欲望的有限能力

与人类相比，商品本身并不能带给人们尊重，或让人感到有价值，但商品会赋予人们一种支配感。有的产品也许很好吃，很省事，或者能缓解痛苦，但是正如安德鲁斯和威西在研究中指出的那样，这些产品的相关体验在主观幸福感的预测指标中排名很低。

消费文化中的情谊

在这一部分，我想简略地谈一下关于市场意识向人际关系泛化的常见指控，并将其归入我在第九章中提到的跨领域泛化的错误当中。

市场认知和友善关系

市场伤害了人际信任

对于滕尼斯和弗洛姆所说的因市场关系而产生的怀疑，肯尼思·博尔丁认为："如果没有一个完整统一的框架，交流根本无法发展，因为交流……包含了信任和信誉。"[55]尽管关于市场的人文批判将市场看作不信任的来源，但是英克尔斯和戴蒙德在对现代国家和落后国家的人类特征进行比较后发现，经济发展和信任他人的心理倾向之间是一种正相关关系[56]。然而，正如我们在第二章中提到的那样，至少在过去25年间，尽管教育水平在逐渐提升，但是人际信任却在逐渐下降。市场与信任的关系是否也是一种曲线相关呢？即是说，早期的市场化激励了信任，后期的市场化则削减了信任。对此，我深表怀疑。在我看来，人际信任首先是教育和富裕程度上升的一个指标，而随后的下降则更多与电视（见下文）、犯罪活动和都市人口比例的不断扩大有关[57]。

人的商品化

在市场社会中，人们会把他人看作可以被利用和操纵的市场对象。与康德的“绝对律令”（categorical imperative）相悖，市场鼓励人们把他人当作工具来实现自己的目标，教给人们的是仅仅把人当作工具的价值观。马克思、捷尔吉·卢卡奇、弗洛姆和马库塞都相信这个商品化理论。但是，难道官僚体制中把他人当作工具来实现自己的目的的现象就不多吗？官僚体制中的竞争和对下级的利用也许与市场中的情况不相上下。主观上讲，市场对人际关系的工具化并不一定比其他现代体系更严重。

金钱是衡量一切的标准

在市场社会中，金钱让人们痴迷不已，且被认为是万能的。所有事物，包括人本身在内，都被金钱所衡量。“你能赚多少钱”成为衡量个人价值的一个标准，或者说是如何对待他人的一个标准。我认为，这一论断的证据还是很充分的，但“如何对待他人”的主导价值观在各种社会体系之中都很普遍。虽然我们反对根据经济地位来定义个人价值的做法[58]，但将收入的默认价值应用到人们的其他品质（如诚信、富有责任心，甚至包括漂亮的相貌）方面的情况也是真实存在的[59]。在这个市场社会中，大部分人的金钱模式都是独一无二的。但是市场社会至少可以避免归属价值，比如家族世系。

单向度的评估是有其社会基础的：多维层面发生于社区之中，因为社区中的人经常碰面，在多个方面都互相了解；而单向度发生于城市之中，人们对彼此的了解比较肤浅，且只了解某一个方面。这是礼俗社会和法理社会的区别，以及城市和乡村的区别，且远比市场和非市场社会的区别大得多。

帝国主义市场对受到自身价值观引导的角色和活动的侵犯及腐蚀

这种说法是我正在探索的具体问题的一般表达，即是说，我们能否将市场的影响隔绝在家庭和情谊之外？1997年，在新兴的、备受赞誉的、奉行集体主义的亚洲经济体中，这种说法以相反的形式表达出来。这些经济体无法将市场与家庭主义实践（裙带关系和任人唯亲）隔离开来。家庭主义有着自己的主导权。政体也一样，并不是作为规范和控制，而是作为民粹主义的实践（每个目标都要首先就其承诺能够带来的政治支持度进行测试），以及广泛的利益交换而存在[60]。

对一切市场化最有力的反对论据就是库特纳提出的“一切皆可出售”[61]。这一论点是为了反对当时（1997）企图依赖市场力量解决所有社会问题的趋势。库特纳认为，经济效率的标准往往会趋向于贬低相关客户、病患或员工的价值。当生活的各个方面受到市场规则的严格规范时，利润最大化和幸福最大化也逐渐被混淆。

亚当·斯密和大卫·休谟认为，市场通过分离工具性、利己性的关系与同情关系，将人类关系从工具性计算（instrumental calculation）中解放出来。艾伦·西尔弗写道：“如果以上说法确实属实，那么商业社会对于去工具性和去计算性的人际关系更多的是一种促进而非阻碍作用。”[62]但是正如我们在第六章和第九章中所说的那样，与其说市场将个人隔绝在情谊之外，不如说其侵占了陪伴家人和朋友的时间。在亚洲，它同时也败坏了家庭主义的价值观。

这里有两个例子有助于说明市场交易向人际关系泛化，尽管无法解决这一问题。在实验环境下，伦纳德·伯科威茨发现，商人的孩子只有在对自己有利的情况下才会帮助别人，而官僚的孩子为别人提供帮助则是因为他们认为这是正确的事情，或者认为这代表了一种普遍的社会准则[63]。但在对亲密友谊的研究中，罗伯特·海斯发现，对亲密关系的最佳预测指标并不是收益减去成本，而是收益加上成本或损失[64]。有一句谚语与其十分相似：人人都爱自己帮助过的人。与上述商人孩子的市场态度的泛化相反，在海斯的研究中，占主导作用的是友谊的价值观和行为。其他关于跨领域影响的推论也阐明了这一思维方式的能力和局限。

合理性的泛化

在齐美尔看来，市场交易的纯粹理性很容易转移到其他带有不同需求的情境中去，如家庭生活（详见第六章）[65]。我对此表示怀疑。人们会对不同的情境作出不同的反应。当扮演的是消费者角色时，人们会以一种方式行事；当扮演的是其他社会角色时，人们则会以其他方式行事。举例来说，戈勒说美国人在社会情境下通常慷慨大方，但在商业情境下会变得冷静缜密[66]。另一方面，那些被职业训练出服从性的父母也会将服从的美德教给自己的孩子，而那些被职业训练出批判性的父母则会将批判性的思维方式教给自己的孩子[67]。行为的确可以泛化，但会因实际情况的不同而有所不同。

回顾这些论点，我们可以看出学习泛化的范围和限制的重要性（见第七章）。除非我们能够确定思维方式、道德规范、信任度、对他人的工具性利用，以及价值货币化在向社会关系泛化，否则我们没办法判断市场规范的影响和在情谊方面的实践情况。我们无法确定这些泛化所面临的障碍的有效性，但可以确定的是，一种类似军事中的"共同体"的东西可能是隔离市场的最有效的屏障。

此外还有很多其他方法可以评估市场对情谊的影响，比如时间的利用、电视等替代诱惑物的影响，以及购物、消费与情谊的共生。接下来我将会论述购物和消费为情谊服务的可能方式。

购物和消费均会受到社会的影响

我想说的第一点是，购买和消费不仅受市场条件的影响，在很多方面还会受到社会活动的影响：（1）一个人的品位会受到（其所处的社交圈中）他人的品位的影响；（2）购物的回报之一就是获得他人的尊重，即是说，购物者经常会将自己的所有物用作社会交流的工具[68]；（3）商品的供给情况取决于多数人的偏好，制造商不会为了迎合不富裕人群的特殊品位而制造某些特殊的产品，商店也不会愿意进货；（4）受到他人的偏好和需求影响的交通布局会影响商铺的选址和服务；（5）价格是由社会决定的，即由他人的偏好决定；（6）除非人民需要，否则政府不会主动提供基础设施；（7）“依赖市场而非家庭和政府来获取产品”是一种共享意识形态的结果，这种意识形态可以被知识社会学及市场的技术优势所解释。当然，这些影响是相互的。广告不仅会通过影响个体本身，还会通过影响社会环境来发挥作用。广告会对社会共享的观念、群体共识和各种行为的社会意义产生影响。广告对个体的影响并没有对社会环境的影响深远[69]。

消费和消费人群缺乏情谊？

根据排挤效应假说（the crowding-out hypothesis），由于时间和注意力有限，人们必须在“把这些资源投入到情谊当中”和“把这些资源投入到商品当中”进行选择。对于保持健康（包括心理健康）来说，情谊和商品都有一个最低的供给水平，但在超过这一水平之后，个体是可以随意决定对这两种东西的资源分配的。排挤效应假说认为，在（情谊和商品的）最低供给水平之下，现代市场经济中的很多人将过多的时间和注意力分配给了商品，从而削减了投入到情谊中的时间和注意力。

投入到市场工作中的时间越少，可以投入到购物[70]或社会活动中的时间就越多。新空出的时间则有可能被投入到其他地方，而不是用于看电视。为了确定这一点，我们需要获得工作时间、电视观看时间、购物时间和社交时间的相关数据。我只知道有两项研究可以提供这些数据。

第一项研究显示，从1965年到1975年，因工作时间减少而空出的时间几乎都被人们花在了观看电视上（男性35分钟，女性47分钟），而当用于拜访、写信和社会活动的时间增加后，人们也自然而然地减少了花在购物上的时间（男性更甚于女性）[71]。由此可以看出，排挤效应主要是观看电视的时间增加造成的，但是在其他时间里，购物时间减少的同时，社交时间也随之出现了增加。

第二项研究采取了相似的方式，但对活动的分类更加详细，取样时间范围为1975年至1981年。研究表明，尽管男性和女性在观看电视上花费的时间是社交时间的3倍，但社交时间仍然有所增加，且“总体的感觉是，1981—1982年间对闲暇时间的利用比1975—1976年更富有交互性”[72]。（和过去25年间拜访家人及邻居的时间下降相比，1965—1975年及1975—1981年间社交时间的增加更像是一种反常现象。）

在这些论据面前，“发泄消费排挤了社交”这一假说似乎失败了。如果市场要对情谊产生破坏性的影响，那么它必须将工具主义和物质主义的价值观凌驾于社会价值观之上，削弱邻里社区的力量，并持续增加对加班的需求（正如20世纪90年代中期那样）。我认为，作为一种非市场的影响因素，看电视时间的增加是造成花在家庭和社区上的时间减少的主要原因。

电视成为良性互动的新来源？

作为战后时期打发时间的主要活动，看电视可以让家人聚在一起，也可以创造一个社交场合。但同样的，看电视可以成为友好往来的替代品。20世纪50年代，电视业快速发展的同时，离婚率也出现了大幅增长。据此，我们或许可以认为，电视对于家庭幸福并无益处。一项研究报告称，电视与家庭生活的关系十分协调，且已经成为家庭生活的一个核心部分[73]。电视机一般会放在客厅，这就意味着在观看电视的数个小时内，人们是和家人在一起的。在其中20%的时间里，家人之间也会互相交流。另一项研究发现，电视给了家庭成员“可以一起探讨的话题，从多个方面对家庭生活起到了促进作用……此外，电视可以让整个国家的人们参与到重大的政治或历史事件及体育赛事当中，一起讨论每天的新闻，从而拥有了一种共同的体验”[74]。正如宠物一样，电视和电视节目对于多达四分之一的人口来说，也是一种陪伴的形式[75]。据说观众与电视角色建立起的“友谊”能够给他们带来一种陪伴感[76]，但这种关系并没有交互性。同时，与电视角色建立起的“友谊”对于那些朋友较少的人来说尤为重要。

电视有两个比较重要的不利面：人际孤立和对观众态度的商业化。和那些不常看电视的人相比，电视迷待在家里的时间更长。电视既是孤立的原因，也是孤立的结果。购买一台电视机会导致外出社交频率的下降。收看电视的代价就是放弃几乎所有的社交活动，尤其是社交聚会和日常交流[77]。收看电视还与人际信任水平下降，感觉受到迫害，以及感到世界更加危险有关[78]。

此外还有很多微妙的情绪影响。收看电视或许对社交体验是有利的，但是对于广泛的或活跃的社交活动并无益处。根据某项研究显示，与其他影响因素（比如读书）相比，看电视会让人们变得“更加放松，更加愉悦，更加善于交际”，但也会让人“更加昏昏欲睡，更加懦弱，更加消极”[79]。看电视更像是一种麻醉剂，它对活跃的社交活动起到的是阻碍作用，而不是促进作用。

我们对于观看过程的商业化特别感兴趣。美国儿童在读到小学一年级时，他们至少“已经看过30000个广告”[80]。当然，他们会从中学到消费主义的价值观，但同时也会学到一些关于诚信的知识。他们通常很难将广告和新闻区别开来。此外，他们的母亲还会教导他们：如果广告无法相信，那么我们也不应该相信新闻节目[81]。于是，小小孩童早早地成了后现代主义者。

关于孩子沉溺于电视的问题受到了广泛的重视。在1994年，儿童看电视的平均时间为每周21.5小时。与成人一样，儿童看电视过多也会产生孤立和健康问题。因此，有研究发现，“那些朋友很少的儿童要比那些朋友很多的儿童对电视英雄产生认同的可能性高一倍”[82]。当父母强制关掉电视后（在“断视周”发起的全国性活动），儿童的社交活动也随之增多，例如：一个8岁的“红袜队”小粉丝没有选择在电视上收看棒球比赛，而是和他的朋友去了芬威球场观看现场比赛，并且对这次经历赞叹不已；一些年纪更小的儿童则选择了“玩沙盒，在私人车道上画粉笔画，寻找蝾螈，打扮成海盗”这些活动；还有一位8岁的孩子试着“和自己的仓鼠交朋友，同时也玩棒球，去公共图书馆”[83]。儿童的收看习惯，在很大程度上会受到来自父母的影响，他们是天生的模仿者。

正如我们所见，购物和消费也在排挤社交生活，但妨碍社交生活（以致影响了我们的幸福感并降低了交到知心朋友的可能性）的主要因素则是电视。

作为社会体验的购物活动

购物是否变得越来越不像一种社会体验，而是变成了一种更为孤独、更为不合群的行为呢？当年柜台销售员替代收银台的时光已经一去不复返，那时一家小区里的商店就是一个社交中心，商店老板则是所有人的朋友。主要依靠朋友推荐来选择产品的社区风气的下降使得广告变得越来越重要[84]。这种人与人之间的购物关系的变化是否会增加抑郁和不幸之人的孤独感呢？

有些家庭把购物当作一项具备内部奖励意义的家庭体验[85]。在其他情况下，情谊的圈子则得到了扩展。一位“管家人”（心理营销式分类）从她所扮演的“意见领袖”角色中找到了快乐的来源，她说：“在获取品牌信息方面，人们找我比我找他们的次数更多一些。”作为获取最新信息的方式，她说道：“我经常为了特价信息而去购物。”[86]因为购买特价品和比较差价是相当耗时的，所以工薪阶层的购物者往往会更多地从家人、朋友、熟悉的商铺，以及面对面购物那里获取帮助。当然在工薪阶层中，夫妻一起购物也更为常见[87]。

近年来对经济效益的强调影响了商业交易中的人际关系，由于商店越是繁忙，“眼神接触、微笑、感谢、愉悦感和对顾客的关注”就越少[88]。商品的自动化销售让人们失去了昔日在超市和廉价商店中的人际接触，且对孤独之人影响更大，由于他们被剥夺了平时唯一的人际接触[89]。

社区商店的消失、店主和顾客的关系的淡化、夫妻一起购物的现象的增加共同表明，一个缺乏交际的购物环境在逐渐形成。因为购物仍然是一种按照性别划分的活动，即是说，女性负责了绝大部分的日常购物，因此社交活动缺失波及的也主要是她们[90]。总之，购物越来越不像一种社会体验。

作为社会体验的消费活动

本节中的假说是：从集体消费到个人消费的转变导致了社交互动的缺失[91]。在家庭以外，人们会在朋友之间谈论自己的消费体验。伊莱休·卡茨和保罗·拉扎斯菲尔德早期对“意见领袖”的研究发现，女性谈论更多的是购物话题而非政治话题[92]。通过将专业知识变成共享知识，社交网络中的成员实现了象征性的社交[93]。

很多商品都需要社会参与才能带来享乐产出，比如吃饭、打棒球、玩桥牌、打保龄球、参加体育赛事、去剧院和音乐会等。“他人在旁”几乎可以说是人们能够从这些活动中体验到快乐的必备条件。有观点认为消费主要是一种唯我主义体验，这种体验只会受到自身效用的影响。不过这种说法恐怕只会受到经济学家的青睐。毫无疑问，消费行为中的很大一部分愉悦离不开社交[94]。

那么跟以前相比，消费的社交性是多了还是少了呢？我的意见如下：一旦超过某个限度，增长的可支配收入更可能会花费在个人消耗品上，而不是家庭公用消费品上。我们很难从总体数据中看出增长的可支配收入在过去25年间是如何被分配的，但我们能够确定的是，随着收入的增长，饮食（通常是集体消费）及住房支出占收入的比例却在逐渐减小。近年的家庭预算统计中也有一些项目很有暗示性：从1985年至1988年间，饮食和住房方面的家庭支出增加了约2%，个人护理方面的支出则增加了约6%。（近年来花费在个人护理上的时间也有所增加[95]。）同样的，在1988—1989年间，食品、住房、家庭管理和家具方面的支出各增长了不到4%，个人项目中的服饰和服务支出则增长了7.4%[96]。

为了使这一观点更加鲜明，我们不妨思考一下与家庭有关的一些事物，比如说房屋和一些熟悉的房间，它们特别能提高幸福感，尤其是对孩子而言。这些事物通常会很受人重视，其积极意味是消极意味的4倍，正负载也高于其他物品[97]。家庭物品同时也具备引起共鸣的能力，正如彼得·拉斯利特在《我们失去的世界》中所说："当年，所有的生活都是在走向家庭，走向一个充满友爱的和熟悉的面孔，熟悉的和喜欢的事物的圈子。这样的时代已经一去不复返了。这让我们与我们的祖先大不相同。"[98]这是否同时使得我们越来越不幸，越来越抑郁呢？

在探究影响家庭和睦与社区和谐的因素中，我发现了一些可以表明市场本身是社会孤立的内在原因的证据；我曾对"将过多的时间和注意力分配给购物和消费必然会削减投入到情谊中的时间和注意力"这种说法进行过质疑，并认为电视反而更可能具备这种"排挤"效应；我也提出了客观性购物（商品的自动化销售）的增长和个人用品使用的增长在情谊的淡化中只起到了很小的作用。

另一个结论是：我曾经在第五章中指出，虽然所有关于生活质量的研究都表明情谊要比收入更能够提升非贫困人口的幸福感，但是目前并没有充分的证据可以表明人们对情谊有着很强的需求。因此，如果我们采取理查德·马斯格雷夫在测量公共产品的适当水平时所使用的测试方法的话[99]，那么我们很可能会得出情谊缺失的结果。与此相反，人们对商品的需求却极为强烈。在我看来，这再次证明了人们很难知道自己的最佳利益所在，尤其是在消费文化之中（见第十七章）。

第五部分

民主是不幸的来源吗？

第十一章

在民主盛宴中不断涌现的问题

如果市场无法提升幸福感，那么我们很可能会向政府寻求帮助。民主存在的意义正在于“平反冤情”（the redress of grievances）。但在美国，民主制度经常被投以混杂着蔑视和敌意的目光。在向民主寻求帮助的过程中，我们发现了某种政治隐忧的存在（借用美国前总统吉米·卡特的说法）。我们可以从观察家们的各种称呼（如疏离感、犬儒主义和消极主义）中看出人们对民主的失望和厌倦。在本章中，我将对这种消极情绪的定义和范围，成因和症状进行探讨，并就政治消极主义与美国和其他发达国家出现的不幸和抑郁之间的关系进行说明。这些消极症状是否只是批判性评论的历史长河的一段延续，又或者只是对从政者的常规观察（虽然通常比较刻薄）的絮絮低语？再或者说，这些问题其实更为根深蒂固，更为严重？

对政府的不满情绪是否是后现代主义运动——目的是把政府赶下神坛，并以某种能够为人民谋取福利的替代物替代之——的一部分呢？这一运动已经在美国和英国取得了一些进展，同时在其他国家也产生了一定影响[1]。此外，正如其他重大转变一样，这项运动也让人们付出了巨大的代价。我不想把这场纯粹的、坚不可摧的社会运动描述成某种病态现象，但事实上，坚不可摧的运动，从十字军东征到极权主义，常常都带有某种病态。那么这些消极症状的背景又是什么呢？

积极性偏差

由于积极性偏差[2]的存在，市场民主体制中的政治消极主义看起来格外显眼。这种积极性偏差常常表现为：倾向于看到光明的一面，在调查问卷中使用积极的词语多过使用消极的词语[3]，重构关于某件事的记忆（以突出其积极的一面），以及应用玛格丽特·马特林和大卫·斯唐所说的“波丽安娜效应”（Pollyanna Principle）[4]。其产生的原因似乎很充分：由于以消极的方式进行思考需要耗费额外的认知资源，因此大脑的默认设置是以积极的方式进行思考[5]。“在人类的大脑中，负责产生积极体验的区域要比负责产生消极体验的区域大很多”（分别为25%和5%）[6]，积极的想法能让人们更加快乐，更加高效，也更乐于助人[7]。大部分人的设定点（见第三章）似乎是一个正值，因此绝大多数美国人认为自己是幸福的[8]，对自己的生活感到满意[9]。积极性偏差适用于生活中的大部分领域，但并不适用于政治体制。原因何在呢？

政治疏离感和政治消极主义

政治消极主义并不是一个不证自明的概念，它包括了多重含义。

政治消极主义和其他消极主义的多重含义

理查德·布罗迪和保罗·斯尼德曼曾报告称，他们并没有在人们对政府的评估中发现积极性偏差的存在。相反，他们发现人们在回答一些老套的问题时存在着消极性偏差，比如人们会倾向于以一种否定的态度来回答关于华盛顿政府的问题[10]。其他定义则强调的是认知定势，比如说在各种信息加工任务中，人们会更看重负性信息而非正性信息[11]。结果就是经常会产生消极的刻板印象[12]。政治消极主义的定义也会集中在一个政体的运作情况上，比如有些定义会强调政府运作不良，且无法按照人们的期望行事[13]，或者只是简单地强调对政府的猜疑和不信任[14]。正如上文所提到的那样，卡特总统将"隐忧"这一概念传达给了广大民众。从某种程度上讲，政治消极主义会随着当权派的更替而发生变化，但更确切地讲，它反映出的是一般文化模式的缓慢变化。然而，民主的稳定性更多的是与生活满意度而非政治满意度相关[15]。生活满意度会对政治满意度产生积极的影响，而非相反。

因此，对政府长期的、广泛的、普遍的消极态度可以被理解为一种在很大程度上受制于文化（而非政治）的情绪和认知倾向，表现为对政治和政府的批判和贬低。在这一定义下，似乎政府基本上无法防止或减轻政治消极主义。这是更广泛的社会力量的反映。

当前对民主制度不信任的范围

首先，我会提供一组关于人们对政治体制和领导人的信心的数据（见表11.1）。

政治信任的缺乏并不是以党派分歧为标志的。当然，对反对派的信任会少于对其他党派的信任[16]。政治不信任在历史上一直与失业率和通货膨胀率有关[17]，并会因战争的胜利而发生改变，但这种不信任似乎对20世纪80年代末到90年代初的经济繁荣，甚至对1991年的海湾战争的重大胜利具有很强的免疫力（见表11.1）。对行政部门和国会的最高信任出现在曾经的越南战争、城市骚乱和学生抗议运动期间，最低信任则出现在最近这段时间。由此，我们可以得出一个重要的推断：尽管政治消极主义容易受到历史和经济周期的影响，但它并不是一种转瞬即逝的现象，而是后1966年文化（post-1966 culture）的一种持久的特征。很明显的一点是，这种政治消极主义几乎和美国以及大多数发达国家的"抑郁潮"在同一时间兴起。

从1958年到1992年，国家选举研究中心曾就同一个问题开展过数次调查，这一问题是："你有多少时间可以相信华盛顿政府所做的事是正确的？几乎总是，绝大部分时间，只在某些时候，还是从来都没有？"综合来看，我们发现回答"绝大部分时间"的人越来越少，回答"只在某些时候"的人越来越多[18]（见表11.1）。值得一提的是，政治信任的这种下降是与第二章中所说的人际信任的下降平行的。

因为我把这些反应看作一种更为严重的隐忧的产物，因此我并不愿意去注意政治事件对体制信任的影响，但我也注意到，民众对政府的不信任第一次超过信任的时间点正是"水门事件"发生后及理查德·尼克松的信誉受到质疑的那段时期[19]。

对政治不信任的讨论（有时也称嘲讽）让两种主要的观点脱颖而出：其中一些人，如亚瑟·米勒和迪翁，认为这种不信任反映出一种新的政治犬儒主义或政治疏离感[20]；而另外一些人，如杰克·西特林、埃弗雷特·莱德、利普塞特和威廉·施耐德[21]，则认为这些批评只不过是"将一种随性且惯常的消极主义，而不是一种持久的、足以影响人们的信仰和行为的政治疏离感用言语表达出来"[22]。

表11.1 对政治机构的信心*

	1966—1967年	1971—1973年	1973—1974年	1974—1977年	1977—1980年	1980—1984年	1985—1989年	1990—1992年	变化 1971—1973年 1990—1993年
联邦政府	39%	26%	15%	18%	17%	21%	18%	14%	−12%
国会	42%	21%	21%	15%	16%	19%	18%	10%	−11%

*1937年的大萧条时期，44%的民众认为国会的表现很好，已经尽了最大的努力，而到了1990年，这一比例却下降至17%。Burns Roper. 1994. "Democracy in America. How Are We Doing?" *Public Perspective* 5: 3–5 at 4.

来源：1980年之前的数据来源为Seymour M. Lipset and William Schneider. 1983. *The Confidence Gap, Business, Labor, and Government in the Public Mind*. New York: Free Press, 48–49；1980—1992年的数据来源为Humphrey Taylor. 1992. "The American Angst of 1992. "*Public Perspective* 3: 3.

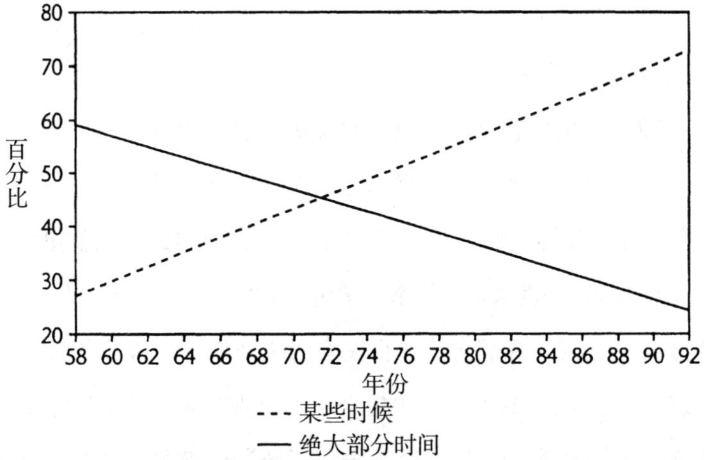

图11.1 1958—1992年美国全国抽样调查中认为政府在“绝大部分时间”或“某些时候”值得信任的比例

问题：“你有多少时间可以相信华盛顿政府所做的事是正确的？几乎总是，绝大部分时间，只在某些时候，还是从来都没有？”

来源：国家选举研究。

实证主义者也许会拿出关于类似的批评和警告的悠长记载来支持自己的看法。因此，不仅佩因和杰斐逊因自己对政府的不信任而希望精简政府，而且美国的一些观察家还发现，公众也对政府有着同样的不信任感，甚至更为严重。在托克维尔看来，美国人“极为鄙视和仇恨那些掌权的人，并设法逃离其掌控”[23]。在一战前夕，詹姆斯·布赖斯发现美国人倾向于认为绝大部分立法都是不好的，所有的议案最好都被否决[24]。1913年，劳伦斯·罗威尔认为“对立法机关的不信任是所有民主政体的典型特征，美国人民对代议制政府的信任正在逐渐丧失”。他认为，这种支持上的缺乏在其他地方比在美国更为明显，因为美国的缔造者“预料到了民众对立法机构的不满，并通过限制政府权力来努力防止这种情况的发生”[25]。1948年，戈勒说道：“几乎无一例外，美国人普遍把自己的政府当作异类，他们并不会对政府产生认同，也不认为自己和政府的举措存在某种关联，同时肆无忌惮地批判和鄙视政府。”[26]因此，在美国大革命时期，在19世纪早期，在一战前夕，在20世纪50年代和20世纪60年代，美国人不信任政府的例证和报道比比皆是。从精英主义的角度来看，美国人的政治批判是与乐观主义和谐共存的。

在接受政治不信任就是政治拒绝的说法之前，我想给出几个附加说明。当美国人被问到“是否赞同民主的合法性”时，有相当多的人表示赞同[27]；在美国人的职业声望排名中，有8个政治职业排到了前10[28]；人们更倾向于以积极的态度而非消极的态度来对待选举人（包括被投反对票的选举人）[29]。这种在政治消极主义中出现的和缓之势使得民众对大政府和高税收的敌意也出现了难得的下降[30]。这类数据也给上文中提到的美国消极主义的含义招来了异议。

有两项考察可能有助于解决这一异议：政治消极主义是否扩展到了其他民主社会之中呢？这种消极主义又是否扩展到了非政治领域之中呢？

在其他民主政体之中是否也存在这种隐忧呢？

就像抑郁症一样，政治消极主义的高涨在其他发达国家之中也十分普遍。（早在抑郁症潮起之前的1913年，罗威尔就发现民众对民主立法机构的“信心丧失是世界性的”[31]。）举例来说，在1993年的七国集团峰会上，所有与会的国家领导人在本国民众之中的信任度都比较低。英国的政治消极主义由来已久。詹姆斯·博斯韦尔在自己所著的《约翰逊传》一书中谈到了1777年的一次会谈，他写道：“可以说（国会的）任何不合理和不公平的问题，都有可能与国会的腐败有关。”约翰逊回应道：“英国国会并不腐败，（因为）在国会面前，很少有所谓的‘重大问题’，很少有问题会直接影响到民众的投票。”[32]与此同时，英国的政治批判也包括了政治消极主义。著名评论家雨果·杨曾用以下用语来形容国会的失败：“它极尽所能地欺骗民众；它让我们的领袖睁着眼说瞎话；它是虚假承诺的起源，尤其是在选举中；它以未来的痛苦为代价换取现在的舒适，并且它是所有政客都有的疾患，而英国政客感染得最为严重。”[33] 1989年，有人曾对英国民众之于20个国家机构的满意度进行过调查，结果显示排名最低的机构都是政治机构[34]。

欧洲的其他国家则有些不同，当然这方面的担心自然也有其长期的缘由。在20世纪70年代，民众对本国民主的运作方式的不满要多过满意，同时欧洲支持反民主运动的民众也比美国多[35]。纵然如此，在经过1959—1981年的增长期后，民众对国会的信任在1981—1990年间一直维持在一个比较稳定的水平上[36]。但当时欧洲的情况要更复杂一些：在11个国家之中，有6个国家的民众对民主制度的信心出现了下滑[37]。与欧洲相比，我们很难说美国的情况只是一种例外，或者说其与欧洲的情况相似，不过我们可以确定的是，其与丹麦的情况要比与法国的情况更为相似。通过这一考察，基于美国人对政府的不信任而提出的观点也开始逐渐淡出。与此同时，与其他一些市场民主制国家所共享的现代性特征开始发挥作用。

不过，正如美国一样，欧洲民众对民主机构和民主制度的反应也是不同的。对于民主制度来说，最大的问题是：一段时期以来（1976—1991），数据显示民众对“民主政治的满意度在不断攀升”[38]，但到了1991年以后，这种满意度出现了明显下滑，不满意度也随之攀升。亚洲的情况也好不到哪里去，例如：在日本，一项国家民意调查（1995）发现，有67%的民众要么对当时的内阁持反对态度，要么就是对政府毫不关心[39]。反对和愤怒等情绪带有很强的鼓动性，而漠不关心则是政治隐忧中比较病态的一面。

对其他机构的消极态度

如果民众的消极态度只是针对政治（如同美国历史上的前民粹主义时期一样），那么我们似乎很难将流行的消极主义和不幸或抑郁这些潜在的情绪联系起来。但事实上，美国人的消极情绪极为普遍（见表11.2）。在1966—1970年间，人们的信任感出现了大幅下降，并且在此之后也在持续下降。因此，民众的消极态度并不只是针对政治，曾经备受信任的电视新闻和大型企业也在逐渐失去民众的信任。

表11.2 报告称“很看好电视和企业领头者”的比例

机构	1966年	1971—1979年	1980—1984年	1985—1989年	1990—1992年	变化 1970—1990年
电视新闻	—	36%	26%	26%	23%	−13%
大型企业	55%	22%	17%	18%	13%	−9%

来源：Humphrey Taylor. 1992. "The American Angst of 1992." *Public Perspective* 3: 3.

这种普遍的不信任还有一个显著的特点：尽管自由派和保守派都把政府和商业两者看作可相互替代的服务提供机构（即是说，如果对其中之一的信心减少，那么对另一方的信心自然就会增加），但是事实上，这两种信心的起伏变化是同时发生的。这一点很重要，原因来自两个方面：（1）人们的信心并不会（如阿尔伯特·赫希曼所说）随着对政权或意识形态的偏好的变化而变化[40]，而是如我之前所说，会随着更大范围内的隐忧的变化而变化[41]；（2）这种变化的结果就是增加了根据“哪个能够更好地解决当务之急”这一标准在二者之间进行选择的难度。

我认为，商业和政治消极主义同时变化的原因在于：人们只知道自己不快乐，但并不知道原因何在。林赛曾说过，民主的好处就在于民众对问题的所在十分清楚（原义为鞋子哪里挤脚，只有穿鞋的人知道）[42]。也许吧，但我怀疑民众只是知道自己脚疼而已。至于这疼痛是来自血液逆流、冻疮，还是缺乏锻炼，对于绝大多数人来说则是个未解之谜。

政治消极主义在过去30年间增长的原因

所有关于人类行为的解释都与以下两者之间的相互作用有关，即促进或约束人类行为的环境和个体本身的素质。那么我们应该如何归纳因果关系呢？在之后的章节中，我会对（据说）助长了消极主义的政治特性进行探讨。现在我将重点谈一下个人的信念，这种信念很可能既是消极主义的成因，又是消极主义的后果或症状。

效能感

政治效能感是指个人认为自己能够对政治事件产生一定的影响，即当他有所行动时，政治体系也会有所反应。这种影响是否能够发生取决于以下两点。第一，个体必须感到自己能够使某些东西生效，这种感觉在选举研究中被称为内在政治效能感（internal political efficacy）。这一概念其实就是心理学家所说的自我归因和自我掌控感的政治学表达，即我是那些能够对我的生活产生影响的活动的起因（见第十三章）。对自我掌控感的信念是能够预测主观幸福感的两大人格指标之一[43]。此外，自我掌控感也是投票率的最佳预测指标之一[44]。第二，对于那些相信自己的政治行为能够生效的人来说，政治体系必须有所响应，即外在政治效能感（external political efficacy）。这种二元性反映出对自身和环境的认知的重要性。效能感的这两个方面都属于对政治行为体的认知。

如果这两种对效能的认知之一出现了下降，那么我们往往会发现有关“政治消极主义在增长”的证据。通常情况下，这两种效能认知会同时下降[45]。

为了考察内在政治效能感在1952—1984年的32年间的变化情况，我们可以就人们对以下问题的回答进行监测，即你是否同意“像我这样的人对于政府的所作所为毫无发言权”。我们看到，在1984年之前，对这一说法持否定态度的人所占比例呈现出和缓的下降（见图11.2）。但是在1984年之后（图11.2中未显示），对这一说法持否定态度的人（效能感）逐渐超过了持肯定态度的人（无效能感），以致到了1990年，社会上几乎全是持否定态度的人。

由于政治效能感与亚瑟·米勒的理论——在越南战争时期的政治代理人无法调和各方的观点[46]——的相关性，在20世纪70年代中期，极端自由派和极端保守派都感到自己的效能感要比对方的少。从此一直持续到（至少是）里根执政的中期，民众对于自己能够对政治产生一定影响的信心在不断下降。

外在政治效能感，即相信政府会对民众的意见作出反应，在这里主要用反对“我认为政府官员不会在乎像我这样的人的想法”这一陈述的比例来衡量。如图2.8所示，在1973—1994年的21年间，反对这一陈述的比例在不断下降，而支持这一陈述的比例却在不断上升。在另一项调查（1964—1992）中，人们会被问道：“你认为政府对人民的关注程度如何？非常关注，有点关注，还是不太关注？”结果发现，从1964年到1992年，回答“非常关注”的比例在不断下降，而回答“不太关注”的比例则出现了比较和缓的上升（见图11.3）[47]。总之，具备内在政治效能感的民众，也同样认为政府更加具有响应性（内在政治效能感和外在政治效能感二者之间是高度相关的，r=0.48）。

考虑到态度对于预测行为的频繁失败，心理学家专门提出了一个公式，以提高这种预测的准确度。在这一公式中，有一项据称可以对“以某种方式实现目标的可能性”进行测算[48]。当某个目标不可及时，备择选项就会出现，即改变人们对这一目标的看法。就我们的中心议题而言，影响政治就是目标。当人们在参与政治的过程中受挫时，备择选项就会出现，即改变人们对参与民主制度的看法。政治消极主义就此产生。

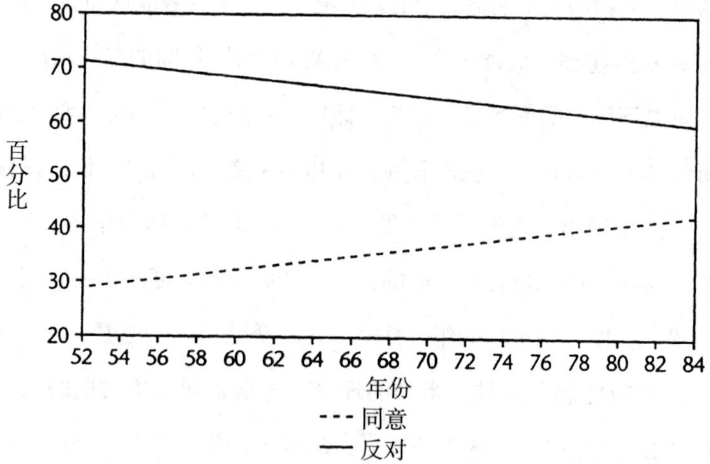

图11.2　1952—1984年认为“像我这样的人对于政府的所作所为毫无发言权”的比例

问题：“你是否同意‘像我这样的人对于政府的所作所为毫无发言权’。”

来源：国家选举研究。

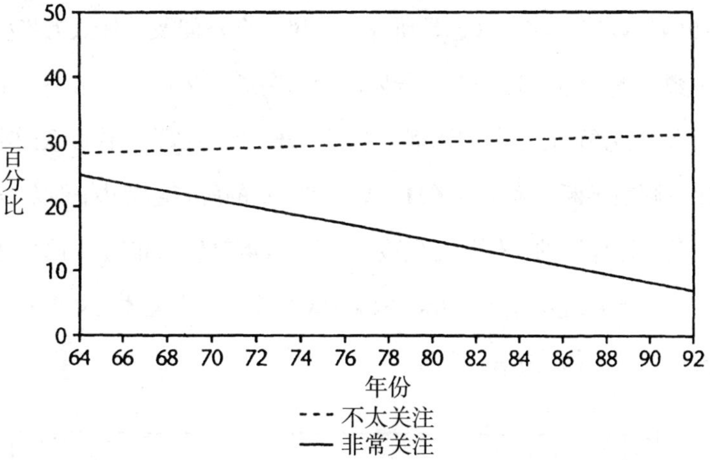

图11.3 1964—1992年认为政府对人民“非常关注”或“不太关注”的比例

问题：“你认为政府对人民的关注程度如何？非常关注，有点关注，还是不太关注？”

来源：国家选举研究。

政府是为了谁的利益而运作的？

政治托管这一概念指的是约束众议员的不应该是公众的意见或要求，而应该是公众的需求。

如果真如证据所示，人们通常并不知道自己的幸福源自哪里（详见第十六章），那么当人们获取的信息再丰富一些，对因果理论有更多的了解时，众议员也许会像受托人一样，为那些暂时将自己的福利甚或是幸福托付给他们的选民服务。有些关于民主的理论学说也支持这种解释，这些观点主要受到埃德蒙·伯克的“对布里斯托尔选民的演讲”的启发（讽刺的是，伯克的情况反映出卢梭关于“立法者”和“共同意志”的概念），近年来一些政治理论学家如弗吉尼亚·赫尔德和凯斯·桑斯坦又对此作了进一步的发展[49]。关于议员的托付理论也值得说道[50]。这一理论认为在任何情况下，政府都应公开在安全、生态和外交政策等方面的举措。是否存在某种潜在的东西，让民众即使在政治效能感低下或感觉政府不关心自己的想法时，也能继续为政府投票且保持对政府的忠诚度呢?

自1964年以来，在国家选举研究中，民众会被问及“你认为华盛顿政府是在为少数人的利益，还是在为全体民众的利益而运作”。结果显示，回答“为少数人的利益而运作”的比例在不断上升，回答“为全体民众的利益而运作”的比例则在不断下降（见图11.4）。在显示的所有趋势中，回答“为全体民众的利益而运作”的比例的变化最大，从1964年的55%以上下降到1992年的20%以下。当越来越多的公众相信华盛顿政府并不是为全体民众谋福利时，任何所谓的托付理论都是站不住脚的[51]。

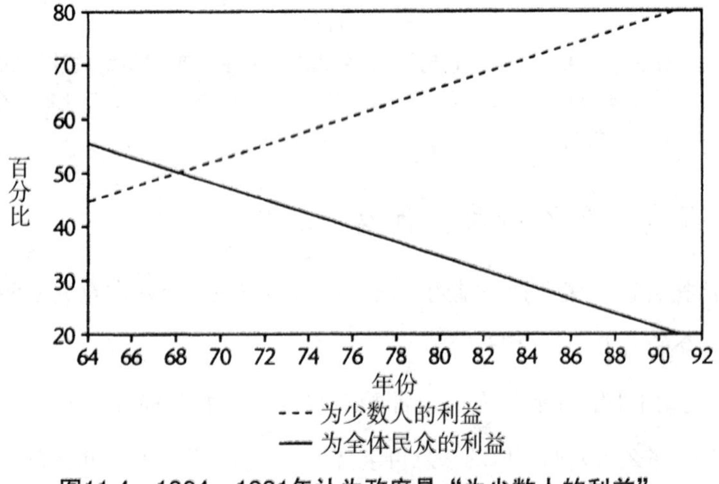

图11.4 1964—1991年认为政府是“为少数人的利益”或者“为全体民众的利益”而运作的比例

问题：“你认为华盛顿政府是在为少数人的利益，还是在为全体民众的利益而运作？”

来源：国家选举研究。

公民责任

如果托付理论不成立，那么“政治参与主要受到道德感和责任感的驱动”这一理论是否成立呢？自1952年起，在国家选举研究中，民众会被问及是否同意“如果一个人并不关心选举结果的话，那他就不应该去投票”这一说法[52]。从1952年到1992年间，回答如图11.5所示。鉴于当今日益盛行的嘲讽之风，让人惊讶的是，支持“无论个人信仰如何，人人都应尽到自己的公民责任和投票义务”这一说法的比例居然在不断上升。“利用公民责任感来动员选民”早已不是什么新鲜事，就连那些认为物质利己主义像主导市场行为那样主导政治行为的人也对此表示认可[53]。其中最特别的是，正是公民责任感才抵挡得住公众认知中的政治消极主义。

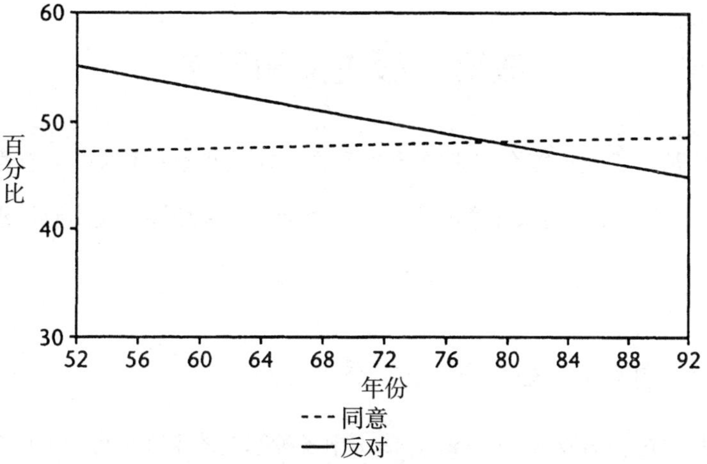

图11.5　1952—1992年认为“如果不关心选举结果的话，那么就不应该去投票”的比例

问题：“你是否认为如果一个人不关心选举结果的话，那么就不应该去投票？”
来源：美国全国选举研究。

对于这些略带讽刺意味的发现，有人或许会认为，促进政治参与的关键并不在于普及“投票和其他形式的政治参与能够改变个人的生活”这一观念，而在于满足公民的责任感，让他们能够为所当为。这一说法跟其他发现共同显示出，公民的投票行为受利己主义的影响并不是很大（例如，在校车服务或平权法案中持有个人或家族股份的人——税收和公职除外——与那些没有股份的人并无两样）。相反，驱使他们参与投票的是其长期以来对党派、种族、国家的忠诚，对自由主义和保守主义的代表的忠诚[54]，以及对自己之于候选人的判断的忠诚[55]。这一关于公民责任的调查还发现了道德诉求的重要性，即弗洛伊德所说的超我的重要性。我们无须借用弗洛伊德的观点——超我是西方社会不幸的主要来源——就可以理解的是，在良知诉求引导下的行为的快乐产出是极其微小的[56]。另外也有研究发现“政治的超道德化”也是政治消极主义[57]和隐忧的来源之一。但这是否就说明政治消极主义是令人反感的呢？这对我在之前章节中讨论过的不幸和抑郁有何促进作用或有何反映呢？

政治消极主义和不幸

政治消极主义可能会损害政治体系的功效发挥（关于这一点有大量的文献支持）[58]，在此我们想知道的是，它是否会伤害到那些表现出政治消极主义的个体？

政治消极主义会令人反感吗？

我想对这一消极组（negative set）中各种态度的定义进行一下区分。批判性（criticality）主要指的是一种认知，即一种批判某种对象的倾向。正如我们此前讨论过的那样，美国最杰出的民主创始人是对这一概念最好的诠释。我所用的“消极主义”（negativity）这一术语，更多的是指一种普遍的倾向，即用批判、反对，甚至是敌对的观点来回应这个世界。消极主义被认为是“重度抑郁”的一种症状表现，在人格研究中则被认为是一种“负性情绪”（见第二章和第三章）[59]。厌恶感（aversiveness）是指一个人因固守某种意见或表达某种态度而遭受的痛苦和伤害。最后，对某种评价或者意见的厌恶程度（aversive weight）则是通过民众对政府的态度和民众的幸福指数之间的相关来衡量的。

跨国研究

从全球范围来看，关于政治消极主义和主观幸福感之间的相关并不是很明显。来自跨国研究的数据表明，政治不信任和幸福感之间并不存在相关，而人际不信任却与幸福感有着密切的联系[60]。但是在欧洲，政治满意度和生活满意度之间却有着很高的相关（r=0.41）。的确，较低的生活满意度与个体对整个社会的消极取向之间是相关的[61]。我认为，对于这种差异的解释有赖于如下事实，即在较为贫穷的国家，政府和意识形态不是传统的独裁主义，就是形式上的民主。在这些发展水平较低的国家中，幸福感（或对生活的满意度）与民众对政府的信任之间的相关并不恒定。

美国的生活质量研究

在讨论美国的生活质量研究中政治消极主义的厌恶权重之前，我想先看一下评估本身。在相关问题的文字描述中（如“你如何看待我国政府的运作模式”），“非常满意”几乎是形容家庭生活和朋友的专用词，而“糟糕”则主要被用来形容政治和政府生活[62]。

那些较低的评价似乎从一开始就与总体测量指标没有多大关系。在安德鲁斯和威西关于总体生活满意度来源的研究中，“对政府的担心”在所有30个考察项中排到了第11位，解释了7%的变异，但当考察项减至12个后，“对政府的担心”排到了第7位，且对总体变异的解释力度也增加至9%[63]。因此，尽管对政府的态度通常并不会对绝大多数人的幸福感产生重大影响，但是政治消极主义的确会在某种程度上影响个体对生活的满意度。

政治疏离感和心理困扰

政治不信任被认为是疏离感（特别是疏离感中的无力感）的一种形式。美国的数据则显示，疏离感和心理困扰之间存在某种显著的相关。一项由米罗斯基和罗斯主持的关于心理困扰成因的实证研究发现，疏离感（无助感、自我疏离、孤立、无意义感和失范感）是心理困扰的主要成因。其中，我分析了两个与政治有关的因素：无助感和无意义感。为将这一讨论与本节主题联系起来，我想说的是，心理困扰是令人反感的。

无力感和无助感。米罗斯基和罗斯说道："对自己生活的掌控感也许是所有能够增加或减轻痛苦的看法中最为重要的……无力感是最为核心的。"[64] 在之前给出的关于抑郁症的解释中，无助感被认为是诊断抑郁症的关键指标。因为我认为与不幸和抑郁相关的因素存在于由个人和家庭经验组成的微观世界中，我必须指出的是，（下跌的）内在政治效能感与自我掌控感之间不无相关（r=0.28）。幸福感的最后一个关联便是幸福感和自我掌控感之间的高度相关。

无意义感。疏离感的另一个方面是无意义感，其定义为"感觉世界莫名其妙，生活毫无目标"。米罗斯基和罗斯认为，由于"一个无法理解的世界通常也意味着一个无法被掌控的世界"[65]，因此"有意义的存在"是十分重要的。在国家选举研究中，民众会被问及是否认为"有时政治和政府太过复杂，以致像我这样的人根本搞不懂到底是怎么回事"。结果显示，从1952年到1992年，约75%的民众同意这一说法，但这一比例却在20世纪50年代出现了大幅下跌，之后在20世纪60年代初又出现了等量上涨。此后在接下来的30年中，这一比例几乎没有什么明显变化。如果政治问题的晦涩难懂以这种方式影响了人们的幸福，那么我们理应发现某些标示不幸的线索。但鉴于政治对于日常生活的边缘性，我并不认为这些发现会提供这类线索。

无意义还有另一层意义：它会导致心理不适，因为"人们通常会希望活得有目标、有意义和有价值"[66]。对于处于稳定的民主制度下的人们来说，政治消极主义是否剥夺了人们的这种意义感呢？也许吧，但只有当民主遭遇挑战或正在被挑战时才会这样。和神权政体、共产主义政体或法西斯主义政体相比，民主政体并没有给其支持者带来更多意义。如果主观幸福感与政治意义有关，那么我们不难看到，在控制了"人均国民生产总值"这一变量后，民主化的程度与幸福感之间并不存在相关[67]。

挑战能够带给人们某种目标、意义和价值，因此我们或许可以认为是挑战赋予了民主政体以某种意义。在这里有一些感知原则：对比提高认知和刺激评价。而适应也有类似的麻痹效果（见第十七章）。但是对象征的迷恋，对恢复公平的期待和社区意识也在其中发挥了一定的作用。比如说，当下流行的各种类型的革命也在一段时间内刺激了人们的幸福感[68]。通过类似革命的手段，政府成了幸福或意义的一种来源。

疏离感。所有物是骄傲（愉悦）和羞耻（痛苦）的来源。但从某种程度上讲，戈勒的观点是对的，即美国人普遍把自己的政府当作异类。在讨论乐观主义时，我将给出相关证据以支持这一观点，由于人民的未来已经与国家的未来严重脱离了。但在此讨论的问题也是一把双刃剑，即是说，尽管对政府的认同缺失会让人感到十分痛苦，但是对政府的情感孤立也许能在一定程度上减轻这一痛苦。

信赖他人

米罗斯基和罗斯根据“相信他人”和“不信任”来定义失范感的做法，不禁让人想起第二章中给出的关于人际信任在大幅下降的相关证据。在跨国研究中，人际信任能够在很大程度上预测幸福感。在控制了“收入”这一变量后，人类对同伴的不信任与幸福感之间呈现出一种负相关关系（r=−0.61）[69]。就美国人而言，对他人的信任是与政治参与息息相关的[70]。因此，我们可以认为是信任感的下降制造了不断下降的主观幸福感与不断增长的政治隐忧之间的关联。其他关于人际信任的研究也给出了类似的证据[71]。

那么，对民主制度的支持是否也有赖于人际信任呢？有一条不太相关的线索是：温和的自由派和保守派比极端的自由派和保守派更信任人民。由于极端主义和高强度常常是联系在一起的，因此我们或许可以认为，在政治事件中，激烈的党派之争是影响政治互信的主要障碍[72]。这在理论上也说得通。正如对普通人的理性的信任是“准许”市场崛起的前提那样[73]，对他人的信任也是允许特许经营超越财产利益进行扩展的前提。事实上，赫希曼对经济事务中激情减少和利益增加的解释也适用于政治领域（由于利益的冲突比激情之间的冲突更好调和）。

因此，我们也在不幸、抑郁、疏离和人际信任缺失的表征与政治消极主义之间看到了某种联系。此外，我们也在个人乐观主义和政治乐观主义之间看到了联系。

乐观主义和悲观主义，希望和绝望

我的关注分为四个方面：（1）是否美国人的乐观主义的基线值本身就很高呢？（2）希望或乐观是否能作为幸福的预测指标？（3）个人乐观主义与政治乐观主义是否存在相关？（4）近年来，个人乐观主义和政治乐观主义是否有所变化？

哈罗德·拉斯基于1948年说道："美国的'心理气候'是一种发现、扩张和乐观主义。"[74]25年后，一项全国抽样调查显示，美国人非常不确定未来是否会比过去更好，也不确定自己的孩子会过得比自己更好。根据1972—1973年的数据，安德鲁斯和威西指出，相对于过去的发展情况，"在过去5年间，美国人并未感到自己的幸福感有明显的提升"。而关于未来，乐观主义可以说是大势所趋（虽然很和缓）。三分之一的人希望不要出现大的变化，40%的人只期望有些许改善[75]。（德国人的情况也一样，在20世纪70年代和20世纪80年代都曾出现过乐观主义的下降[76]。）在战后一段时期，美国人并没有像自己声称的那样珍惜幸福（见第二章），也并未预测到未来会如此乐观。

关于第二个问题，即乐观是否和幸福有关，目前我们得到的证据似乎并不一致：个体的乐观是和幸福相关的，但社会的乐观与幸福并不相关。实验表明，希望是幸福的强有力的预测指标[77]。此外有调查显示，对"当我试图尝试新事物时，我希望能成功"这一问题的积极反应与幸福是一种正相关关系[78]。但在德国的一项调查中，尽管从1978年到1984年间，民众关于未来的生活满意度的信心一直在下降——人们认为未来的生活满意度会比当时的生活满意度减少一半——但是其当前的幸福感却基本保持不变。对于德国的这种现象的解释——对未来的估计掺杂着对全国社会问题的预期，而对当时的生活的评价则是基于当时的个人感受作出的[79]——也顺带回答了第三个问题，即个人乐观主义与政治乐观主义之间的关系。

表11.3　个人和全国的最佳和最糟糕的生活

年份	过去		现在		未来	
	个人	全国	个人	全国	个人	全国
1971年	5.8	6.1	5.6	5.4	7.5	6.2
1972年	5.5	5.6	6.4	5.5	7.6	6.2

来源：William Watts and Lloyd A. Free. 1973. *The State of the Nation*. Washington, D.C.: Universe/Potomac Associates, 23.

在美国，类似的研究也生动地刻画出这种个人感受与国情之间的脱节。例如，在1973年的一项研究中，调查对象被要求给自己和国家的“最佳”和“最糟”境遇打分，用1—10来表示，时间范围为5年前、现在和5年后。得到的结果十分有趣（表11.3）：对当前自我的评价都高于对当前国家的评价；跟过去相比，对当前自我的评价在不断提高，而对当前国家的评价在不断下降；对未来自我的评价也基本上高于对未来国家的评价；最关键的是，对未来自我的评价比对当前自我的评价高出很多，而对未来国家的评价则只比对当前国家的评价高出0.7或0.8。乐观主义作为一种精神状态，主要适用于个人而很难适用于全社会。个人的命运是完全与国家的命运脱离的。

我发现政治消极主义或对政府的信任缺失对个人幸福感的影响并不是很大。我曾经说过，人们的幸福源于由经验组成的微观世界，而不是对政府的尊重。这些数据为“个人世界从政治世界中分离出来”提供了支持性的证据。但是由于大多数人似乎对自己的未来生活抱有不切实际的乐观，因此对世界观的估算会比对个人未来的估算更为精确。这种乐观偏向除了痴心妄想的成分，还包括一定的认知成分：人们以一种夸大的方式来看待那些能够支持自己的希望的因素，却忽略了他人生活中的相同因素[80]。

第四个问题是，在过去的25年里，乐观主义是否有所变化呢？或许我们不应对此有太多的期待，因为乐观主义的生物学因素非常强[81]。另一方面，或许我们可以预测说乐观主义会出现下降，因为跟信任不同，经济乐观主义会随着经济的发展而下降[82]。而这正是最近在美国的调查所揭示的。其中有两项研究能够反映出这种乐观主义的下降。

首先，1975年（经济衰退年），《纽约时报》跟进了威廉姆·瓦特和劳埃德·弗里所作的一项研究（从1959年开始的数据由哈德利·坎特里尔报告）[83]，结果发现：个人乐观主义在短时期内也出现了下降。《纽约时报》报道称："自1959年公共舆论调查开始对乐观主义进行考察起，这是美国人首次认为自己的生活水准出现了大幅下降，并且对未来的信心也出现了明显的下降。"此外，如之前的研究所示，调查对象对自己的未来及对国家的未来的预估之间存在较大的差距[84]。这种悲观主义与调查问卷中关于"你是否同意'大多数人的处境都在不断恶化'这一说法"的回答情况（见图2.7）是一致的。如图2.7所示，回答同意的比例在不断增加[85]。

综上所述，美国人的乐观主义的基线值可能低于很多国家，而且并没有声称的那么高；乐观和幸福通常但并不总是同增同减；个人乐观主义与社会乐观主义并没有联系；在过去25年间，个人乐观主义和社会乐观主义都有所下降。我们或许可以在下降的乐观主义中找到政治消极主义的来源。

政治消极主义和不幸或抑郁的作用群体是否一致？

政治消极主义和不幸或抑郁之间的关系同样可以通过对二者在特定群体中的盛行情况进行粗略的估计。结果表明：相对于男性群体，女性群体更为抑郁，效能感更低（内在政治效能感的得分较低），对政府的信任感较低，乐观值也较低；收入较低和受教育水平较低的群体同样更为抑郁，更不开心，效能感和对人及对政府的信任感也非常低；非裔美国人虽然比白人的抑郁程度更低，但不幸感和焦虑感却比白人更高，他们的效能感和对人的信任感也很低，并且在20世纪80年代，其对政府的信任感同样很低（林登·约翰逊执政期间，他们曾对政府有着很高的信任感）。

抑郁症的频发给年轻人带来了特别的冲击。跟老年人相比，现在的年轻人（不早于1960年）更为抑郁，生活满意度较低，效能感也低于其他人。此外，年轻人的公民责任感和投票率也低于老年人，他们对大多数人的境遇所持的悲观态度也在持续上升。尽管年轻人对政府的信任感并不是很低，但跟其他人一样，多年来，他们对政府的信任感在不断下降[86]。

结论性意见

首先，有证据显示生活满意度是政治满意度的驱力，反过来则不成立。这也支持了我的观点，即人们的幸福感源于由经验组成的微观世界，而不是政治公共领域。此处研究者对政治评估采用的是幸福感的衡量标准，而民主的价值则主要通过其对这一微观世界的影响来进行判定。因此，在所有不同发展水平的政体中，民主的存在（党派和议会正常运作，且没有军事政变）与主观幸福感之间并不存在相关，但与贫困却十分相关。政治理论家和宪法制定者也许会将这一点考虑在内。

其次，政治消极主义的评估标准是什么？假设个人对政府的积极和消极态度是无法调整的，而面临的极点只有两个，即积极和消极，那么当极端积极主义盛行时，是否会出现政府规模过大，以致过度依赖自由或侵犯自由的隐患呢？或者说如果我们希望的是在积极主义和消极主义之间达成某种平衡，那么对于消极主义者和积极主义者之间的这场辩论，我们又需要多少消极主义者呢？

第三，政治消极主义是如何及以何种方式招致人们的反感的呢？答案就在于个人心中关于政治和个人领域之间存在的关系的看法。不妨考虑以下三种关系：（1）政治效能感和自我掌控感是相关的；如果因果顺序是从自我掌控感到政治效能感，那么较低的政治效能感则不会危及幸福感；如果两者是相互反馈的关系，那么幸福感就会被波及；（2）个人的乐观主义与政治乐观主义之间并无关系，因此政治悲观主义不会影响到个人悲观主义；（3）作为一种人格特质，消极情绪同时适用于个人世界和政治世界；此外，政治消极主义不会引起个人消极主义，因为两者的来源是相同的。

美国人的民主在很多方面都很优秀，却似乎无法让其公民变得更加幸福，也无法减轻人们的不幸感。

第十二章

民主进程是否促成了不幸？

民主进程是否应当为不幸的增长和盛行至少负上一部分责任呢？但如果将这种战后的不幸趋势都归咎于民主制度，是否也不太合理了呢？在我看来，民主虽然不是不幸的起因，但它不仅无法缓解不幸，同时还可能作为一种刺激物，不断激化着不幸自其他来源中产生。

这一对美国和其他民主国家不幸状况的分析的主要假设是：民主进程是痛苦的，它非但没能给民主国家的民众带来幸福，反而让他们罹患了一种不幸和消极主义的综合征。请注意，我并不是将民主与其他政府体系相比较，而是一直在检测民主体系中内在的进程。民主理论学家及其参与者（见第十三章）已对这一快乐分类账中的贷方部分有过充分的探讨。

为什么民主这种制度无法带给人们幸福呢？这个问题可分为两方面：民主进程对幸福感的影响和民主结果对幸福感的影响。在本章中我将会重点探讨民主进程对幸福感的影响。如果像劳动力市场一样，成果等于报酬，而过程等于痛苦（市场则不然），那么对于民主来说，这种平行分析就无法做到公平对待了。

我将首先探讨的是，为什么对民主进程的消极态度会超过对民主结果的积极态度。接下来我将会对民主进程充满痛苦的原因进行探讨。如果民主要履行其使命，那么至少在短期内，它必然会伤害到很多人，甚至是绝大多数人。我会针对这些痛苦进行探讨，包括民众对民主的适应，对收益的轻视和对痛苦的重视。民主进程中充斥着各种道德问题。因此，道德和幸福之间的关系也不可避免地纳入了我的议题当中。最后，我将探讨的是痛苦在人类反馈系统中所起的作用。

进程和结果

从理论上说，民众可能会对民主进程感到满意，但可能并不会对民主政府的政策结果感到满意。因此我们不难想到四种可能，即对民主结果的满意和不满，对民主进程的满意和不满（表12.1）。至于“对民主进程的不满”，我指的并不是更倾向于某种形式而非其他形式的民主进程，比如说更倾向于比例代表制而非多数票当选制，或者更倾向于议会制而非总统制。我指的是选举举办方、政客、党派、立法机关是被嘲笑、讽刺和不齿的对象，即便只是抽象地支持民主制度。

几乎没有人既对民主进程感到满意，又对民主结果感到满意（Ⅰ栏），这是由于每个人或多或少都有一些政治偏向，而这些政治偏向又不可能都被满足。因此，对民主进程及民主结果的满意可能意味着对民主的漠不关心[1]。但本章主要关注的是那些对民主进程不满的人，即非民主主义者（Ⅲ栏）和政治消极主义者（Ⅳ栏）。

结果不满和进程不满之间的关系如下：

对民主进程的态度主导着对结果的态度，因为：（1）糟糕的进程很容易解释糟糕的结果，反之亦然；（2）进程通常被归入神圣的道德范畴，而结果通常（并不总是）被认为是政策上的偏好；（3）进程在感知上比较明显，而结果则更为隐晦。正如我在之前章节中提到的那样，“可得性启发法”认为在具体情境中，相对于“苍白的”背景特征，那些生动的、即刻的和个人的特征更占主导地位[2]。认知理论认为，对于绝大多数人来说，感知主导着其他的认知，而具体主导着抽象。因此，我们可以认为是c和d主导着Ⅱ栏和Ⅲ栏中所示的矛盾情感，并且在a和b之间切换要比在c和d之间切换容易得多。

表12.1　对民主进程和民主结果的满意和不满

	对结果满意（a）	对结果不满（b）
对民主的进程满意（c）	自满者（Ⅰ）	政治评论家（Ⅱ）
对民主的进程不满（d）	非民主主义者（Ⅲ）	政治消极主义者（Ⅳ）

消极情绪会主导积极情绪。人们对损失的畏惧要大过对收获的喜爱[3]。比起愉悦，痛苦更容易引起注意，被记住的时间也更长[4]。因此b列应主导a列，d行应主导c行，即是说，非民主主义更容易侵袭自满主义（反之则不然），政治消极主义也更容易影响政治批判主义（反之则不然）。进程对结果的主导和消极对积极的主导将人们推向了政治消极主义。积极偏向被迫让步于更强大的力量。

过程主导结果的现象对于人们来说并不陌生。艾伦·林德和汤姆·泰勒曾探讨过关于程序公平的感受是如何主导关于实体公平的感受的[5]。我发现在一个人被对待的方式与得到的结果之间的冲突中，前者往往会主导后者[6]。托马斯·贾斯特和弗兰克·斯塔福德也曾强调过过程收益在时间分配方面的重要性[7]。此外在关于态度的研究中，对过程的态度往往决定了结果是否值得去争取[8]。我在此探讨的是关于民主进程对幸福的影响，而民主结果对幸福的影响则是另一个议题。

抑郁的一般原因

民主政治的很多面向都意味着痛苦和不幸。实际上，痛苦可能是民主政治体系的固有特征。这种痛苦的第一个原因非常明显：所有痛苦的社会问题其实就是政治问题。

所有痛苦的社会问题都是政治问题

社会问题似乎越来越令人感到痛苦。在1957年的一项抽样调查中，当美国民众被问及关于自己的幸福和不幸的来源时，只有13%的人回答称“社区、国家和全球问题”是其不幸的来源。而到了1976年，这一比例几乎翻了一倍（24%），比“认为不幸是来自经济或职业问题”的比例还要高[9]。

这些问题会令人感到痛苦的原因包括如下五方面。（1）思考这些问题可能会产生内部冲突（包括矛盾和失调）和外部冲突，即争端。（2）无论我们如何解决这些争端，最终总有一方会受到伤害。（3）承认这些问题的存在是痛苦的，因为就像在神正论中，这样做会伤害到珍贵的信仰。（4）内隐或外显的价值冲突是痛苦的，这是由于当个体发现自己的价值观受到挑战或嘲讽时必然会很受伤。这些痛苦以政治的形式表现出来，部分原因是政治包含了美满生活的概念，也是体现公平正义的地方。卡尔·曼海姆和哈罗德·拉斯韦尔都曾发现，政治是目的与价值观发生冲突的场所，因为充满冲突的目的不适用于理性的目的—手段分析[10]。这一领域中非理性的决策很难向当事人或其他人证明其合理性。这些说辞可能来自人们之间达成的默契[11]，但政治冲突则会对这一默契产生挑战。早期的政治学家（比如弗里德里希）认为民主要求“就基本原理达成一致”，其实这种分析是错误的：这种同意并不那么一致，如果要掩饰或隐瞒根本性的分歧，那么就需要能够容忍民主或其他生活方式。当民主辩论扯开了旧伤口时，民主必然会给人带来痛苦。（5）正如认知超载一样，基于同样的原因，政治上的超载也可能会出现。自相矛盾的是，我们对于政治在解决各种问题中的过高期待反而降低了政治的可能性[12]。

从经济问题到所谓的象征性问题的转移（堕胎、学校的祈祷、对福利救济对象的职业道德）使得冲突更加令人沮丧。人们之所以过度关注这些反映其生活方式并能够引发其共鸣的象征性问题，是由于这些象征性问题能够对人们的自我概念给出验证[13]。自我概念远比物质利益更受重视。

为什么政治比市场更令人感到痛苦？

尽管来自市场的收益为民主政府缓解了巨大的压力，但民主的痛苦很多都来自它与市场经济的联系，有时是因为民主不适当地借用了市场思维，有时是因为市场的失败被转载到政治上，有时是因为关于最小政府的内涵的激烈冲突，有时是因为这两大领域中的输赢人数比例不同。

经济学谬论（见第四章）也可以毫无阻碍地延伸到政治领域中去。由于在贫困线之上，收入水平与幸福感之间的相关微乎其微[14]，并且由当前市场行为导致的工作和收入的不稳定性远比收入水平对幸福感的影响更大[15]，因此我们不难理解为什么即使重新分配收入也无法让人们感到幸福。因重新分配收入而迈过贫困线的受益者也许会产生暂时的感恩之情（这正是选举年时最需要的），但时间一长，他们就不如重新分配收入之前那样快乐了。无论如何，感恩戴德其实与投票率毫无关系[16]。前景理论对此的解释是：损失带来的伤害远远大于获得带来的喜悦。

那么对于幸福政治来说，有没有左派和右派之分呢？一方面，幸福感与保守主义不无关系。对于幸福的人来说，右派政治和中间派的吸引力远大于左派政治[17]。另一方面，政治抗议是对个人环境的积极反应。有证据显示，幸福感对政治抗议起到的更多是促进作用[18]。因此我们可以认为，左派和右派都会影响人们的幸福感，但无论哪一派当权，“让人们更加幸福”的说辞或作为都无法为其赢得更多的支持票。

经济学谬论还以其他两种政治方式反映出来。其中之一便是财政政策。

在选举前，经济通常会通过财政政策发生一次通货膨胀。尽管在关于通货膨胀对投票的影响方面仍有争议，但我认为有些人的看法也许是正确的，比如道格拉斯·希布斯，他发现关于财政政策影响投票结果的证据几乎并不存在[19]。上文提到的“得鱼忘筌”行为同样也适用于各种经济支持。这与大卫·西尔斯和卡洛琳·芬克关于“自身利益对选举几乎没有影响”的研究分析也是一致的[20]。

市场失灵。关于痛苦被转载到政治方面的具体事例是从“市场失灵会成为政府责任”这一原理得出的。无论人们多么忠于“小政府”的各种原则，当感觉艰辛时，人们都有可能将过错转嫁给政府。正如罗伯特·达尔指出的那样，完全放任自流的方式是不可能解决经济问题的，民众会将他们在经济上的不满转移到政治领域[21]。布罗迪和斯奈德曼认为，由于美国人倾向于认为自己的问题就该自己解决（自力更生，自我归因），因此并不是说只要民众陷入困境时，个人问题就会变为政治问题。更可能的情况是，只有在当民众认为自己需要政府帮助而政府并没有施以援手的情况下，个人问题才会变为政治问题。于是此后人们开始疏远政治[22]。同样的，在澳大利亚，那些认为政府会提供帮助的人更倾向于挑政治体制的错[23]。

小查尔斯·沃尔夫将市场失灵定义为“总收益低于总成本”的情况，他列出了以下几种情况：无法提高技术以降低成本或完善产品，无法提高组织能力或个人激励以提高生产效率（包括利本施泰因的X效率理论）[24]，无法适应“分配公平”的普遍概念（相较于需求的政治分配原则，其更倾向于支持奖惩的市场原则）[25]，高水平的外部产品造成了企业无法承受的重负，等等[26]。用政治手段来矫正市场失灵，不仅会挑战市场意识形态，还会损害某些人的利益。为解决通货膨胀，目前的学说认为应当提高利率（对浮息按揭贷款的持有人不利）以及失业率！这种权衡会牺牲我们的幸福。无论如何，支持失业以防止通货膨胀在政治上是亏损的，因为通货膨胀对个体的影响并不会影响个体的投票行为[27]。最后，民众对“政府的经济行为”的印象是比较消极的，尽管与对个人的担忧相比，民众对政治经济的担忧对其生活满意度的影响并不大[28]。

不过，即使政治隐忧的一些症状对幸福感的影响并不是很大，但是当它们被表达为不公时，其破坏性也会增加。这也是经济问题延伸到政治领域的契机。很明显，金钱是很多美国人会产生疏离感的原因之一。20世纪80年代，83%的民众感到“富人越来越富，而穷人越来越穷”，由此造成了疏离感的急剧增加[29]。

经济的增长是幸福感的来源之一，而政治和政府的壮大则是不幸的来源之一。绝大部分人认为经济增长会让绝大多数人获益，而公共部门的壮大让很多人感到害怕。因公共部门的壮大而引起的惊恐反映出各种各样的考虑：有时是因为“小政府”支持者的巨大影响；有时是因为市场活动中的个人参与；有时是因为党派之争；偶尔是因为有证据显示国有企业的效率要低于私有企业；有时是因为公共部门的壮大会产生民众不愿即时支付的成本，而延迟支付的话，又会成为下一代人的负担。

政治的扩张与政府的扩张并不相同，还有可能是相反的，这是由于政治本身并不享受其发展进程。无论原因如何，竞选或公共预算的增长都不是一件令人高兴的事情，但国民生产总值的增长还是会让人高兴的。

尽管经济问题本身会趋向于以折衷的方式被解决，以达到帕累托最优，但是象征性、道德性或宗教性的问题却没那么容易被调和。宗教信念指的是那些无据可考或至少无法说服非信仰者的信念，比如关于平等、自由、民主、人性的善与恶，以及超自然现象的信念。正如历史证据（让将信将疑者和非信仰者都表示信服的证据）所显示的那样，计划经济是一种效率较低的经济组织方式。在相对较短的70年里，计划经济已失去了其在经济上的说服力。但历史经验无法证明教皇是上帝的代理，或言论自由是经济繁荣（以新加坡和麦卡锡时代的美国为例）的条件之一，或白人和非裔美国人之间的平等要好过不平等。道德和宗教是出了名的对考证无所畏惧，很多意识形态的问题也是如此。那些无法用实证解决的问题往往会激发出某种情感，而像其他情感一样，这种情感也会有一些生理上的症状。唤醒是基于自主神经系统产生的，同时伴有以下生理症状：出汗，脉搏加速，胃肠道功能紊乱，斗争或逃跑的相应反应。唤醒从对环境的感知或认知编码中产生，并将内部状态告知给大脑。这一过程未必会带来痛苦（有一种状况为最佳唤醒状态），但当最珍视的信仰受到挑战时，这一过程可能会放大由此产生的痛苦。

和市场相比，民主政治产生的输家多于赢家。在两个实力相近的党派竞争中，几乎有一半的投票者会是输家（在多党派竞争中，获得多数票会产生赢家，但输家的比例会更大），但在市场交易中则不会出现这种输赢比。从这种意义上讲，尽管从长期来看，民主会给公民带来利益，但从短期来看，选举政治更像是一种零和博弈。两种体系的不同还体现在对第三方的利益考虑方面。在政治体系中，几乎所有人都是某个党派的追随者，因此在候选人和党派的竞争之中必定会产生输赢，很少有人会是第三方成员。而在消费者市场中，当企业竞争时，几乎所有人都是第三方，竞争往往是一种正和博弈。正和博弈对和谐更为宽容一些（实际上它们促进了帕累托最优），而零和博弈则具有很强的敌对性，它怂恿角逐、竞争、互相对立，多多少少都会包含痛苦的情感。如果你的收获代表了我的损失，那么我很难对你的好运气表示满意。当然，选举中的输家也有令人满意的方面，其中比较重要的就是因参与某种仪式而产生的道德感（见第十一章）。

人们会认为从市场中获得的是自己赚来的，而从政府那里获得的则是自己应得的。基于各种原因，亚里士多德和洛克认为，我们对自己挣得的东西要比对被给予的东西有更深的情感，且但凡含有自己的劳动的东西，我们就会将其看作自己的。我想在此留一个标记，并在随后的章节中结合相关观点——在掌控人们的生活方面，民主并无乐趣可言——进行深入探讨。

由于市场体系将消费者的效用最大化作为其唯一的正当理由（justification），且政治体系拥有其他的正当理由（权益的防守、监督和保

护，等等），因此在增加幸福感及缓解抑郁方面，市场是比政府更好的代理人。尽管有大量关于私有企业和国有企业的相对经济效益的研究能够表明大众对市场决策的干涉必然会降低经济效益，但是我却没有发现任何对市场产生的效用和政治产生的效用进行比较的证据。效用的产生取决于这些代理机构各自对情谊的促进或阻碍作用（见第十四章）。

民主的内在进程

痛苦是民主的内在本质。如果我们想保留民主政体，那么痛苦是无可避免的。

民主政府经常，或者有时被认为是站在人民的对立面。这种对立的产生有若干原因。政治是一个人与人之间不断产生冲突的领域。当政府作出决定，就意味着它支持了冲突中的某一方。而另一方便会站在政府的对立面，即政府变成了对手。或者假设政府并没有做什么，那么所有的竞争党派都是政府的对立面。这是否与市场中的情形——滕尼斯将其描述为“所有人反对所有人的战争”——有所不同呢？答案既是肯定的，也是否定的。肯定的是，正如亚当·斯密所指出的那样，在市场中有一只看不见的手确保了所有第三方均会从经济竞争中获益；否定的是，在经济冲突中的输家通常很难释怀，因为这场让他一败涂地的冲突却让其他人从中获利。

公民与政府之间的对立还源于政府被要求履行的某些职责，但是这些职责通常会导致绝大多数民众感到被冒犯。在保护一些权利时，比如同性恋权利或者非裔美国人的权利，政府承受的更多是来自多数民众的气愤、恼怒或敌意。政府的治安权在保护一些人的同时也激怒了另外一些人，“邻避症候群”（not in my backyard）——某些事情必须要完成，但别在我家后院搞——也是如此。公民与政府之间的对立正是民主进程的常态。

即使当管理者遵守“良好统治原则”时，政治管理也会惹怒民众。要求政府承担公共资金的开支并坚持法律正当程序得到了民众的广泛认同，而当应用到个例时，却会招致民众的愤怒。良好的政府意味着法治，即法律面前，人人平等。但是民众对于特殊对待的偏好却常常会受到限制，并因此而招致痛苦[30]。民众希望被当作个体对待，而不仅仅是被当作原告或被告。此外，公共产品的生产和维护也由公众政策来实现，任何人都可以从中获益而无须特别的付出。而对公共产品的过度使用可能会导致“公共悲剧”，因此定量配给的强制实施必然会招致那些习惯了自由选择的个体的愤怒。公共产品的另一个问题是所谓的集体行动的逻辑，即个体试图免费享用产品，由此产生的强制偿付（例如使用税）再次招致了民众的怨恨（见下文对税收的讨论）[31]。

主体角色是痛苦的。随着世界变得越来越复杂，官僚主义也开始大肆滋生。事实上，有研究发现民众关于政府官僚体系的个人感受其实是相当良性的，他们认为：自己通常都能找到相应的机构就相关问题进行询问或投诉，这些机构对于出现的问题能够负起责任且会追究到底，服务也很周到，等等。但这些受人喜爱的官僚机构能否改变人们对政府官僚作风的观感呢[32]？当然跟官僚机构打交道，无论是公共事务还是个人事务，从字面意义和隐喻意义上讲都是痛苦的。官僚作风让所有人都恼怒不已，与当局打交道也让绝大多数人恼怒不已。

纳税可能（也可能不会）成为不满的来源。“新政”被其批评者说成是“不断花钱，不断征税，不断取得选票”的政策。经过长达50年的对“课税负担”的苦心研究，保守派已说服美国民众相信税收是浪费，是会拖垮经济的繁重负担，并由此导致一系列抗税行动的发生，最著名的一次发生在20世纪80年代初期的加利福尼亚州。1991年，《洛杉矶时报》发起了一项关于民众对纳税态度的调查（表12.2）。结果表明，尽管对纳税感到气愤的人并没有预期的多，但仍有三分之一的人对纳税表示愤怒。正如我们现在所知道的那样，愤怒和挫折感与政治行为和幸福感之间均有一种不稳定的关系。在调查人们对一些税收政策实例的态度时，西尔斯和芬克发现，那些抱有较高期待的人比出于私利的人更容易受到影响。几乎在所有的案例中，纳税人的私利在很大程度上影响了他们是否会支持某项立法提案。但这些感受是否也影响了他们的幸福感呢？也许没有，因为税收态度和“经济上的不满” 这一与纳税最相关的不满形式之间几乎不存在相关（r=0.02）[33]。

美国的抗税情况要比那些税收高于美国的国家更为严重，这一事实说明税收的经济成本并不是政治隐忧的主要来源。实际上，它本身便是政治隐忧的一部分。这可以从以下事实中看出：在支持加利福尼亚州抗税行为的8个解释中，最有预测力的是“像我这样的人对于政府的所作所为毫无发言权”和“我们选举出来的华盛顿国会很快就与人民出现脱节”（体现出内在效能感和外在效能感）。需要注意的是，列表中这8个相关问题对总体变异的解释力度都不大。某项调查（1981）的作者表示：“我们认为对抗税行为象征性的政治解释很好地说明了这8项解释的不足。”[34]对政府的信任感与对税收的态度之间的密切关系也支持了这一观点[35]。

表12.2　加利福尼亚居民对税收的态度*

税收来源	非常生气	有点生气	还算满意	非常满意	不知道
联邦所得税†	11%	28%	52%	8%	1%
州销售税	12%	23%	54%	10%	1%
地方所得税	12%	22%	8%	10%	8%

*问题：“你对自己或你的家庭去年缴纳的税收总额（联邦所得税、州销售税和地方所得税）感到非常生气，有点生气，还算满意还是非常满意？”

†调查对象为完成去年联邦所得税申报的人，其中7%的调查对象声称自己没有缴纳过地方所得税。

来源：*Los Angeles Times* April 1991.

正如主体角色一样，公民的角色也是不讨喜的，这一点将会在下一章中进行说明。

行使权利并不会产生对政府的积极情感。权利只有在索要时才会被享受到。权利并不是政府赋予我们的，而是我们作为人或作为公民所应得的。在美国，人们可以享受权利，因为“造物主赋予了我们一些不可剥夺的权利”。有两种考虑因素对权利的收益进行了修饰。第一，当受益人并不被社会所认同时，比如那些福利领受者，他们所处的立场并不是一名有资格索取自己应得权益的公民的立场，而是一个试图索取“能让自己渡过难关的一点点帮助，直到自己重新站稳脚跟”的乞讨者的立场[36]。第二，由于这些权利都是人们应得的，因此当这些权利因受到政府的保护而给人们带来好处时，人们并不会把功劳归给政府，而当人们关于这些权利的诉求没有得到即时响应时，人们则会把矛头指向政府。

其他民主内在的进程也抑制了幸福的最大化。在这一点上，我们会看到民主政体很难甚至不可能直接作用于幸福的最大化。正如之前章节所说的那样，根据民主政体的本质，它受到以下优先权的制约：优先考虑要求而不是需求[37]；优先考虑被人们确定的不幸根源而不是那些虽然同等重要却无法被确定的根源；优先考虑缓解痛苦而不是促进幸福（例如消极功利主义）。确定这些优先性的理由十分充分：如果公民放松了对政治的控制，那么当局便会将自己所认为的幸福来源强加给公民（这可能会丧失现有的幸福，并丧失弥补不幸的机会）。正如波普尔所说[38]，政府之所以致力于促进人们的幸福，很可能是想以此来掌控人们的生活（正如波尔布特于1975—1979年间在柬埔寨进行的尝试一样）。政党之间的利益整合很难将带有谨慎、微妙、私人不幸的公众整合起来。在美国，民主优先考虑的是生产者的利益而非消费者的利益（铁路优先于乘客，医生优先于患者），所以当制造不幸的生产者和承受不幸的消费者出现利益冲突时，消费者的利益是无法得到保障的。

市场经济学家和民主理论学家的既得利益的整合给出了“市场和民主的进程为何如此”的原因。问题是这些理论存在两个错误的假设。第一个错误假设是：个人要求真实反映了能够提高个人幸福感的意见，但证据表明情况并非如此[39]。第二个错误假设则是之前提到的经济学谬论。

对政治竞选承诺根源的侵蚀。政府无法赋予人们生活意义的原因除了此前章节中提到的一般原因之外，还包括政治上的原因，详见关于民主对不幸的影响的讨论。有些政治学家认为政党认同感的下降剥夺了人们对政治的依恋[40]，这可以帮助解释20世纪60年代政治消极主义的盛行，并且其与鲍尔比的依恋和丧失理论[41]是相符的。很多人将政治意识形态与宗教进行比较（这也是幸福感的来源之一）[42]。那么，是否是由于意识形态的衰退使得政治丧失了意义呢？也许吧，因为是意识形态给希望赋予了社会意义（与此形成对照的是当前占主导地位的希望的个人意义）。当人们对自己国家的未来失去希望时（“大多数人的处境都在不断恶化”，见第二章），他们会以政治隐忧的方式表达这种失望。

尽管民主与民族主义和民族自豪感之间并不存在一致的关系，但是对民主的信心却紧随对国家的信心出现了大幅下降[43]。我认为这种解释是错误的。尽管我在之前的章节中说过人们会将自己的未来和国家的未来区分开来，但是人们并不会丧失对国家的认同感。一项关于民族自豪感的调查（1982）显示，在美国，80%的民众对自己的国家感到自豪，这一比例在英国为55%，在法国为33%，在日本为30%，在德国为21%。有人认为，欧洲人很容易受到那些有损民族自豪感的制度体系和意识形态的影响（在很多欧洲国家，民族自豪感被认为是一种过时的概念）[44]，但日本人却不会。我认为美国公众的政治隐忧并不是来自民族自豪感的下降。那么民众感到自豪的到底是什么呢？我们可以从20世纪50年代末和1996年的调查中看到，答案都是“政治体系”[45]。

对原则的支持与对实践的反对之间的冲突。如果政治信仰对人们的生活非常重要，那么支持民主原则和反对民主实践之间的冲突只会造成一个后果——失望。这似乎正是俄罗斯的写照：尽管人们非常支持自选政府的想法，但在1990年11月的选举中，很少有人去实行他们的民主权利，以致莫斯科和列宁格勒苏维埃，以及俄罗斯最高苏维埃的普选席位不得不全部空缺[46]。鉴于美国出色的实践情况，我们可以从俄罗斯的案例中看出，当理想偏离了实践，由此产生的失望的影响是巨大的。

美国的政治体系是否没有其他政治体系受人拥戴呢？有人认为美国的政治隐忧源自政府制定的措施不得人心（由于党派势弱且权力分散[47]），这一论点（多为外国观察家得出）是站不住脚的。倒不如说美国政府对公众压力和公众意见太过敏感了。直到1994年，权力分散（总统席位和国会席位分别由一个党派控制）与权力集中（总统席位和国会席位由同一个党派控制）在立法成功上并没有多大不同[48]。作为一个议会制国家，英国也遭受了与美国相似的政治消极主义。通过对比英国和美国的政治敏感性，我们似乎并不能确定它们在满足社会需求方面有何明显的区别[49]。无论如何，美国政府的特征从内战起就几乎没有变过，而不幸、抑郁和政治消极主义却在20世纪60年代出现了急剧增长。上文中曾提到，生活满意度会带来政治满意度，反过来则不成立。因此，我们认为政治隐忧的来源是美国人的生活质量，而并非美国人的政治。

政治道德化带来的痛苦多于快乐。我在第十一章提到的政治的超道德化既是未履行责任前痛苦的来源，也是履行责任后快乐的来源。道德的关键是责任，而不是其他方面，比如：仁慈（康德）、利他主义（理查德·蒂特马斯）、亲社会行为（约翰·达利和比布·拉坦内）、道德推理（劳伦斯·科尔伯格），或作为关怀的道德（卡罗尔·吉利根）。一方面，尽责的人实际上会比其他人更加幸福[50]。仁慈的人和参与亲社会行为的人也一样。另一方面，关于公民责任的定义和公民义务的哲学讨论并不能代表利他主义、关怀或道德推理。它们更像是有关社会的责任，且无法说明与幸福感有关的道德形式[51]。我并不想夸大其词或暗示良知和欲望之间存在着弗洛伊德式的张力，但有实证研究发现：首先，人们的确感到了责任和愉悦感之间的这种张力；其次，当人们习惯于履行责任时，这种张力也随之消散[52]。（道德哲学家基于责任在道德推理的中等或常规水平上对行为的防御进行了评定[53]。）

为什么公民责任要求等同于道德要求呢？正如支持理性的人和无视理性

的人所说的那样，“我的投票不会改变选举的结果”。实际上，如果投票的人越来越少，那么投票的结果将会跟现有的保持相当一致[54]。拉塞尔·哈丁也给出了一个答案：那些似乎只是临时道德状态的行为从其被证实的价值中找到了道德立场（作为协调社会的原则），将社会经验封装进去，并从人生阅历中获得（道德）价值[55]。

法律哲学家认为公平与幸福感并无关系，但与义务不无关系[56]。民主政治似乎面临着相同的问题。

痛苦是所有体系的必要功能

痛苦是所有体系的必要功能，包括民主制度。体系为控制论的过程——其中痛苦和快乐，用边沁的话说，“是我们至高无上的主宰”——所支配。在诸多体系中，我会提到四种：物种、个人生活、机构和社会体系。在本章中，我发问的是有关对机构在促进人类幸福中的作用，而生理学家和进化心理学家则通常会把问题反过来，他们提出的问题是：痛苦和快乐在生物学系统中的功能是什么[57]。例如马丁·塞利格曼和海格并没有就经济系统是如何实现效用最大化的（最多的快乐，最少的痛苦）进行发问，他们问的是，痛苦和快乐是如何帮助各种物种（包括人类）繁衍生息的[58]。

不幸，这一痛苦多过快乐的表现，同样具有为人类服务的功能。不幸可以作为一种内部信号，向人们提供关于自己应对情境的能力的信息，从而让人们在应对这些情境之前作好充分的准备[59]。人们的情绪也会在一定程度上促进机构目标的达成。例如，民众对民主体制的不满的表达会促使体制积极响应其需求，从而实现其核心目标。为实现自己的目的，民主政体不会招致痛苦，但它们会招致痛苦的表达。最后，民主本身并不是最终所求，它必须受到“能够帮助社会达成目标”这一标准的评判。这与其他三种体系的目标是相容的，即人类的生存、生活的繁荣和机构的响应性。民主的痛苦具备一种社会功能，这种社会功能能够平衡其他三种体系的痛苦与快乐。

如果民主体系包含了将痛苦强加于民众的举措，那么为什么人们不进入政治舞台，以投票的形式将这些痛苦的来源淘汰出去，从而纠正这些错误呢？原因之一是这种痛苦通常是民主进程中固有的本质。另一个原因则是参与政治本身就是一种痛苦。

第十三章
民主中的自我决定的痛苦

人们希望自己能够决定自己的事情，并且相信自己能够决定自己的事情。渴望拥有控制环境的能力似乎天生就存在于我们的基因之中。自我决定的公共价值非常高，并且拥有非常坚实的哲学基础。当代主流的经济意识形态接受自我决定后又将其具体化，即见证其在市场交易的混沌环境下发挥作用。上帝赋予人类以自由意志的目的似乎也是希望人类自己去决定自己的命运。民主理论和国家制度也会根据自我决定的理想典范来证明自己的诸多实践。

那么为何政治中这种让人迫切追求、受到社会盛赞、给人带来美好体验，并受到宗教和意识形态支持的自我决定无法成为快乐的源泉呢？其中一个原因便是政治参与的经验不如自我决定那么丰富，也无法分享其获得的快乐。另一个原因是自我决定权的行使对社会有益，但对个人不一定有益。本章将对这一问题进行详细说明。

自我决定的概念

在此，我并不打算一一列举那些对自我决定和自治表达过赞美之情的哲学家之名（比如康德、霍尔巴哈男爵、杰斐逊、米尔、拉尔夫·沃尔多·爱默生，等等）。对这些人中的绝大部分人来说，自我决定带来的收益是精神上的，它能提升人类的尊严。但这个概念还存在空洞的一点。在一个人类行为受到环境和社会制约的世界中，自我决定的意义何在？以赛亚·伯林说道："康德所说的自由个体是一个超然的存在，超乎自然的因果关系领域之上。"[1]一位美国评论家曾说过，空洞性是独立自主的问题所在[2]，因为它（独立自主）并没有说明一个独立自主的人是如何在不受别人影响的情况下产生意见的。这种批评十分恰当，因为所有行为都是个体和环境相互影响的结果，正如常见的S→O→R（刺激→有机体→反应）模式一样。自我决定代表了对"O"的强调，即有机体或个人，这并不是因为刺激无关紧要，也不是因为有机体能够在很大程度上解释总体变异，而是因为哲学评论家认为当"O"支配"S"时，人的自尊会增强。

自我决定的一些敌对面是赞许性动机（在作出反应前，个体会根据自己的反应是否会博得他人的赞同来校正自己的反应[3]），遵从权威，因循守旧（完全依赖皮亚杰的同化机制[4]），等等。米尔曾这样写道："他也无可奈何，因为风俗让他别无选择。"[5]自我决定要求个体能考虑到来自社会的影响，清楚自己最真实的偏好，能表达出个人习性的综合能力。这样的技能实在太难以达到。当气质归因和情境归因有冲突时，自我决定是站在气质归因这一方的。在西方文化中，一般的特质理论几乎为每个人所共享[6]。当然，这也属于一种所谓新教伦理的世界观，即一个人的命运最终会是个人性格的反映，而个人品质和能力也将最终战胜环境[7]。自我决定将会与命定论、历史决定论或神圣力量介入论进行比较。

托克维尔认为自我决定的理念在美国尤为普遍，"他们（美国人）习惯于认为自己是孤独的，并且倾向于想象自己的全部命运是掌握在自己手中的”[8]。即使到了现在，和欧洲人相比，美国人更加相信福利是自己争取来的，而不是工会或国家的功劳[9]。与康德和米尔的理论不同，韦斯特的气质归因理论被称为“基本归因错误”理论[10]。

自我决定的要求

想要成功行使自我决定权，民众就必须有想要自我决定的想法，必须相信自己可以做到，必须认为这是值得的。社会对这些努力的重视是很有必要的。考虑到动机因素，如果他们的努力遭遇挫败、被社会低估或一无所获，那么他们便会遭受我们曾经见过的那些痛苦。

自我决定的动机

在很大程度上，哲学家和心理学家一致认为人是渴望拥有自我决定权的。伯林曾说道：“‘自由’这一词的积极意义源自个人想要成为自己的主人的愿望。我希望自己的生活与选择能够由我自己来决定，而不取决于任何外界的力量。我希望被自己的意志而非他人的意志所支配。我希望……自我指导，而不是被外界像对待一件物品或一只动物那样发号施令。”[11]与此平行的心理动因包括对“效力”“能力”[12]或“自我掌控”[13]的渴望，并被“内控点”[14]赋予了一个认知性的维度。有人也许会说心理学家对自我决定的过程更为了解，而哲学家（如伯林），则对其社会意义更为了解。

在对心理素质的研究中，罗伯特·怀特从进化和生物学的角度来解释动机，由此赋予了动机以自然本性。罗伯特·怀特说道：“动机能够产生过剩的满足感。”[15]其本身就是一种满足。正如怀特所说，渴望有效力或有能力，以及产生某些影响，这些都是其深刻的生物学基础。塞利格曼在开展了一系列实验后得出了以下结果：当老鼠和鸽子要在获得免费食物和作出反应才可以获得同样的食物之间进行选择时，它们通常会选择后者。当一个物体是否会发生移动取决于婴儿的反应时，婴儿通常会露出微笑，反之则不然。由于这些活动会引起有效的工具性反应，因此带来了喜悦[16]。塞利格曼从进化角度对这些反应进行了解读：工具性反应中的喜悦具备一种繁育价值。如果这种效能缺失的话，那么一种让所有生物都感到厌恶的状态就会产生，那就是抑郁[17]。

这种动机非常强烈，以致人们会认为是自己导致了某种结果，比如买彩票中奖（是自己选号投注，而不是随机选号），或是为某个球队助威，结果这个球队正好赢得了比赛。这种掌控的错觉十分普遍[18]，不过也正是物种的这种既有信念和部分进化禀赋才使得该物种能够在威胁不断的环境中存活下来[19]。如果在无奖励小组中，儿童可以在活动内容方面有更多的自主选择，那么他们便会选择加入无奖励小组，而不是那些可以获得奖励的小组。如果要在有趣但没有控制权和无聊但有控制权的环境之间作出选择，儿童通常会选择无聊但有更多控制权的环境[20]。不过保持既有选择的动机通常要比扩大选择范围的动机更为强烈[21]。在工作中，监督对自我决定权的破坏造成了员工对工作的满意度的下降[22]。最后，如同自尊心一般，个人的效能感和幸福感之间的关系远比与其他任何事物（特别是收入水平）的关系密切得多[23]。

如果自我掌控或自我决定的动机是如此强烈，那么为什么我们需要等待如此长的时间才能看到一个能够保证自我决定权的机构出现呢？原因之一在于：自我掌控的动机必须从属于其他维持生命本身的动机，比如吃、住、交配和发展情谊的动机。如果某一动机非常迫切，那么与满足这一动机相关的学习和审视行为便会占据主导地位。但掌控个人所处的环境是一种工具性动机，它会在必要时让步于其他更为迫切的动机[24]。

当然，与自我掌控相反的动机也是存在的，比如那些遵从等级和服从的动机（同样的，这些动机也受到进化驱力的支配）[25]。此外，自由意志的负担对于个体来说通常有点过高[26]。用弗洛姆的话来说，如果负担过重，个体就会通过“逃离自由”来求得解脱，即放弃自我决定权。再者，历史上多数政府通常会害怕个人拥有自我决定权。在诸多建议者中，柏拉图、霍布斯、伯克建议我们要逃离共同命运的控制。

渴望获得对个人所处环境的控制据说会导致对自由本身的重视。事实上，正是经验构成的微观世界中的自由选择和控制影响了人们的幸福或不幸。这种微观世界的体验和政治中关于自我决定权的说法之间的差异也解释了第十一章中提到的政治隐忧问题。民主进程并不欢迎个人世界的自我决定。

关于自己可以掌控自己命运的信念

当人们都想掌控自己的命运时，为了避免心理冲突，人们必须相信自己可以掌控那些影响自己的生活的事件。有一句哲学名言是："应该"意味着"能够"。亨利在英雄史诗——我是我命运的主宰/我是我灵魂的统帅——中也发现了这一信念。亨利认为，控制点是内在的。

所有关于个人和社会的信念都有可能增加或降低（心理）压力，而对个人生活的控制感也许是其中最为重要的[27]。内在性是相信个人效能的条件之一，如果缺乏这个条件，那么无力感就会成为引发抑郁的主要原因[28]。正如第十一章中所述，政治效能感是政治参与中最重要的三项心理决定因素之一（其他两项是公民责任感和政党认同感）[29]。从一般意义上来说，无力感会影响政治效能感，反之则不然[30]。

公共对自我决定的支持

彼得·盖伊在其著作《启蒙运动》的序言中曾经写道："在西方世界，启蒙运动主要是为了教导人们独立地处理自己的事务。"[31]这种教导对自我决定的潜在欲望的反应十分敏感。启蒙运动也使得个人对幸福的追求能够被表达出来。于是，那些企图通过控制私人事务和公共事务来获得幸福的人在控制失败后，不幸也如期而至。尽管民主政治被认为是解决之道，它却与预期背道而驰[32]。

美国公众所声称的价值观也是一致的：在价值观排名中，“自由（独立、自主选择）”一直稳居高位（在1968—1981年的4次调查中均排名第3位，仅排在“和平”和“家庭安全”之后）[33]。正如爱默生在关于自力更生的那篇文章中所说的那样[34]，这一价值观的根源既来自美国，又来自欧洲（启蒙运动）。这篇文章认为人们应该独立自主，应该依赖自己的资源和能力去提高自己的福利和幸福。这一价值观对人们的行为产生了很大影响。一项关于美国人对政府的要求的研究（见第十一章）显示，绝大部分人在自己能解决问题的情况下都会拒绝政府的援助。这项研究的作者说道：“自力更生的道德观永不灭亡。”[35]此外，自力更生的价值观似乎在过去的半个世纪内都毫无变化。在1924年和1966年，均有47%的来自美国中产阶级家庭的高校学生一致同意“如果一个人没有成功，那么错全都在他自己身上”[36]。调查显示，有更多的人认为成功是靠“努力工作赚来的”，而不是“靠运气或他人帮助赚来的”[37]，这使得那些相信新教伦理的人更愿意相信“是个人失误造成了经济失败”的说法。

西方世界的人们很难意识到自我决定的价值观对他们的社会有多重要，但“如果这一价值观下滑的话，”伯林说道，“那么文明或者整个道德观或许会灭亡。”[38]

自我决定的社会效益和个人效益

为自力更生和独立自主所作的努力必须得到回报，也许是赢得社会效益，但无论如何都得有个人效益。

社会效益

从身份到契约的社会进步运动的发生时期同时也是从归属到成就，从依情况而定到自我决定的转变的发生时期。从多个方面来看，市场正是这场转变的发生地，且这场转变在市场中进行得非常顺利，这是由于：通过个人化的选择，市场让个体感到选择职业、选择金钱的使用方式，以及选择生活方式实际上就是在进行自我决定。经济法则也许已经取代了宗教禁令，但这些经济法则只是那些威胁性较小且（相比宗教禁令）更像是自然法则的“必要性”的一部分。总的说来，让个人能够自主决定自己的命运，也让整个社会受益良多。（民主曾被当作实现自我决定的政治工具，但它却并没有朝着这一预期的方向发展。）

如果自我决定权的增加能够让社会受益，那么在后启蒙运动环境中行使自我决定权时，个体又该如何面对新出现的机会呢？

个人效益

对于个人来说，自我决定感（内控感）不仅与幸福感有关，还与很多其他的良好品质有关，比如：研究发现，内控者通常幽默感会比较高[39]；他们在任务中会更富有耐力、创造性、逻辑性和条理性[40]；在解决问题时，他们会主动搜寻相关信息，并且比外控者更善于利用这些信息[41]。总体来说，内控者对周围的环境信息更为敏感，也善于从中学习。和外控者相比，内控者对新出现的信息更为好奇，有更强的求知欲，处理信息的效率也更高[42]。

内控者比外控者对“一致”更为反感。内控者非常抗拒像一颗棋子一样任人摆布，而外控者通常会比内控者更为顺从[43]。事实上，“相信自己的结果由自己造成”的信念会成为预防盲目顺从的一道壁垒。威廉·凯利中尉显然不是一个内控者（他在越南村庄中射杀妇孺，却认为自己只是服从命令而已[44]）。此外，内控者也更乐于助人。一项实验发现，即使在非自愿助人的情况下，内控者也比外控者更乐意帮助他人[45]。因此自我决定并无自私之意。

我们可以从一项著名的实验中看出：即使只能掌握自己的部分命运，个体也会从中获得巨大的益处。在这项实验中，研究者将疗养院的病人分成两组，其中一组（实验组）被告知自己要为自己负责，而另一组（控制组）则被告知工作人员非常重视对他们的妥善照料。实验组的每一个成员可以自主选择一株植物，并负责照料它，而照料这株植物本来应该是工作人员的责任。问卷调查评定和行为测量的结果显示，实验组在警觉性、积极参与性和幸福感方面都大大超过了控制组。实验的长期效应也令人吃惊不已：实验组的成员不仅更为快乐，而且寿命也更长一些[46]。

“相信个人行为会产生某种影响”的信念之于“环境决定一切”的信念的胜利，至少在西方世界，是与人们的幸福感密切相关的。但并非一直如此。习惯性地对失败进行自我归因是痛苦的来源之一，尤其是当归因既全面（适用于各种情况）又稳定（人格的稳定性）时[47]。简而言之，受到哲学家极力推崇的自我决定隐含有一个复杂的认知理论，但这一理论通常很难为哲学家所察觉。作为自我决定的因果关系的一部分，自我归因绝不意味着是通向幸福的康庄大道。

政治参与不是自我决定

尽管行使自我决定权的机会的增加给社会和个人带来了诸多益处，但如果人们能够积极参与到民主制度中去，那么社会就会获得更多的益处（个人则不会）。我们将从两个层面进行分析，以处理这一冲突。

社会效益和个人效益的冲突

囚徒困境、阿罗不可能性定理、集体行动的逻辑、公共的悲剧、委托人与代理人之间的冲突等让个体认识到：有时对个人最好的并非是对团体最好的，反之亦然。排过队的人都会发现，有时不遵守规则，成为例外会比遵守规则更为有利。

令人感到惊讶的并不是个人效益和社会效益的分化，而是对这两种效益之间的和谐的期待，这一期待无疑是由“看不见的手”激发出来的。为解决对自身和社会的担忧，人们需要两种理性思维（如阿纳托尔·拉波波特所说）[48]，一种用于将个体福利（和幸福）最大化，另一种用于将集体福利最大化。但是这似乎太过于形式主义。由于每一位士兵和团队成员都要面对这种冲突，且由于自尊（最神圣的个人品质）要以社会尊重为基础，因此这种冲突并不令人感到陌生，且经常会从其产生的情境中得到缓解。对集体的认同，就像爱国主义一样，并不罕见。为了把个人效益和集体效益整合起来，我们有必要考虑以下两个因素。（1）身处快乐的人中间会变得更加快乐，这不仅是因为快乐是可以传染的，而且还因为快乐的人对彼此更好。对幸福的追求通常不会是零和游戏。（2）幸福并不是一种状态产品（status good）。即是说，个人幸福并不会因为他人幸福的减少而增加[49]，虽然下行比较有时也能起到一定的帮助[50]。

个人效益和社会效益之间的冲突并非是从幸福这种特殊产品中产生的，而是从无法带来个人效益但却能够带来社会效益的行为中产生的。政治参与和自我决定之间也属于这种情况。普遍的政治参与也许对社会有益，但对个人来说却不无代价，且群体决定（如不是矛盾修饰法的话）也许对于民主来说有着不同寻常的意义，但由于是个体分别参与，所以并不是一种有吸引力的体验。

政治参与的社会效益

政治参与的社会效益主要来自对团结的再确认，对民主进程的认同，政治体系对个人身份的确认，民主结果以及产生这一结果的政治体系的合法化，对政治少数派的鼓励，以及对少数族裔的象征性认可。参与和道德准则（Participation and the moral code）利用当权者对权力的使用来扩大自己，并在方向和选民舆论力量上为当权者作指导。在这些功能中，只有最后一个与自我决定有关。但由于这种指导是集体性的，所以这种指导可能并不会被选民体验为自我决定。

这些论证对于参与有效性来说是不是有些熟悉呢？这些问题的答案会涉及一些针对其本身的研究，但我会从现有资源中提供一些线索。

政府的稳定性可以在跨文化研究中得证。20世纪70年代，各个发达国家的投票率的排名情况如下：意大利的排名最高（第15名）；其他排名较高的国家有荷兰（第21名）、瑞典（第23名）和奥地利（第24名）；联邦德国相对较高（第30名），法国则相对较低（第60名）；美国的排名非常低（第73名），仅排在瑞士前面（第76名）[51]。在我看来，由于排名第一、第二的两个国家在近代史上都是极权国家，而排名倒数第一和倒数第二的两个国家却是世界上最稳定的民主制国家，因此以上排名并不能说明高投票率就意味着好政府。

广泛的政治参与也可以防止分配不均现象的出现，其原因在于：至少在美国，受教育程度最低和最贫困的人的政治参与度也是最低的。在美国较低的投票率和较高的分配不均事实面前，这种关于投票率和分配不均的关系的推论似乎不无道理。最近一项调查将美国各州的收入分配情况与各州的投票率联系起来。当控制了“教育水平”这一变量后，我们确实观测到了投票率和分配均等之间的相关，虽然这种相关在统计上并不是很显著（$r=0.068$）[52]。在我看来，这项调查并不能令人信服，它无法证明高投票率会在很大程度上影响分配不均的程度。

参与选举被认为是反民主运动的接种剂。也就是说，如果选举的参与度高的话，那么来自激进右派（通常是民族主义者和种族主义者）的投票，以及来自激进左派（通常是欧洲的共产主义者）的投票就会较少。生活满意度较高的人的投票率也较高（见下文），且这些人不太可能成为激进左派或激进右派。再重复一下，相对于其他因素，生活满意度对政治满意度的驱力最大（见第十章），且在生活满意度较高的国家，以革命的方式来发泄不满的可能性也比较低[53]。另一方面，在投票率较低的美国也很少有人以革命的方式来发泄自己的不满，这一事实多少打破了“低投票率等于高激进主义”这一论点。

高投票率可能反映了种族分裂和冲突，但是否有证据表明少数派的高投票率加剧了种族分裂呢？自从1964—1965年颁布了民权法案以后，非裔美国人的投票率大大增加，但这种增长的参与率似乎反而增强了种族的凝聚力[54]。无论高投票率或低投票率对政府的影响如何，少数派的低投票率对于绝大部分民主目标并没有什么好处。

目前我们并没有发现关于低参与度的政治影响的证据。在经济问题上，选民比非选民更为保守，但在社会问题上（如平权法案，堕胎，在学校祈祷），二者几乎没有差异。在外交政策上，无论选民是否投票，国会议员和选民的观点似乎都不怎么一致[55]。雷蒙德·沃芬格和史蒂文·罗森斯通发现无论投票率高还是低，选举之后的政策措施并不会因之而有所不同[56]。彼得·纳都林和他的同事也发现如果所有州的投票率都相同，那么在只有两名候选人的总统大选中，选举结果可能会因此而受到影响[温菲尔德·汉考克可能会取代詹姆斯·加菲尔德（1880），休伯特·汉弗莱可能会取代理查德·尼克松（1968）][57]。在地方选举中，这种投票率的影响不容小觑，因此地方政府对于参与度高的公民的响应会十分迅速[58]。但是，这种影响并不会导致投票率的增加，反而有可能会导致投票率下降。

有两个高投票率的选举值得分析。1933年，德国纳粹在大选中获胜，德国的投票率相对较高[59]。注意到这一点的瓦尔迪莫·奥兰多·凯曾把投票率比作某种社会的“体温表”。投票率的上升当然并不是后来德国灾难的起因，但也没有防止（数目众多的）极端少数派对政府的控制[60]。正如我们将在下文中看到的对1840年美国选举的分析那样，偶尔的高投票率可能是民粹主义情绪的反映。因此，“社会能从广泛的政治参与中获益”的说法只是比较乐观的一面，这一面正是本杰明·巴伯和卡罗尔·佩特曼[61]等参与者所极力推崇的。

政治参与的个人效益

如果政治参与并不意味着自我决定，那么个体为什么要参与呢？在这里，我会换一种方式，并提供一些未公开的调查结果。该调查实施于1957年，调查内容为一些有工作的白人男性的政治态度。调查时所采用的问题是："请回想一下你最近一次的投票。你正在排队，慢慢地靠近投票桌，你会在那里被问到自己所住的街道和号码，然后是自己的名字。你走进一个亭子，然后拉上帘子。在你做这些事情时，你有什么想法和感受呢？"我想人们的心情自1957年之后肯定会有所变化，但总的来说，受访者的感受有焦虑的一面，也有积极的一面。其感受混合了道德上的满足感与效能感。

虽然在前面的章节中我提到了职责会带来负担，但当履行完自己的职责后所获得的满足感也是显而易见的。有一位参与者说道："我感觉自己心里一直惦记着自己的职责，现在终于履行了自己的职责。"这种满足感的来源很复杂，但至少对于那些因在战时未服役而感到愧疚的人来说，其投票行为更像是一种赎罪，他在为"那些为国家牺牲的人"履行职责。这些人的道德满足感源自他知道自己的投票行为并不是他人花钱指使的。

其他的满足感可能来自在这个政治环境中的自由表达，这是一种对环境的控制方式。在投票时，人们往往会觉得："没有人会来告诉我'应该给谁投票'……我会直接进去，想投谁就投谁。当我出来后，感觉好极了。"能够行使自己作为公民的权利是这一满足感中的一部分，人们会感到："我有权利这样做，没有人会说不；我感觉好极了，因为我知道自己是有投票权的合法公民。"一位工人谈道："投票的感觉非常好。我第一次投票时对自己说，'天啊，我投票了'。"另外一个人说道："感觉自己完成了一件事，参与到了某些很重要的事情当中。"投票率并非是那种让理性选择论者纠结不已的谜团。对于很多人来说，投票本身就很有享乐价值。

1957年的这项调查只能作为第十一章中给出的更为充分的证据——政治效能感在下降，且相信政府重视公众意见的信念也在逐步下降——的局部矫正数据。在1957年，很多民众都觉得大多数人的处境在不断变好，自己可以影响到政治选举，且政府也会积极响应自己的意见。而到了现在，这些信念中却只有公民责任感被保留下来。

我们很难在伊斯特波特人身上发现典型民主中的自我决定，他们似乎并不期待从政治参与中获取任何利益。但也许他们获得的回报和我们通常意义上的理解有所不同，也许这种回报存在于投票过程之中。我们可以将其称为仪式性满足。

投票的回报也许与哪个候选人获胜没什么关系，但很可能与获得仪式性回报和对其他人谈及这些行为时得到的反应有关。我曾经对这一点作出过解释，即“比起自己能得到什么，人们似乎更在乎他人如何对待自己”[62]。所以将一个偶尔发生的强化理论应用到政治中，和将单一理论应用到理性选择上，都是不合理的。投票的回报与自我决定之间似乎并无关系。

政治参与的个人成本

时间和精力成本与获胜的概率。评估政治参与的成本或痛苦的传统方式是将投票所花费的时间、精力与个人投票影响输赢结果的可能性，以及与个人能从赢得竞选中获得政策性收益的可能性进行比较。正如此前所说的那样，人们更可能会忙于投票本身，而不是去算计投谁的票会赢。因此理性的选择应该是远离投票。正如上文关于投票行为的真正收益的研究那样，这些理性的思考其实是很不准确的。

缺失的幸福来源。对这一政治收益的另一种评估方式是审视那些能带给人们幸福的事情。在关于生活质量的研究中，那些能带给人们幸福的事情主要包括：有一定的成就感，家庭幸福，经济安全，能够从娱乐活动中得到乐趣，有一些好友（社会支持），自尊和自我效能感较高[63]。那么政治参与是如何赢得或利用这些活动所产生的愉悦感的呢？答案几乎是一片空白。

缺乏乐趣的政治。约翰·鲁宾逊和菲利普·康弗斯在关于时间分配的报告中指出：“最无法激发热情的是成员关系和政治。”[64]随后，鲁宾逊在另一项关于时间利用满意度的研究中发现，在人们喜欢做的8种事情当中，“政治”排到了最后[65]。在《游戏的人》一书中，约翰·赫伊津哈也对20世纪政治幽默的缺失感到遗憾，并把美国1984年的“小木屋和果酒竞选”（Log Cabin and Cider campaign）作为衡量损失的标准。正如这场竞选，在一片严重的抑郁之中，幽默获胜了。在这场“有史以来最愚蠢的总统竞选”中，投票率增加了54%[66]。然而，尽管竞选乐趣提高了投票率，但其成本依然相当大。

不快乐的公民角色。在上文的延伸调查中，我也问过一批工薪阶层人士“一个优秀的公民和爱国者应该是什么样的”。做一名优秀的爱国者其实很简单，只需要对国家忠诚，并作好保卫国家的准备即可。而做一名优秀的公民则要困难得多，部分原因是优秀的公民的定义含糊而广泛。优秀的公民应当是一名优秀的家长和配偶，优秀的社区成员和纳税人，在经济上有责任感，忠于国家，当然还有为选举投票。伊斯特波特人明白自己是合格的爱国者，但很少有人认为自己是“优秀的”公民。公民的角色带有不明确的道德要求，充满着愧疚、焦虑和不确定性[67]。角色模糊正是不幸的来源之一[68]。模糊的公民角色中充满了压力。

在访谈中，这些工薪阶层人士的说法各不相同：“我希望能投票给正确的人”；“我希望我所做的是正确的”；“如果我答应了人们做某事，结果却没做到，我会感觉很愧疚”。一位前足球队队员告诉我说他会为自己的缺陷感（feelings of inadequacy）而担心，他常常感到自己是“巨人中的侏儒”，自己常常“只是机械地执行命令”。绝大部分人都会对自己被要求做的事情感到焦虑，但在执行了这些事情后则会感到满足。

民主政权对公民认知和道德的高要求[69]与对这些高要求的简单反应，特别是康弗斯所说的“无态度”反应[70]形成了鲜明的对比。对这种差异的解释之一是将其看成压力造成的认知超载。这样一想便很容易理解为什么紧张的人无法达到最佳的思维水平，且会降低问题的难度以作出能力范围内的反应[71]。另一种解释参照的是一项由米哈里·契克森米哈主持的关于匹配问题难度与反应水平的研究。他发现，与高难度—高反应水平的理想模式恰恰相反，如果问题难度高于个体的能力水平，那么个体便会产生焦虑感[72]。人们有各种保护自己不受这种焦虑煎熬的方法，但是在此前提到的一项研究中，我们发现伊斯特波特人会因为政治参与而感到焦虑，且在第十一章中，我们也看到大约有75%的人同意以下这种说法：有时政治和政府太过复杂，以致像我这样的人根本搞不懂到底是怎么回事。

自我决定无法满足群体决定的要求，比如民主政治。奇怪的是，掌控个人命运的欲望会挫败试图掌控群体命运的努力。原因在于，正如托克维尔所说，美国人“倾向于认为自己的命运是掌握在自己手中的”，他们不太容易加入工会或政党，或与其他人一起进行群体决定[73]。但民主政权依然需要政党和群体支持。在个人主义较弱的欧洲，工会和政党的力量却比美国的要强（部分是由于这一原因，欧洲的投票率较高，且政治隐忧并不明显）。

因此，由于对集体方式的拒绝，自我决定的个人主义者也许会放弃对自己命运的掌控和与之相关的愉悦感。由于美国儿童相对缺乏合作意识，因此在需要合作而非竞争才能取胜的游戏中，美国儿童的成功率要低于墨西哥儿童[74]。自我决定的概念也许很适合西方资本主义，但亚洲的资本主义却是在群体决定的规范中达致兴旺的（至少到1997年夏天）[75]。自我决定被解释为孤立的个人行为，这在很大程度上是因为真正的自我决定在一个个人命运相互交织在一起的社会中遭遇了反常的挫折。

公民参与的好处并不存在于政治参与之中。不愿参与政治的原因并不是不愿参与集体事业。其他有利于社区的参与性活动在20世纪90年代非常流行，其引发的沮丧、孤独、无聊和抑郁也较少[76]。对比政治参与和这些活动，我们可以发现，似乎政治参与缺少的是一种带给人们“不一样”的感觉的能力。相信自己无法掌控自己的命运也很重要，由于在控制了这一变量后，志愿组织中的成员数量和心理健康之间的相关也随之消失[77]。自我效能感是幸福感和活动参与情况之间关系的中介变量。除了政治生活中发生的情况（见上文），民主进程并不会激励自我效能感。

如前所述，我们必须牢记：是经验组成的微观世界，而不是政治世界，在很大程度上影响了人们的自我效能感。人们因相信自己能够掌控自己周围的环境（大多为家庭、社区和工作）而感到快乐。但当他们被问到“如何看待改变自己不喜欢的事情的机会”时，人们的满意度出现了很大的波动[78]。

政治中的随因强化

当人们发现某种行为会带来奖励时就会不断重复这种行为，而当某种行为无法带来奖励时就不会去重复这种行为，这既是经济学的基本假设，也是学习理论的基本假设。当然，这种奖励并不局限于这两种理论所假定的外在奖励，因为内部奖励，如良心和存在感，也是政治参与的重要刺激因素。但这种奖励足够吗？人们会从政治参与中获得效能感吗？

为了体验到自我决定的感觉，人们必须相信行为和成果之间存在耦合关系，或者说是随因反应[79]。在人的一生当中，如果人们因为自己的努力而获得比较好的结果，那么人们就会不断树立起关于自己可以影响那些让自己得益或受损的事情的信心。如果人们没有获得预期的体验，就会产生习得性无助[80]，同时会放弃自我决定权。

政治参与的强化失败

理查德·德查姆斯曾这样写道：“人类的主要动机是在自己所处的环境中产生一定的影响。”[81]为满足这一动机，人们就必须学会自我控制。我们可以用一个四格表来说明习得性无助。如表13.1，人们意识到如果Ⅰ一直是肯定的，Ⅳ一直是否定的，Ⅱ和Ⅲ既不是肯定也不是否定，那么自己就是有一定效能的。因此，当Ⅰ和Ⅳ一直是相反时，人们会认为自己的行为得到了环境的响应。在这种情况下，人们会因为自己的行为成为某事发生的充要条件而产生难得的体验。如果他们投票给喜爱的候选人，候选人会赢；如果他们没有给该候选人投票，该候选人会落选。在这些情况下，人们意识到自己有了控制权。而另一方面，当人们的行为没有获得环境的响应时，人们会认为自己没有效能；如果这种情况出现了泛化，那么人们就会产生习得性无助[82]。正如我们从理性选择中看到的那样，个人投票几乎从来都不会决定一场政治斗争的结果，而个人的投票史也不会显示出如表13.1所示的模式。迄今为止，由于人们往往会通过选举的结果来检测自己的效能，因此参与选举并不会产生随因强化，也不会给予人们愉悦感。

表13.1 个人行为和环境响应

		环境响应：候选人获胜或落败	
		候选人获胜	候选人落败
个人行为	投票	是（Ⅰ）	是/否（Ⅱ）
	没投票	是/否（Ⅲ）	否（Ⅳ）

泛化和趋势

考虑到行业守则从某种程度上来说是对人们的掌控权的剥夺，那么其（与市场经验相比）是否也是习得性无助的潜在原因之一呢？

行业自治和政治自决

与科尔、卡罗尔·佩特曼及其他认为工作中的自治体验会提高工作效率的人不同，劳动者的自我管理实际上对态度的影响颇小。一项关于劳动者的自我管理的研究的确发现了态度的泛化[83]。然而，在挪威更具参与性的工业环境中，尽管人们所习得的是一种可泛化的技能，但这却并不意味着效能的改变[84]。对工作的掌控似乎无法引发自我指导的欲望，至少在工作场所不会[85]。此外，正是个人对自己所处的小环境的控制而非集体自治，教会了人们自我指导的意义和价值。

自我归因的改变并不意味着投票率的改变

随着国家经济的不断发展，公民产生了自我决定的想法，也习得了自我决定，特别是自我归因所需的能力[86]（尽管这种学习主要是得益于市场经验和教育水平的提高，而不是政治经验）。我们可以从对主观幸福感的研究中得知，这种自我归因的增势在先进国家中变得越来越小。显然，事实并非如此。至少有报道称欧洲和美国都出现了自我归因的增长[87]。但这两个地区的政治投票率都在战后一段时期出现了下降。这再次说明：政治参与和自我决定之间并不存在十分密切的关系，它既不是自我决定的起因，也不是自我决定的结果。

自我决定：一种“高贵的谎言”

柏拉图所说的“高贵的谎言”是对城邦中不安分的银成员，特别是铜成员发出的命令。对于这些人来说，他们的地位和成功是由其出身决定的（外归因）。现代版的“高贵的谎言”则完全相反：我们的地位和成功是由技能和努力决定的（自我归因）。

“高贵的谎言”本身就是一个谎言。这是由于：如上所述，所有的结果都是由环境和个人共同造成的。一些关于职业成就的研究就很能说明这一点。在一项研究中，尽管个人变量（与个人获得第一份工作以及与之后晋升相关的品质）能够在很大程度上解释个人的职业成就，但环境变量（父辈的教育和收入）对职业成就的解释力度还要更大一些[88]。如果说一个人的职业成就水平是自己决定的，那肯定是假话。尽管这些研究对内在因素进行了强调，但这些研究同时也揭示出个人和环境的相互作用[89]。“相信自己可以掌控自己的命运”经常会给个人带来好结果，因此从这种意义上讲，这一谎言的确是高贵的。

认识到“高贵的谎言”本身就是谎言这一点，其实也有优势。在20世纪60年代，那些认为社会规范应为自己较低的地位负责的非裔美国人要比那些相信自己应为自己的命运负责的非裔美国人更为幸福，也更有效能感[90]。在这种情况下，“高贵的谎言”变得不再高贵。

民主政治属于幸福的人

丹尼尔·巴特森及其同事表示，负性情绪会让人们相信某种行为不会带来好的结果，进而打消人们付诸某种行动的念头[91]。这种看法与一些研究中的发现——不幸的人常常很被动，抑郁的人常常很倦怠——是一致的[92]。这些人在学校里常常表现很差[93]，无法按照自己的信念行事[94]，无法“行为自主，坚持自己”[95]，无法做到延迟满足[96]，无法承受压力[97]。

幸福则拥有相反的效果：“好心情似乎能够让我们表现出更好的社会本性，提高我们的创造性和问题解决能力……促进人际合作……提高我们的各种认知。”[98]幸福会导致政治静默的说法似乎也没有相关支持[99]。原因在于主观幸福感的双重作用：首先，它会激励掌控感，不断促使人们实践自己的信仰；其次，它刺激了传统和对社会准则的遵从[100]。不快乐的人（尤其是抑郁的人）不愿意为政治投票，原因在于他们的不幸会阻碍他们参与到民主进程中去。幸福获得的是双倍的祝福，而不幸遭受的则是双倍的剥夺。民主政治属于幸福的人。

具有讽刺意味的是，和幸福感有关的自我决定和自我掌控感并不能在民主实践中得到表达。这一讽刺也部分解释了民主在缓解不幸和抑郁方面的失败。但也许民主和情谊的关系能够对此有所助益。

第十四章
友伴型民主

民主和情谊在多大程度上是不相容的呢？两者之间的紧张状态可分为三部分。首先，人类往往会将情感能量投向人而非原则，这是一种人格取向。这也成为情谊在与民主原则的冲突中的一个优势。

其次，尽管民主的成功来自家庭的稳定和朋友间的相互支持，但很少有现代民主理论或实践承认这种依赖关系。亚里士多德曾声称“国家自友谊中产生，友谊是社会发展的动力”[1]。我们似乎可以据此认为，民主（虽然并不是亚里士多德所倾向的）离不开情感关系。

最后，民主的普世原则和情谊的排他原则之间存在着深刻且无法调和的紧张关系。国家不再是亚里士多德所声称的“家庭和村庄的联合”（也不是希腊那种简单的共同体）。民主政体也是由一组与家庭主义不相协调的原则（法规，契约，财产安全，不可剥夺的权利，公民对统治者的监督）构成的集合体。一方面，民主对亲密友谊和家庭和睦有着很高的需求；另一方面，民主的原则却在破坏着朋友关系和家庭关系。对于这种冲突，我们又该如何解决呢？讽刺的是，民主需要情谊却无法利用情谊。在本章中，我将会对此进行探讨。

情谊是情感性的，民主则至少需要一些认知性的约束。情谊有赖于熟悉性和相似性，民主则必须包括不熟悉和不相似的事物。情谊中的人情味很浓，民主则常常是不计人情的。情谊指向的是熟悉的他人，民主则指向的是象征性的机构。这些不相容正是友伴型民主的基本问题。

民主需要适度的情谊

民主需要志愿团体来实现两项功能：第一，积累利益，并向民众解释政府的所作所为；第二，用情感将人们联系起来，以防止孤立的个体制造混乱。第一项功能对于政治专家和大部分公众来说并不陌生。这是早期政治多元学派（以彭德尔顿·赫林、沙特施奈德、大卫·杜鲁门、威廉·科恩豪泽为代表[2]）的主题。我想在此深入探讨的是第二项功能。

虽然为实现这两项功能所需依靠的团体有所重叠，但两者还是有很大区别的。着力于实现第一项功能的团体（以下简称利益团体）包括工会、商会、专业协会和特殊利益组织（如钢铁行业、百货业、体育行业、宗教组织、教育行业和全国有色人种协会）。着力于实现第二项功能的团体（以下简称情感团体）则包括家庭、社区组织、私人教堂、共济会，等等。由于情感团体小到足够发展面对面关系，因此其在执行公事的同时也向人们提供了情谊。利益团体代表了韦伯的联合理论，即人们会基于利益或一致而联系在一起。情感团体在很大程度上是基于个体对各自所属派别的主观感受而联系在一起的[3]。情感团体（尤其是家庭团体）很少公开政治立场。社区团体曾经发挥过这种联结作用，但在战后，邻里关系出现了大幅下降（见第六章），并进而造成了美国地方选举参与度的下降。情感团体的功能发挥通常是超出政治多元主义的认知范围的，但其功能对民主来说同样重要。

民主政体与市场一样，需要高水平的人际信任，以允许政治对手交替对政府权力的控制。对这种人际信任的测量通常会涉及国会[4]和商业中的分歧调和。（因此，在过去25年间美国人际信任程度的下降并不是一个好兆头。）此外，家庭和友情也成了防止不利于民主政治的疏离和失范的接种剂。举例来说，在一项考察失范的研究中，其中一个问题针对的是人们对朋友的不可靠性的看法，另一个问题则考察的是人们对以下陈述的看法，即“现在世界上缺失的是那种可以持续一生的旧式友情”。二者都与民族优越感和政治敌意有着密切的关系[5]。

如大卫·伊斯顿一样，在区分对某一政府的支持，对政权（民主、君主制、专政）的支持，对政治共同体（国家及其人民）的支持时[6]，我们很容易发现，对政治共同体的支持很容易受到社会关系的影响。我们可以把对彼此的社会支持看作一种对国家共同体的“发散性支持”，它使得政治体系所需的牺牲变得可以容忍，并给民主政体的正常运作留出了空间[7]。一个疏离且失范的社会是民主发展的贫瘠之地，同时也是孕育敌人的富饶之地。

具体来讲，孤立的个体参与选举的可能性非常小，而选举正是民主的重要特征之一（见第十三章）。事实上，有研究发现，朋友和邻里的影响远比鼓励投票及其他形式的政治参与的政治举措更为有效[8]。此外，一项不太明显的原则也在发挥作用：和个人相比，团体在倡导公民责任方面更为有效。其中有研究发现，美国的投票率的下降（在一定程度上）是由于社会关系的弱化对促进政治参与的公民准则产生了不利影响[9]。

和他人的联系不甚紧密的个体甚至不是抗议团体的适当人选，因为这些个体是全然“无拘无束”的，会以特别的方式进行抗议，自我效能感低下，甚至有可能因一时愤怒而殃及邻里[10]。此外，如果一个人只以自我为准，那么恐怕只有朗西曼所说的“自我剥夺”诉求能够对其产生约束，而非“亲族剥夺”这一能够激发出个体对同族受害者的保护心的真正力量[11]。

有人可能会略带讽刺意味地认为，利益团体发挥的是动员作用，而情感团体发挥的则是团结作用。利益团体可以将不满情绪集体化，并对因群体团结失败而激起的不满情绪进行疏导。虽然“抗议者并非来自感到不幸的群体”这一事实令人感到意外，但当人们发现愤怒和不幸之间是一种负相关关系时，这一事实也就变成意料之中了[12]。情感团体则倾向于减轻人们的愤怒情绪，按照利益团体成员的标准对人们进行教化，而不是促使人们直接表达自己的政治观点。情感团体是“前于政治”的，但对民主的作用同样重要。

情谊关系的优先性

爱德华·威尔逊曾写道：“在许多生物群体中，从群居的昆虫到灵长类动物，最先进的社会是直接从家庭单位演变而来的。”[13]威尔逊、理查德·兰厄姆、弗兰斯·德·瓦尔等人均发现，无论是对于人类来说，还是对于其他灵长类动物来说，这种亲属关系都很重要。这一发现支持了我的基本假设，即我们与他人的关系在很大程度上决定了我们的幸福感。当这种亲属关系比较亲密时，群体成员就会积极地参与群体决策的制定。而后，这种参与的积极性会随着社会经济的发展而出现些许下降。不过，只有在民主出现后，这种参与才会逐渐变得非人性化。（在原始社会中由亲密团体负责的统治工作现在是由民主在负责[14]。）但即使是在现在的亚洲集体主义社会，在类似的更为简单的农村政治，以及在西方的大城市政治中，政治也不得不再次转向对家庭关系和朋友关系的依赖。政治中的地方主义对此也有所反映。暂且不谈地方公务员较低的绩效和专业水平，地方政府负责人的公信力要远高于国家政府负责人的公信力[15]。

拟人化

情感之于民主的原则和实践的优先性源自人们对类人事物（而不是制度、原则、印刷品或其他的无生命事物）的偏爱。我们对人的响应要比对其他对象的响应更为积极[16]，且并不限于我们所熟悉的人。我们的情感倾向于寄托在人类身上，而不是抽象的事物上[17]。人们对战争的理解同样是以人为先（例如惠灵顿、拿破仑、道格拉斯·麦克阿瑟），对政治的感知也是如此，例如：

约翰·肯尼迪总统遇刺时唤起了人们在亲朋好友去世时才会产生的情感。相对于其他的国家危机，这种现象十分罕见[18]。在对权力需求的投射性测试中，获得高分的人（如教师和社会服务工作者）会积极寻求能够驾驭人而非事件的力量[19]。此外，很多重要的情感也只有人类才会表现出来，比如嫉妒、斗争、感同身受、怜悯（对某些动物例外），以及几乎所有与性有关的情感。情谊能够从拟人化中受益，民主则不然。

民主和对情感关系的依赖之间的不相容

如果情感团体能够阻止会对民主造成威胁的失范性个人主义，且能够主导抽象性思维的话，那么我们就不难理解为什么其与民主的原则和实践是如此不相容了。我将在下文中对这种不相容进行详细说明。

情感过程与认知过程

罗伯特·扎伊翁茨发现人类有两个独立的判断系统：一个是情感系统，其往往会率先向大脑的中枢“提交”相关的判断；另一个是认知系统，其常常会先对证据和结果进行衡量，随后再作出最终的判断，因此其判断也许更为可靠一些[20]。对于情谊的判断通常会不可避免地最先动用情感系统。毕竟，对人的喜好通常是最重要的。政治则更适合用侧重衡量成本和收益的认知系统来评估。那么情感环境是否会增加对情感系统的初期判断的依赖呢？情感和认知之间是否有一种权衡呢？不妨思考一下如下三种可能的结果。

第一种可能的结果是冲突和痛苦。根据古典社会理论学家滕尼斯和齐美尔的观点，理性和友情是彼此对立的，尤其是同时经历两者时。在表述心理过程时，也许这种对立关系并不精确，但准确地说，当感觉和认知发生分歧时，我们往往会因为认知失调而感到痛苦[21]。

第二种可能的结果是利用情感来加强个人决策。因此，包容精神允许思想更具独立性。有研究发现，一个可靠同盟的存在足以让一个人能够坚定地与整个世界相抗衡[22]。

第三种可能的结果是群体情感战胜了独立思维。虽然有研究表明人云亦云者比独立思考者更快乐[23]，但人云亦云的名声并不好。由于背叛的代价很高，因此在朋友中间很容易出现人云亦云的情况。太多的情感因素会带来要求一致的群体压力，但"群体思维"通常并不会有助于群体成员作出正确的决定[24]。一项研究发现，群体的一致性会随着群体凝聚力的增加而增加[25]，因此情感关系可能会导致独立思考者和投票者越来越少。有关亚洲集体主义社会的研究报告称，如有必要，个体会将个人情感和愿望放在自己所在群体的目标之下[26]。这种政治表达倾向对民主来说是不利的。

政治机器为人们提供了政治上的联系，却要付出道德上的代价[27]。曾经有一小部分美国人加入共产党的原因是：他们觉得共产主义是情谊的一种来源[28]。政治历史上也曾出现过情同手足的快乐时光，比如20世纪60年代华盛顿出现的多次游行和1995年路易斯·法拉肯领导的非裔美国人游行。但国家治理并不是去制造一系列的高峰体验。你是否听到那些游行的人有节奏地喊着"快乐创造力量"呢？

民主和无差别性

美国宪法向所有人保证"法律面前，人人平等"。一个人会因为是某个美国合法公民的兄弟姐妹、子女或配偶而享受到美国的公民权。当二者之间的家庭关系被法律宣布无效后，道德又会重新恢复二者之间的亲属关系。格雷厄姆·沃拉斯希望国会议员能够认识到自己的思维定势，他谈道：

在政府中，一个人首先需要具备的品性是意识到我们从书中获得的信息与我们所观察到、所看到的信息同样重要。比如，在某个职位的候选人名单中，我们应该同等地看待有关一个我们从未见过的候选人和一个我们曾经见过的候选人的信息；再比如，在选择将有限的资源分配给某个地区时，对于一个不熟悉的地区和一个熟悉的地区，我们应该做到不偏不倚[29]。

沃拉斯并不是希望公民对朋友和邻里采取这种冷漠的态度，而是希望公民接受代表在服务于民主理想时必须遵从这些规范和准则。当公民本人是“大选前……（代表）见过并喜欢的人”时，也许执行这些准则会有些困难。不幸的是，本章第一部分所提到的人的优先性似乎与此并不兼容。

民主政府的无差别性是否是从市场经济中借来的呢？当然，金钱对人是无差别的，这也是其优点之一。但我们还是很难理解为什么政府必须培养无差别性。如果金钱会减损情谊，那么我们似乎可以预见到，经纪人、银行家和商人会比教授、士兵和艺术家所拥有的情谊少很多。但我对此不敢苟同。

相关的理由有三点。第一，如果金钱关系是无差别的，那么政治和金钱之间的不愉快关系会好很多。如果资金捐赠人希望从捐赠中获得友谊，那么腐败将在所难免。税收政策、签订合同、官吏和司法任用亦是如此。第二，官僚主义是有意变得不近人情，这样政策和措施执行便不会只依赖于特定的人。身居高位者的互换性越高越好。第三，是群体规模而非金钱关系使得民主和亲密情谊无法共存。民主通过引进某种责任制来管理民众。不同社会经济发展水平下的政治参与情况似乎也证实了这一点：社会规模越小，集体决策时参与人数的比例就越大[30]。

友谊和公平

政治中的情谊和法律中的情谊对比。与政府中的裙带关系的恶名相反[31]，我们可以想象的是，一个人可以让自己的侄子为自己青睐的候选人投票。那么这有什么不同吗？首先，其中所隐含的交易的类型是不同的。广义上的交易（为求政策回报的选举支持）是可以被接受的，但不要有明显的利益交换。民众希望投票给那些能够推出对自己有利的政策的候选人，至少是投给那些自己所认同的人，比如工薪阶层人士、波兰裔美国人、农民，等等。民主可以接受透明的交易。至于原因，如果想报答侄子的投票的话，难道赢得竞选后不该奖励一下侄子吗？答案似乎可以分为三部分。首先，分散的权力可以允许交易的存在，但政府机构所拥有的那种集权则不应如此。其次，候选人的侄子，正如在企业中一样，并不是由于能力出众而被选中担任某职的。最后，在民主政体中，每个人都应当获得同等的对待，这种考虑排除了以家族关系为基础的获益。

相比之下，道德问题则更为广泛，同时也引出了对“公平的含义”这一基本问题的探讨：科尔伯格认为，公平指的是每个人都应当获得同等的对待[32]；吉利根等人则认为，公平之中应当有所区别，以保护特殊人群的利益[33]。前一种看法获得了专业人员和受教育水平较高者的支持，后者则得到了工薪阶层的支持[34]。政治中的护持亲友现象是否可以被接受，似乎取决于个体更认同公平的哪种含义，以及个体身处奉行个人主义的西方还是集体主义的东方[35]。

正如第六章所述，亚洲的集体主义文化（以及各地的乡村政治）遵循着义理原则，即个体与家庭及朋友之间的道德互偿。对朋友的义务是其相对较新的、腐败丛生但并非失败的民主政体的指导原则[36]。根据西方的标准，这种对朋友的义务是与对所有人的义务（法律面前，人人平等）相冲突的。

约翰·斯图尔特·米尔表示，如果一个人没有对自己的家人给予“特殊照顾”，那么他就会受到家人的责难，但他也相信这种“特殊照顾”只适用于私人事务的情况[37]。西方博爱论拥护者的主要问题是其保留了公共和私人之间的差异。这一问题在西方社会尤为重要，因为家庭公平的原则和公共公平的原则是不同的[38]。尽管人们会将自己的想法和感受进行分门别类，但人们并不会按照公共/私人这一分类标准对这些想法进行区分。两者享有相同的文化，人们可以从公共领域借用概念来解决私人领域的问题，反之亦然[39]。事实上，有人认为公众与其领导者的关系在很大程度上反映了公众对更为普遍的人际关系的看法[40]。这也是为什么人际信任能预测民主社会的稳定性的原因。

包容性和异质性

民主和法律并不会无差别对待所有人，这种无差别对待通常会参考一些普适性的标准，比如说只有当老人和小孩在功能上与青年人有所不同时，“年龄”才会被允许作为一种区别对待的参考标准，而“性别”这一区别对待的参考标准也只有在涉及生物学功能时才会被用到。但民族、宗教或种族等绝不属于可参考的标准之列。民族和种族是政治联盟的基础，但当二者成为法律适用范围的参考标准时，公众常常会对此感到不安。

在步入“法律帝国”之后，以民族和种族为标准进行的区别对待并没有消失。在多种族共存的社会中会存在缩减福利的倾向，因为福利领受者被认为是不同种族的[41]。和种族相对单一的密歇根州（底特律除外）相比，多种族的得克萨斯州则对民主原则的普遍性要求进行了修改，在奖学金和重建计划的分配方面更为特定化[42]。民主公平的普适性被奉行特殊主义（家族主义）的种族群体的认知和情感诉求所重写。随着种族主义的扩张，民主和情谊会再次发生冲突。

情谊分类后会通过相似者的吸引力而产生移情作用，这种移情作用有时也会被意识形态和政治所界定。在极端情况下，那些与我们不同的人可能会被认为是不喜欢我们的人，且不会得到正常的对待。那些追随纳粹残忍对待犹太人的“善良德国人”为了抚慰自己的良心，把犹太人称作人类社会之外的人[43]，这就好像美国那些奴隶制支持者对非裔美国人的态度一样。在多种族社区中，学校公债投票的失败更加频繁。问题并不是孩子是否能进入学校[44]，而是“我们的孩子”是否能进入学校。此外，只有当被剥夺的对象是我们自身及我们的亲朋好友时，我们才会产生被剥夺感。情谊的家族主义取向与招致个人主义的民主的普遍性原则相冲突。身处异质性群体中的人们会很容易失去自己的个性。两项实验表明，当被试认为某个群体是异质性群体时，其对整个群体的喜好在很大程度上决定了其对群体中某个特定成员的喜好[45]。这是由于“认知吝啬者”会使用最容易获取的线索来对某个个体进行评价，且异质性会促使人们根据对某个群体的刻板印象来评价群体中的成员。此外，人们会倾向于把一些不熟悉的特征（如种族）与一些不太常规的行为（如犯罪）联系起来，从而产生对少数种族者的刻板印象。这并不是情感上的偏见，而是认知上的经济。这违背了民主的原则。这种对熟悉和相似的偏爱与诸多民主原则产生了冲突，比如兼容并蓄，“法律面前，人人平等”，等等。人人生而平等是不言而喻的真理。但是当我们手握权力时，我们往往会区别对待像我们一样的存在（特别是当对方是我们的亲人时），并且我们从没想过这样有什么不好。

博爱与自由和平等的关系

在法国大革命中，博爱指的是对其他革命政权的团结[46]。但有人在解释政治中的情谊时所借鉴的“博爱”的含义却是“自由、平等、博爱”这一口号中的“博爱”。我们将会在下一章中看到，这三个口号与主观幸福感之间都存在一种不太确定的关系，但有人可能会问，有没有可能自由和博爱是对立的呢？伯林认为，博爱很难被自由同化，它跟团结的关系要比与自由的关系更为密切[47]。但也有人认为博爱是自由和平等的结果。在他们看来，博爱是人类关系的终点，自由和平等只是为达到终点所采纳的方法而已[48]。在我看来，自由既不会带来情谊，也不会导致失范。实际上，自由的目的就在于给自己限定一个人生目标，比如情谊、虔诚或金钱。

也许自由和情谊的兼容性这一问题的答案是20世纪90年代盛行的社群主义哲学。自由和情谊，这两个被伯林区别对待的概念被法令强制合并。社区被定义为个人主义和选择的冲突以及团结和情感的冲突最小的地方。即是说，问题被回避了。事实上，至少在美国南部，那些重视情谊的“好男孩”并不重视自由[49]。

可以说，伯林的看法是比较正确的：博爱和社区是与自由不同质的东西，而且往往和言论自由以及大部分的异端邪说互不相容。

家庭主义政治与民主政治

政治中的家庭主义原则可从以下两个方面进行分析：当应用到领导者时和当应用到公民身上时。先说说领导者的情况。在君主制和贵族统治政体中，领导者的统治地位是基于家族关系得到的。而在民主政体中，领导者需要通过赢得选民的支持来获得地位（韦伯所说的权威的理性基础）。合法性的依据已经从基于家庭和友谊的原则转向了无法支持这些依据的原则。

当一个国家的政治中保留有家庭主义原则时，那么这个国家的政府也许会倒退到比较封建的行事方式。在对日本乡村政治的研究中，尼古拉斯·克里斯托夫发现，日本政治家通常会从父亲或祖父辈继承议会席位，且这种现象越来越普遍。当平民以投票的形式向这些“现代贵族”表忠心时，国家政治的封建色彩变得十分突出[50]。但在日本城市中，义理和世袭的职位并没有那么普遍。城市化及现代化使社会更加接近民主的启蒙概念，并远离共和政体的古典理想。都市生活使得政治中的友谊和家庭关系受到很大的影响。

然而，在奉行个人主义的西方也有类似的情况发生。家族已不再是曾经的政治单位了。1860—1896年的高参与度据说是得益于乡村国家的家庭社会化所产生的“激烈的党派之争”[51]。50年后，即20世纪40年代，家族政治依然很盛行。当时96%的已婚夫妇会作为一个单位进行投票。只有在少数情况下（比如家庭出现了不和），人们对政治参与的兴趣才会出现下降[52]。而这一切在近期似乎都出现了变化。如果一位青少年的朋友的政治见解与其父母的政治见解不同，那么这位青少年会更偏向于认同朋友的政治见解[53]。虽然也有例外[54]，但总体的情况却更可能是趋向于都市政治而非家庭政治。在战后的美国，有将近四分之三的父母并不反对儿女与敌对阵营的成员成婚。对于这样一个政治世界，蒙太古和凯普莱特家族恐怕永远无法理解！但对于自己的祖国意大利，他们可能能够理解，由于那里只有不到15%的人在政治上比较宽容[55]。

由于工作和家庭生活的分离，现代家庭的力量已经大幅削减[56]。家庭生活从政治中的分离也许对家庭的一致性产生了一定的负面影响，但其对政治的影响似乎很难被量化。一方面，家族中的政治分歧，如20世纪40年代那样，可能会降低政治关注度和参与度。另一方面，各个家庭成员的独立决策也更接近民主意义上的自治，即独立的个体就政治问题进行自主决断。50年前的家庭凝聚力有赖于妻子对丈夫的顺从。而现在，如果家庭凝聚力仍有赖于妻子对丈夫的顺从的话，那么独立决策的民主模型将会比建立在从属关系之上的家庭凝聚模型更有吸引力。政治上对孟德尔定律的否定对于儿童的独立性并无损害。

家族主义价值观和民主政治原则之间的不相容似乎有所增强。对个人幸福来说，家庭至关重要，但掌控个人事务的能力也同样重要。民主的作用就是让这两种幸福来源之间的冲突得到更好的解决（见第十三章）。

社会资本和政治资本

在“公民化”程度最小的意大利南部，我们发现那里的自治组织的规模并不大，且人与人之间的信任感很低[57]。但我们也不能据此就认为这种社会缺乏友情或家庭团结[58]。与此形成鲜明对比的是，在加布里埃尔·阿尔蒙德和西德尼·韦尔巴取样的5个城市中，美国（“公民文化”的典例）的自治组织的规模最大且人际信任感最高[59]。但即便如此，美国的离婚率在西方社会中也高居首位（且在不断增长）。此外，丹尼尔·莱文森在研究中发现，在美国社会，友谊的缺乏是显而易见的[60]。此前戈罗尔曾注意到美国男性朋友之间的紧张关系，并将这种现象归因于美国男性之间的竞争和对同性恋的“恐慌”[61]。因此，我们是否可以认为美国是团结程度不足且情谊较少的公民化社会的典例呢？

问题是，友谊和团结的家庭是巩固民主的社会资本，但不一定是政治资本。它们对于民主来说很重要，但并不属于民主的一部分，甚至在民主进程中也没有体现。难道说友伴型民主的说法只是一种矛盾修饰法吗？

民主的其他事务

情谊也许是幸福最好的恩赐，但这并不意味着它是评判所有机构（比如法院）的标准。如同法律一样，政治还有其他的事务要完成。与爱德华·科克和威廉·布莱克斯通一样，美国立宪派通常会把法律放在首位。麦迪逊表示政府必须能够为人们的安全和幸福服务。佩因则悲哀地表示，政府要能够防控人们的恶习。杰斐逊和伯林的观点一致，即自由是政府的首要职责。许多现代民主理论学家则认为民主政府的首要好处便是为人们提供用于指导个人生活的诸多选择[62]。另一方面，将自由放在首位的约翰·罗尔斯认为，主持公平正义是政府的首要责任。米尔和杜尔凯姆（以及阿玛蒂亚·森）曾指出，国家的第一项事务是教育公民，这也基本上是亚里士多德的看法。另有人认为，民主的巨大价值是提供了一种互相自愿的冲突调节方式。关于公共利益和“公共意志”的观点说的是用政治解决除情谊之外的一切问题。一些美国政治学家认为，民主的主要功能是提供分配社会产品的最佳方式（详见《政治学：谁得到什么？何时和如何得到？》，这也是早期多元论者的口号）。这将是一种不确定的享乐交换：通过放弃安全、自由、和平解决冲突的方式、公平，甚至是可以替代市场体系的分配制度，来换取与家人和朋友间的亲密情谊。

有人认为幸福主要源于情谊，这对民主构成了威胁。假设友伴型民主已经实现，所有人也因此而感到心满意足，有人肯定会开始煽动不满情绪，因为人们所谴责的客观情况的确有所不足：人们快乐地融入脏乱的贫民窟，在充满爱意的家庭患上可治愈的疾病，在学校中倍受欢迎，但那里的学生不学无术。这类人不会被抛弃，因为不断发展的功利主义哲学忽视了人们的其他需求。正如我所说的那样，民主还有其他的事务有待完成。

第十五章

幸福的政治学理论

霍尔巴哈男爵曾说道：“所有机构的目的都应当是为人们尽可能多地争取幸福。”[1]如果这种说法是真的，那么为了把精力放在为人们争取幸福上，政府要在其他方面付出多少代价呢？功利主义者会说政府根本没有其他方面的事务，但是正如我在第一章中所说的那样，我认为除了幸福之外，还存在其他两种终极商品，即人类发展和公平，这也是政府的努力方向。我们将会看到，它们对于构造一个关于幸福的政治学理论非常重要。

关于终极商品的三位一体论

我将从人类的“尊严”或终极价值开始论述[2]。根据先例，有人可能会说思考的能力和情绪成熟都是十分必要的。人类也必须具备将想法和情感付诸实践的能力，即意志力。在道德问题中，思考、感受和意志指的是美德。但这些品质都是不变的，不过我所指的也包括不断努力改善这些品质，所以关于这些尊严的组成成分的整体术语应该叫作“人类发展”。

产品，包括这些人类的品质在内，都必须获得公平的分配。公平的外在品质指的是个体如何被他人对待以及个体能够得到什么，公平的内在品质指的是争取公平的意愿，这也是人类发展的首要因素。德行本身也必须得到公平分配。人类发展和公平是不可分割的，当然也各不相同。

最后，幸福（包括幸福感和生活满意度）当然应当是一种终极商品。我们无法从尊严的中心思想中推算出幸福，也无法推算出人类发展，但如果我们珍视某人，就会希望他好，或者说“永远幸福”。康德（我正是从他这里借用了人类尊严的中心思想）基于“幸福的人更可能去遵守绝对律令”这一事实，把幸福看作一种工具性产品[3]。如果我们承认终极商品除了幸福之外，还包括人类发展和公平[4]，那么当政府侧重于为人们争取幸福时，人类发展和公平，以及民主本身又当如何呢？

幸福的政治学理论

为了完善幸福的政治学理论，我想重温一下之前章节讨论过的几点内容。有人可能会说，我们已经有了一个关于幸福的政治学理论，那就是功利主义（虽然被现代哲学家所修正[5]）。但正如下文中讨论的关于功利主义的限制性问题所揭示的那样，让幸福成为唯一的最大化目标并不乐观。正如经济学家的效用理论一样，功利主义理论似乎也无法实现最大化目标。边沁对此十分理解，他曾经抱怨道：“我们无法对快乐和痛苦进行测量。”我的任务包括强调几个在幸福的实证分析中产生的政治理论问题，并直接将主观幸福感的概念性问题作为民主政府的政策性目标。

除了关于测量方面的诸多问题（见附录），幸福的政治学理论仍然有很多其他问题。（1）与经济福利不同，主观幸福感对于人们来说是一种内部体验，会受到临时性的影响，通常（但并不总是）从自我报告中推断而出，并且不会留下公开记录。（2）我们面临的问题主要来自由个人经验所组成的微观世界，而不是政府主导的公共世界。（3）我们对与幸福或抑郁相关的事件的响应性倾向部分是由基因和人格特质决定的。（4）政府的主要工具是法律和官僚体制，但这些工具对于精神疾病的作用似乎过于迟缓。（5）包括米尔、乔恩·艾尔斯特和心理学家戈登·奥尔波特在内，许多学者都认为人们只能间接获得幸福。（6）幸福可以被相互影响。当朋友、家人或同事更加幸福时，个人也会更加幸福，部分原因是幸福可以相互传染，另一部分原因是幸福的人会更好地对待彼此。与平等不同，幸福并不是一种公共产品[6]。满意度或效用是相互依赖的。因此，政府在为一个人的幸福服务的同时，也是在为一些人或很多人的幸福服务。

民主和幸福

民主本身并不是一种商品，而是一种能够使商品最大化，或者说让各种商品的获益最大化并调和其中的分歧的方法[7]。不过我在此并不想为民主进行辩护，我想做的是对民主与主观幸福感之间的关系进行阐释。

发展中国家和发达国家的民主与主观幸福感

边际效用递减规律认为，商品的价值会随着其相对充裕程度的变化而变化（见第一章及下文）。据此，我们不难看到，在发展中国家，民主与幸福之间并不存在相关（r=−0.02，ns）[8]；但在发达国家，民主与幸福之间是存在相关的。在欧洲，与生活满意度较低的国家相比，生活满意度较高的国家的民主制度出现得往往更早，持续时间也更久一些[9]。来自发达国家的其他证据也支持了这一论点。比如说，在美国（1976），人们对各种生活问题的感受越积极，就越不希望生活中或社会中出现重大的改变[10]。正如我在第十一章所说的那样，生活满意度促进了政治满意度，而不是相反。

难道我们需要两种主观幸福感的民主理论吗（一个用于发达国家，另一个用于发展中国家）？这是个棘手的问题，让诸多政治经济学家感到非常困扰[11]。与实行民主制的印度相比，中国的经济增长率更高，婴儿死亡率更低，预期寿命更长，教育普及率也更高，而这些指标在发达国家是与较高的主观幸福感相关的[12]。只要经济发展在发展中国家比在发达国家对主观幸福感的促进作用更大，且民主在发达国家比在发展中国家对主观幸福感的促进作用更大，那么幸福的优先性在不同发展程度的国家就是不同的。此外，主观幸福感对民主的影响在两种发展程度的国家也不相同。主观幸福感和民主的关系在发达国家并不依赖于收入水平，但在发展中国家则不然。实际上，在比较富裕的国家，生活满意度可能会取代平均收入成为预测民主支持的指数。经济发展也让民主支持变得不那么经济化[13]。

平等与主观幸福感

分配公平的理论在原则上很清楚（每个人都是一个主体，且仅仅是一个主体），但其却被实证研究的结果复杂化了。一方面，正如经济学谬论所揭示的那样，美国人的幸福似乎比收入分配得更为均等[14]。出于同样的原因，收入均等和全国的平均幸福水平之间几乎没有任何关系。一项我曾在第二章中提到的研究表明，收入不均和幸福之间并没有关系[15]。另有研究发现，在不对其他变量进行控制的前提下，二者之间出现了边缘显著的相关（$r=-0.48$，$p<0.05$）；但在控制了“人均国内生产总值”这一变量后，二者之间的相关也随之消失[16]。

在一项针对伊斯特波特地区工薪阶层开展的研究中，我发现社会或收入均等的想法会让他们惊恐不已[17]。和收入均等相比，目前的收入不均反而更能给人们带来幸福。如此看来，平等在很大程度上只是一个道德概念，并且我在所有关于主观幸福感的社会理论中都没有发现与之相关的事实依据（但有证据表明，在家庭组成的微观世界中，共同决策的夫妻会比一方占据主导的夫妻更加幸福）[18]。社会均等并不具备平等主义者所期望的安抚效果[19]。原因之一在于：和与自己处境相似的人进行比较会招致更多的不满，而“下行比较”反倒会给不幸者带来些许安慰[20]。正如其他人所说，这也显示出在相关方面，至少有小部分人的偏态系数是较低的[21]。因此，在不同国家之间，呈正偏态的收入分配与主观幸福感之间并无相关[22]。幸运的是，道德理论让我们摆脱了对享乐结果的依赖。

有没有一种民主理论既能优先考虑与左派民主理论密切相关的平等原则，同时又能承认收入均等和民主政府所承诺的幸福之间是不相关的呢？在这一困境中，一方是将民主从平等理念中分离出来，另一方则是承认平等的道德诉求优先于享乐结果。右派民主理论学家会坚持前者，而左派理论学家则会坚持后者。

权利与主观幸福感

没有任何民主理论是不涉及个人权利的。这是对“少数服从多数”原则和人民主权论的补充。但权利本身就是一种比较模糊的概念。罗斯科·庞德希望能够把权利限定在“法律诉求”之内，但从《人的权利》到《联合国宪章》[23]，我们可以看出，权利不仅包括法律诉求，还包括道德诉求[24]。那么在拥有权利和拥有幸福之间是否存在共同之处呢？

从表面上来看，二者之间似乎没有太多共同之处。一项跨国研究曾对各种权利进行了考察，并将这些权利大致分为三类：（1）严重侵犯人权行为（例如，在没有被控告的情况下失踪，被法外处决，被拘禁）；（2）公民权利（例如，无逮捕令不得进行搜查，独立法院，证实有罪之前必须假定为无罪）；（3）政治权利（例如，出版自由，和平集会自由，无记名投票的多党选举）。这三类权利的总体得分之后被一项在55个国家进行的关于幸福和生活满意度的大型研究所采用。在不对“收入”这一变量进行控制的前提下，这三类权利都与幸福感和生活满意度存在很高的相关。但在控制了“收入”这一变量后，对权利的保护与主观幸福感之间的相关消失了（$r=-0.01$，ns）[25]。

怎么会这样呢？之前的一些论点可能会有所帮助。第一种回答是，人们会誓死捍卫这些权利，但是就像收入一样，当这些权利实现后，人们就会对此感到理所当然。第二种回答在第十三章中有所说明，即人们将投票权视为一种参与某种耗时性活动的权利，而且认为自己无法从中获得任何好处。第三种回答和权利的本质有关。权利是人作为公民所理应享有的。从这种意义上讲，权利是天生的，而非努力获得的，因此并不会产生个人控制的快感（见第十二章和第十三章）。第四种回答是：如果其他人发生不幸，但并没有牵连到自己，那么就不会影响到我的幸福。因此，在那些公民权利不够充分的国家，比如马来西亚，人们的主观幸福感水平通常会超过平均水平[26]。最后，对所恨之人（罪犯、同性恋者、无神论者）采取合法程序的权利会引起各种复杂的情感，从而使对抽象权利的支持让位于他们所仇恨的具体事物。例如，几乎所有美国人都支持抽象的人权法案，但并不包括对无神论者在学校教学的权利，或者共产主义者的书被收录于图书馆的权利的支持[27]。这不是伪善，而是无法将实例代入抽象概念，无法用具体打败抽象。

民主理论学家认为，各种个人权利对主观幸福感的间接影响与以上研究中所说的直接影响完全不同，这种间接影响的发生有赖于：允许人们自主决定如何追求幸福，为人们的自由选择提供法律框架，保护少数群体不受多数群体的歧视。我认为这的确不错，但这必须与受到广泛权利保护的绝大多数市场民主体制中不断增长的不幸和抑郁相符。

权利对于民主的标准概念十分重要，但这并不意味着与主观幸福感相关的权利失败会对民主概念有所损害。原因在于民主理论有两大基石：规范和谨慎。如果权利无助于主观幸福感，那么我们可以用到两道防守：首先，规范的基石一般很难遭到破坏；其次，谨慎的基石一旦遭到破坏，则可以用长期性影响加以修复。因此，尽管有证据表明权利得到充分保障的民众并不比那些权利无法得到充分保障的民众更加快乐，民主理论也并没有受到较大的影响。

鉴于政治哲学家和律师对权利的高度关注，如果民主权利遭到了这些发现的威胁，那么我一定会非常惊讶。但通常而言，民主的这些特性所带来的享乐产出可能与其声称的获益是脱节的。

自由与主观幸福感

当然，自由必须能让人感到快乐，不然人们为何要通过漫长且痛苦的斗争来争取自由呢？但争取言论、集会和思想（包括宗教）自由的斗争却是近代史上才出现的。暂且不谈自由起源于公元前15世纪的希腊，约翰·伯里表示自由等同于自治的理念源自让·博丹和弗朗西斯·培根；以赛亚·伯林声称自由起源于文艺复兴和宗教改革时期；黑格尔认为法国大革命是“人应该有改变其所处体系的自由，以达到其不断变化的目的”这一观点的起源（但黑格尔本人却认为当时的普鲁士王国是自由的最佳例证）；大多数学者都认为启蒙运动是自由的起源。在以上起源中，只有启蒙运动认为自由的确、将会以及应当让人感到快乐。

自由被认为是一种有益的商品，因为与其他商品相比，自由是道德优先的。那么，我们是否也可以认为自由是正当的，因为它致力于追求幸福？拥有更多选择的人，或者说在重大问题上更有选择权的人，会不会比那些选择较少的人更加快乐或对自己的生活更加满意呢？正如我们在第十三章中看到的那样，伯林对消极自由和积极自由进行了区分。他认为消极自由意味着不受限制，而积极自由则是指拥有实现选择的机会。消极自由与主观幸福感的相关更为明确。很显然，人们不愿任人摆布，会因被剥夺了本来已经习惯的选择而感到不快[28]；当人们感到更加自由、更少约束时会更为快乐[29]；人们对自己获得的独立和自由的满意度远比其他任何经济衡量指数之于幸福感的贡献都大，但却不如对个人成就的满意度和对家庭生活的满意度之于幸福感的贡献大[30]。

积极自由则更难以估量。从客观意义上来讲，有钱有势的人拥有的积极自由更多。事实上，威廉·格雷厄姆·萨姆纳曾说道：“文明的资源就是资本，因此资本家都是自由的，或者为避免‘资本家’这一词的歧义，可以说富人都是自由的。”[31]我们已经知道，贫穷是不幸的来源（部分原因是选择受限），但富有并不是幸福的来源（尽管富有意味着可以充分享受到自由）。

与积极自由的相关性更高的是允许个人通过市场或民主来改变自己的境况。在对市场和民主的讨论中，我们也曾看到：这两种能够影响个人命运的机会与主观幸福感之间的相关并不十分明确。

正如我们在关于权利的讨论中所看到的那样，在控制了“收入”这一变量后，权利与主观幸福感之间并没有出现相关。如果以国家公民权利的原始数据来替代无法获取的关于政治自由的数据，那么我们会发现：尽管新加坡要比日本在关于公民权利的记录方面更为糟糕，但其国民的幸福感却相对较高；尽管智利（在皮诺切特统治时期）的公民权利要比巴拿马（20世纪80年代）的公民权利更难以得到保障，但是其国民的幸福感也相对较高[32]。如果这些发现是正确的，或者是部分正确的，那么原因何在呢?

我认为最主要的原因是，积极和消极自由的哲学概念忽略了非常关键的第三个维度：能力和性格。当面对不受限的自由和积极机遇时，人们必须具备一定的认知和意动能力以便对其加以利用。人们必须有这种渴望，且这些机遇必须有足够的吸引力。有证据表明，当人们相信自己有机会“为所欲为”时，其对自己的幸福程度的评定常常会比较高[33]。但人们并不总是愿意去做政治自由允许他们做的事情，比如说表达异端邪说。我们曾在第十三章中看到，对个人命运的掌控感与幸福感之间存在很高的相关[34]，但同时我们也看到，政治自由的行使并没有给人们带来掌控命运的感觉。就此而论，这种权利的行使并无法给人们带来幸福。无论如何，在缺乏自我掌控感的情况下，选择的机会看起来不仅毫无意义，而且还有些可怕[35]。自由带来的选择通常让人不堪重负。关于自由之于主观幸福感的意义，我们不应该像这样凭空猜想，而应该对其进行深入探究。

民主理论的问题是如何将规范与享乐整合起来。对这一问题的简单解决方案是：民主必须教育民众应该将自由用在什么地方。实际上，民主体制并没有培养公民作好民主实践的准备[36]。（公民课程的受众只包括非裔，并不包括白人[37]。）“对自由的渴望”[38]和自由选择的能力不是天生的。人们必须在微观世界的实践中学习并巩固这些能力。这些能力并不是由基因决定的。对于民主国家的公民来说，这些技能和态度的学习是十分必要的。

政府的范围和职责

边沁的功利主义为政策提供了一个目标。尽管如此，现有的因果理论仍然无法给有效的政策性建议提供支持。三位一体的功利主义能够提供更好的因果理论，但由于其没有最大化目标，所以它只能作为政策判断的指导。当然，我也只能在此对几个相关的问题稍作探讨。

市场还是政府？

我认为关于政府的经济效率（单位产品的最小经济成本）低于市场的经济效率的证据十分充分[39]，但我们尚未知晓的是：在主观幸福感方面，政府的效率是否也低于市场的效率（单位主观幸福感的最低痛苦）。然而，这两者的长期和短期影响常常混杂在一起，以致我们无法从诸多分析中得出定论。

福利制度

正如我们在第九章中看到的那样，接受福利救济的人并不快乐，但人们并不会因此而认为三位一体的功利主义政策会有损人们的福利。来自英国和美国的实验均表明，只需些许帮助和鼓励，很多福利救济对象就可以重新加入到劳动力大军中去。当然，仍然有一部分在街上流浪乞讨，或靠亲友救济度日，这也算是幸福的一种缺失吧。结论便是：根据主观幸福感的标准，福利是次佳的解决方案。

来自跨国研究的数据也对这一推论给出了支持：在控制了“收入”这一变量后，主观幸福感和福利花费占国民生产总值的比例之间并不存在相关。此外，与那些没有增加福利性支出的国家相比，那些增加福利性支出的国家的主观幸福感也并不会有所提高。这一惊人的发现得到了一项更为客观的指标的支持：人的寿命长短与人均国民生产总值在福利方面的支出增长并无关系[40]。考虑到低收入者要比福利领受者更为快乐，弥尔顿・弗里德曼的观点——在发展中国家，在血汗工厂工作要比接受政府的救济更好——也许是正确的。政府的政策更多的是受到意识形态而非学术的启发。

福利制度的另一个主要组成部分是社会保障。总的来看，老年组的生活满意度要高于其他年龄组的生活满意度，这也使得较高的抑郁症发病率逐渐从老年组转到了青年组。

但一些跨国研究再次提出了关于社会保障（老年人的退休金）和主观幸福感的关系的问题。研究表明，国民收入用于社会保障的比例越大，公民的主观幸福感就越高（$r=0.57$，$p<0.05$）。但这仅仅反映出一个熟知的事实：国家越富裕，其社会保障支出占国民收入的比例就越高。若将此纳入考虑范围，二者之间的关系仍然呈正相关，但却失去了统计上的意义（$r=0.2$，ns）[41]。作为最受欢迎且最容易受到选举影响的政府项目，社会保障与主观幸福感之间似乎并没有多大关系。

政治满意度是受生活满意度驱动的，因此我们无法确定公共政策对生活满意度的影响。正如关于美国官僚政治的研究所发现的那样（见第十二章），最受欢迎的体验常常会被敌对的意识形态所打败[42]。

左派，右派和主观幸福感

如果功利主义既无法反映保守派的价值观，也无法代表自由派（社会民主党）的价值观，那么关于幸福的实证研究则会为一种基于“为多数人争取尽可能多的幸福”的意识形态的形成提供某些线索。这会是怎样的情景呢?

关于主观幸福感的研究报告通常比较右派，特别是有发现表明经济平等对主观幸福感并无贡献，而高收入和不断增长的人均国民生产总值却使得民主、自由及诸多权利成为幸福的丰富源泉[43]。这些发现中的经济主义比较契合现代保守派的思想。在这些人看来，正直比幸福更重要，且人类永不能达到完美[44]。此外，在一个经济不平等的社会，主观幸福感的分布会相对均匀，这在某种程度上缓解了右派关于收入再分配的道德压力。

有研究表明，幸福的来源主要是家庭和朋友，这也给“小政府”的学说提供了某些支持。关于享乐的研究在宗教价值方面也比较保守。我们可能会错误地推断出：较少的税收和较少的货币转移及管制会导致照顾人员伤亡的责任自政府转向家庭、教堂和社区。此外，我们可以从自我归因对主观幸福感的影响推断出人们对自由放任政策的支持。有研究发现同质群体比异质群体更为快乐，这也对保守派的价值观给出了支持[45]。

财富效应是保守的，而经济学谬论则极为反保守。是否存在关于保守派和自由派心态的其他证据呢?

至少在美国，保守派对生活的控制要大于自由派[46]，这种控制感与主观幸福感的相关非常高[47]。在不考虑收入的情况下，保守派对生活的满意度会更高。重视幸福本身就是保守派的特征之一。这种重视和对平等的重视是呈负相关的（$r=-0.23$）[48]。

但是，由于现代保守派关注的是货币的首要价值，因此享乐动机与不幸有关的观点是属于自由派的。此外，商品无法带来享乐产出的观点也是属于自由派的。有研究发现，在发达国家，扶贫的确能够减轻不幸。这也在一定程度上支持了经济学谬论。这一情况的古怪之处在于，市场经济本身可能会基于收入的边际效用递减而接受这些政策[49]。社会比较的普遍应用使得经济学家的逃避举措变为徒劳[50]。最后，相关研究在证明拓宽个人选择范围的价值方面的失败似乎削弱了那些保守派的观点。当前有关幸福感在下降和抑郁症发病率在上升的证据综合表明，在美国的市场环境下，家庭和社区所需要的帮助是市场无法提供的。

如果说自由派注重经济平等，保守派注重选择的价值，那么坚持认为博爱是幸福的主要来源的又是谁呢？考虑到功利主义者已被卷入到经济学谬论的空想之中，那么谁又能够替代幸福发声呢？最后，人们会好奇自由派和保守派的代言人是否对幸福这一问题有足够的关注[51]。

家长制与主观幸福感

康德认为家长制是“最大的专制主义”，由于它并不将人看作独立的个体，而是将人看作任人摆布的对象[52]。一位印度文化的专家表示，在印度文化中，人们非常认同家长制以及一种不对称的依赖关系[53]。我们不妨来看一下如下关于家长制的比喻：

事实证明，如果鸡能够自由地选择自己的食物，那么和不善于选择的鸡相比，善于选择的鸡会变得更为强壮，更为健康，更具优势，这也意味着它们能够占有最有利的资源。如果将善于选择的鸡所选择的食物强行配给不善于选择的鸡，那么这些鸡也会变得更为强壮，更为健康，更具优势，尽管达不到善于选择者的水平。即是说，善于选择的鸡能够更好地为不善于选择的鸡作出选择[54]。

在不考虑鸡的自主性和偏好的情况下，养殖场场主往往会直接选择能够哺育出较为强壮的鸡的食物。在疗养院进行的那项研究（见第十三章）发现，那些有更多自主权的老人的寿命往往更长。这似乎是上述例子的反例。家长制为自主权服务[55]！我发现这是构建幸福的民主理论的核心问题，即政府是否能够在不剥夺个人选择的前提下帮助人们选择自己的幸福。但如果这种“帮助”的范围扩展到信息的选择的话，那么家长制恐怕会吓到很多人。

幸福的边际效用递减

在对之前的一些观点进行总结和扩展后，我发现了以下这些不证自明的真理：

第一，人们的幸福感和满意度有多个来源，且在追求幸福时会寻求多种商品；

第二，当某种商品的供给相对充裕时，人们从中获得的满足感通常（但并不总是[56]）会逐渐减少（顺彼得将这种边际效用递减的观点称为公理，而不是某种心理学假设[57]）；

第三，由于历史和社会环境的改变，各种商品（如收入、情谊、工作满意度）产生满足感的能力会随着各自的供给情况（以及喜好）的变化而变化；

第四，当试图通过评价自己的生活来增加幸福感时，人们可能会发现如果幸福并不伴随有某种目标的话，那么这种幸福也是不完整的。

对于第一个和第二个观点，我认为收入和情谊都遵从边际效用递减规律（见第四章和第六章）。因此，在发展中国家，收入水平的提高能够带来很高的享乐产出；在欧洲，这种享乐产出往往较低且多变；在美国，这种享乐产出甚至是负值。在不同文化背景下，收入的增长都会造成边际效用递减。

在不同文化背景下，情谊呈现的模式也比较相似。迪纳等人的发现表明，情谊在个人主义社会中要比在集体主义社会中能够给人们带来更多的幸福感[58]。就个人而言也是如此，情谊充裕会产生边际效用递减（见第五章和第六章）。现在我要评估的是评判标准本身，即幸福。我们如何评判幸福是否出现了边际效用递减呢？这种递减的本质又是什么呢？

首先，我想将主观幸福感分为两个主要组成部分：生活满意度和幸福。其次，我想用生活满意度来评判幸福。幸福是一种情绪，而生活满意度则更像是一种认知上的判断。两者密切相关，但并不完全相同。功利主义者往往会混淆两者，比如哲学家瓦迪斯瓦夫·塔塔尔凯维奇就将幸福定义为相对持久且比较全面的情绪，这种情绪的内容则是对生活的持久、完全和合理的满足感[59]。举例而言，和集体主义文化相比，在个人主义文化中，情感在生活满意度的评估中的作用更大[60]。我认为如果把幸福的情绪从生活满意度的评价标准中分离出来，那么我们便可以呈现幸福的边际效用递减。从这个意义上讲，一个人说自己很幸福，却对自己的生活不满意，这种情况貌似也有可能发生。

以这种方式评判幸福的理由有四点。第一，“想拥有更多”正是幸福这一概念的一部分。因此，《柏拉图全集·高尔吉亚篇》中写道：

苏格拉底：所谓无欲无求之人才会快乐，这种说法是完全错误的。

卡里克利斯：没错，如果是这样的话，那石头和尸体就是最快乐的了。

无欲无求是一种与幸福无法相容的病理现象。第二，如上所述，哲学家和心理学家有一点说得不错，幸福是无法直接获得的，我们只有在追求其他事物的过程中才有可能得到幸福[61]。因此，一个快乐却不感到满足的人也许会说：“我想成为一个更好的人。”或者，他可能会说：“我想帮助他人变成一个更好的人。”这种说法是利他主义和公平的理念。在这些情况下，幸福是不足的。

第三，平均幸福感和边际幸福感是不同的。一个幸福但想要更多的人的平均幸福感可能是比较高的，但其边际幸福感可能并不高。从某种心理学意义上讲，我们可以认为这类人是幸福的，但他仍感到空虚。他处在一种边际幸福之中。

第四，因为人的效用是相互依存的，因此一个人完全将精力集中在个人幸福之上，且不会无意间减损幸福，这似乎也不太可能发生。人们之间的关系必然会影响其对幸福的追求。这并不是道德辩护，而是一种经验观察。从这方面讲，假定相互独立的边际效用的市场解决方案是没有意义的。

经济学家的效用对于主观幸福感的真实感受来说是一个糟糕的引导[62]。如果可行的选择本身并不令人满意，那么即使个人偏好得到了满足，个体也仍然会感到不快乐。那么我应该喝下《麦克白》中女巫的啤酒还是苏格拉底的毒芹汁呢?

在本章开头部分，我曾提到除幸福之外，还存在两种终极商品：人类发展和公平。我想将本节开头部分提出的第二个真理与第四个真理结合起来。经济学家也许会因多重标准而感到不快，但我们中的大多数人都会发现，支配我们生活的标准、目标或价值观不止一个。因为幸福的价值有其本身的局限性，因此在历史上，以及在全世界范围内，幸福的价值是有巨大差别的[63]。

非功利主义的哲学家普遍认为，一些终极商品是可以在同一个哲学体系中和谐共存的。幸福——有时也会被含混地称为福利[64]——是终极商品的一种，公平、真知、美以及友谊也是如此[65]。

功利主义的极限

如果我们只把幸福感作为评定生活质量的标准，那么就会危及我们所珍视的价值观，其中不仅包括公平和人类发展，还包括一些工具性价值（如自由和人权）。我认为有四个原则性的论点对纯粹的功利主义构成了挑战[66]，但由于我的主要目的是阐明幸福的边际收益递减现象，故在此我只打算稍作陈述，而不打算进行辩驳。

第一个论点是主观幸福感的严格标准的薄弱道德。“为多数人争取尽可能多的幸福”这一主张似乎默许了多数人对少数人的剥夺（边沁将权利学说称作“高跷上的胡说八道”）。因此，多数人的效用可能要以少数派的效用（包括生活本身）为代价。在民主国家，这些少数人会受到权利的保护，而“以权利为基础的考虑……却是与功利主义不符的”[67]。

第二个论点是人类的功利主义形象。有两位杰出的当代哲学家对这一形象作了如下描述：“从本质上讲，功利主义认为人不过是各自发挥效用的一个位置而已。一旦利用了人的效用，功利主义便对这个人再无任何直接的兴趣……（功利主义尤其表明了）对个人自主性的忽视和对个人完整性的漠视。”[68]（所以人类发展是一个很好的补充。）

第三个论点是功利主义对自由的威胁。例如，大多数美国人认为无神论是不道德且令人反感的学说（西奥多·罗斯福称托马斯·潘恩是“一个肮脏的小无神论者”）。我认为对这一学说的反对并无法大幅提升美国人的幸福感，除非仇恨的快乐要多于忍受的痛苦。森在一项研究中发现，功利主义思想可以成为虐待狂对无辜之人施行虐待的理由，以及“假正经”的人拒绝阅读《查泰莱夫人的情人》一书的理由[69]。

最后，愉悦是不平等的，并且需要一个额外的标准。米尔说道：“做一个不满足的人好过做一头满足的猪，做一个不满足的苏格拉底好过做一个满足的傻瓜。如果傻瓜或猪持有不同的观点，那是因为他们是从自己的立场看问题的。而比喻中的另一方（苏格拉底或其他经历过‘更高’和‘更低’愉悦的人）则知道从双方的立场来看问题。”[70]

幸福在多个终极商品中的定位

我想用多个终极商品并存的观点来反对四种传统观点。（1）亚里士多德认为，为了理清思路，单峰值的善（bonae）是很有必要的。只有这样，我们才可以根据每个终极商品对至善的贡献多少来对其进行判定（但他并没有遵循自己在这方面的建议）。（2）在功利主义者看来，每个人只有一个最大化的目标，即幸福。对社会来说，也有一个单一目标，即大多数人的最大幸福。（3）经济学家的效用对于个人和社会来说都是最大化的目标[71]。（4）诸多关于生活质量的研究的目的都是建立一种主观幸福感的单一评判标准。

但是，如果幸福只是评估生活质量的几个标准之一，那么我们恐怕无法遵从这些标准。事实上，我们必须要问：我们应该放弃多少幸福才能促使人类发展达到期望的程度？我们应该放弃公平，以获得更多的人类发展吗？如果后者乍听起来有些异想天开，那么不妨思考一下拨给法院的财政预算和拨给学校的财政预算之间的权衡。

我认为这些困境的第一个解决方案是，有意识地遵从那些从前我们无意识遵从的程序，即有意识地使用以上给出的三种终极商品来评判人的行为和制度实践。这种做法引出了关于体制的新问题：人们从市场中可以得到什么？市场对人们的生活享乐有何贡献[72]？市场对公平有何帮助？在第二个问题上，幸福才是比较合适的标准。

其次，我们可以遵循亚里士多德、伊壁鸠鲁、斯宾诺莎的主张，即只有美德才能带来真正的幸福。此外，享受高品质生活的人必然具备与高品质生活相匹配的个人品质[73]。这就引出了一个问题：我们应该提高哪方面的个人品质以满足高品质生活对我们提出的要求呢？

再者，我们可以通过区分幸福状态和追求幸福来对主观幸福感进行评定。正如上文所示，幸福是从事其他事务的副产品。也就是说幸福是按照道德标准进行某些活动的副产品[74]。但重点是对某种产品的价值的强化。如果我们太过看重某种产品（包括幸福在内），那么我们失去这种产品的风险也会因此变大[75]。寻求公平的快乐大于寻求幸福的快乐。

正如我们在第十三章所看到的那样，幸福确实有助于其他终极商品。维恩霍文认为："生活享乐能够（1）开阔人们的感知，（2）鼓励人们参与活动，（3）促进人们参与政治，（4）促进社会交往。此外，幸福能够（5）缓解压力，（6）保持健康和（7）延长寿命。"[76]

但这种和谐关系并不普遍。例如，如果幸福与传统和保守有关[77]，那么需要多少不幸才能促进创新和实现社会公平呢？正如第四章所示，幸福的人往往认为在这个世界上，受害者都是自作自受[78]。从这个意义上讲，幸福和公平是互相冲突的。

"好社会"是一个能够优化人类发展，公平和幸福的社会。那么正确的组合依据是什么呢？我们需要三样东西：科学，以便理清因果关系；"好社会”和“好人”的模范，以便指导我们的选择；能够作出及时响应的民主制度，以便创建我们的工作模式。那么我们又该如何评价民主的运作方式呢？我认为应该根据其对幸福、人类发展和公平的促进作用进行判断。但这似乎是一种循环，就像在一本词典中，对一个单词的定义有赖于词典中的其他单词一样。然而，我们并不会因为这种循环而停止使用词典。

第六部分

个人主义

第十六章

我们是自身幸福的最佳评判者吗?

在西方占据主导地位的个人主义的核心思想是：每个人都应该自主决定自己的悲喜以及如何对待自己的这种感觉[1]。这也是启蒙运动中自我指导的内容。托克维尔曾说道："每个人都是其个人利益的最佳评判者，也是唯一的评判者。社会无权掌控一个人的行动，除非他损害了公共利益。"[2]民主理论的第一个假设也传达了同样的理念："每个成年人都有权成为其个人利益的最终评判者。"[3]人们是否是其个人利益或幸福的最佳评判者呢？有时是。问题在于：人们是否比他人更明白（1）自己的感受，（2）为什么自己会有如此感受，（3）如何让自己感觉更好。在这一章中，我将主要解决前两个问题，并增加一节来阐述如何避免替代性选择。

由于隐含的缺陷只是局部缺陷而已，为什么人们不去克服它们，然后选择那些可能会达到效用最大化的事物呢？在本章中，我将探讨一些与个人相关的内部原因，以及人们在遇到不正常的文化模式时为什么没去纠正它们的原因。第二章中给出的证据表明，有些人会在追求幸福时遭遇失败，部分原因是他们没有搞清楚自己的感受是什么，为什么会产生这些感受以及社会中负责协助人们进行选择的机构没有发挥其所应当发挥的作用。

当我们所珍视的关于个人独立的信仰将其破坏性的一面展现在我们面前时，有人可能会问康德和米尔的自主理念还剩下些什么。但即使没有合理的解释作支持，它也永远是对一种理想的陈述[4]。

我的感受如何？

我们的感受也许很神秘，由于我们对自己的内在情绪状态并没有深入的了解，我们如何感受常常有赖于其可能的成因。如果人们对此一无所知，或者根本不知道自己为何会感到快乐或不快乐，那么对市场和民主进行的相关分析恐怕都是无效的。我将这种无效称作享乐的谬论。具体来说，这一谬论指的是：认为人们会非常了解自己的感受，可以解释产生这种感受的原因，并以此为基础，在自己的能力范围内最大化自己的效用。大多数人都曾是这种谬论的受害者。之所以说这是一种谬论，原因在于这种谬论要求人们拥有很难达到的素质。这些素质包括：能够对大脑边缘系统的运作进行内省；达到真实且和谐的自我认知；达到思想和感受的统一；避免没有履行承诺而作出的补偿性追求。没有这些素质，人们将无法实现幸福的最大化。

内省

有观点认为，人们经常会曲解自己的感受，或是无视幸福的来源和自己会对生活不满的原因。对此，有人可能会一时难以接受。大多数人更愿意相信自己能够明白自己的感受，也知道自己为什么会感到满足。尽管有研究表明，在不知道外在成因的情况下，有些人的确无法知道自己的感受，但大多数人还是相信生活中没有什么是无法被意识知晓的[5]。在西方世界，人们相信可以通过“特权信息”（privileged information）的哲学理论了解自己的情感生活。所谓“特权信息”，即外人无法直接询问的信息。然而，这两种说法都不完全正确[6]。

当然，也有证据表明人们是可以明白自己的情绪及其成因的。关于幸福感的自我报告通常会得到来自老师、同事和朋友的确认[7]。几乎没有人会回答不出关于幸福或生活满意度的问题（而且几乎没有人会给出“不知道”的回答）。对生活各个领域（家庭、工作、财政，等等）的满意度会汇总成对整个生活的满意度，对某个领域的高满意度会中和对其他领域的低满意度[8]。人们会将自己的生活经历集中起来，以达到一种累积的满意度或不满意度[9]。现在看来，人们的确会对自己的情绪作出可靠的评估。但这些评估的可信度在一定程度上会受到以下四个因素的影响。

首先，人们在作出某种选择后常常会产生满足感，一方面是因为这种选择是属于“自己的”，另一方面是因为个人能够从中体验到掌控感（见第十三章），还可能是因为“决策后失调减轻”（post-decision dissonance reduction）[10]，即在作出一个决定后，人们发现与其沉浸在怀疑或后悔的情绪中，不如假定这个决定是正确的，这样感觉上会更好受一些。

其次，虽然关于总体生活满意度的自我报告太过抽象，也很难让人完全相信，但关于婚姻、工作和社区的满意度的自我报告则更为具体，也比较可信。需要注意的是，回忆一件事情时引发的快感和事件发生时产生的快感是不一样的[11]。

再次，正如爱德华·威尔逊所说的那样，自我认识受到大脑下丘脑和边缘系统中的情感控制中心的约束和影响。这一情感控制中心为我们的意识注入了各种情绪和情感[12]。产生痛苦和愉悦的大脑中心则通常不会带有特定的信息。正如心理生物学家基思·富兰克林的研究所报告的那样（见第三章），这些信息的真正含义是很难确定的[13]。

最后，我们在评估自己的感受时常常会产生生理上的曲解。比如说，医学上已证明了一种被称作“述情障碍”（alexithemia）的病理现象的存在，其具体定义为“无法确定自己的情绪状态”，表现为大脑两半球的信息交换失败，这通常是由创伤或情绪压抑引起的[14]。实际体验和记忆中的体验之间出现脱节的现象是很常见的。例如，由于人们混淆了强度和频率及持续性，因此关于疼痛的体验经常会被误报[15]。

因此，在任何情况下，对个人情绪的评估和解释（情绪智力）都不能被认为是理所当然的，不同个体及不同文化之间常常会存在很大的差异[16]。

那么，是否还存在其他妨碍精确的自我评估的因素呢？这种评估是痛苦的和困难的。正如边沁所说，放弃对合理性的质疑并直面自己不堪的秘密是痛苦的[17]。即便是由镜子和自我记录引起的自我意识也是痛苦的[18]。内省也并不容易。我们不妨回想一下各种情绪的生物学起源（见第三章），即"因为我天生性格开朗，所以我很开心"。虽然这样说有点同义反复，但这其实比那些让人愉悦或痛苦的具体事件更为重要。

通常人们认为行为是伴随情绪而来的，但威廉·詹姆斯却认为，当我们看到自己所做之事后，我们就会明白自己的想法或感受。例如，"我一定是饿了，不然我怎么会吃这么多"；"我一定是害怕了，不然我怎么就跑开了"。荷尔蒙分泌会受到行为的影响。最后，还有一些情绪感受是难以解释的，比如人们有时会说"我真是哭笑不得"，再比如人们有时无法确定自己感受到的是恐惧还是愤怒（应该逃跑还是战斗）。应激反应之所以会使人感到疲劳，部分原因是人们无法获知疲劳的根源。

然而，由于自我关注似乎会增加罹患抑郁症的可能性（尤其是对女性而言），因此我们不应该教条地理解自我认识[19]。乔治·范伦特曾对一些哈佛毕业生进行过一项长达50年的追踪研究，结果发现：这些人的自我反省能力很低，且与其事业成功或婚姻幸福毫无关系（见第三章）[20]。此外，"环境会即时响应个人行为"这一信念通常并不像想象中那样真实[21]。与柏拉图所说的"高贵的谎言"（见第十三章）不同的是，"自己的命运由自己书写"这种信念常常会促进进取心和自助意识的萌发。有人认为情绪的主要功能是让人们知道自己的行为会成功或失败的可能性[22]。当与良好情绪相关的自我归因的不切实际的本质对个人不起作用时，它仍然会对整个人类及一些体制发挥作用。如果没有这些信念，市场以及民主都无法发挥正常的作用。

让我们回到情感直抵意识这个想法上来。在下文的实例中，我可能会因混淆了两个不同层面的分析——经验和生物学层面——而受到指责。但当我们在表达了自己的情绪之后还试图对其进行解释时，这常常意味着二者的混淆。

生物学取向

我们不妨找一个赌徒问一问他为什么会不开心。他很可能会说是因为赌博输了钱，但当他不赌博时，他可能会更不开心。普遍观点认为："长期性的赌博反映的是一种对唤醒的需求……一种增加行为发生的频率以达到渴望的兴奋的需求。它可能有一定的生理学基础……研究人员在17名赌徒的脑脊髓液和尿液中发现了高水平的去甲肾上腺素及其分解产物。而去甲肾上腺素是一种由肾上腺和中枢神经递质分泌的激素，可产生兴奋作用。"[23]

如果我们随便找一个男性，然后问他为什么跟年轻女性在一起会感到开心，他可能会说："她很漂亮，而且让人感觉很舒服。"然而，他并不知道的是，这种对美丽的欣赏"是一种在几千年的自然选择中保存下来的遗传倾向，这种倾向会使得男性去关注那些与年轻和健康有关的特征"[24]。

如果我们问一位刚分娩的产妇她为什么会感到如此愉悦，那么她可能会说是因为自己的宝宝出生了。而她不知道的是，这种愉悦感的产生是由于其体内新近合成的催产素降低了其焦虑水平和攻击性（见第三章）。孕妇和哺乳期的母亲"会比平常人更为冷静，对他人的感受和非语言交流更为敏感"[25]。我们体内的化学物质与我们的感受息息相关，但我们并不会意识到我们体内发生的各种化学反应。

评估幸福感

心理和生理之间的相互关系很容易遭到讽刺。我感到高兴是因为我的大脑左侧区域出现了大量激活，且多巴胺的含量超过了乙酰胆碱。表达和解释一个人的情绪有各种各样的方式。第三章中给出的关于生理因素对情绪的影响的相关证据[26]可以帮助我们理解操纵政府政策的有限享乐产出。而在这里，我主要关注的是神经和生物化学因素对内省力量的影响。

内省可以让我们知道自己的感受，并进而构建一个关于我们为什么会产生这种感受的原因。如果一个人知觉足够敏锐，情绪智力足够高，能够对人类行为作出充分的解释，那么内省则常常能够帮助其对自己的感受作出更加合理的解释。这种解释模型必须能够避免被个人喜好所左右。同时，这种解释模型应能够反映出遗传和环境的相互作用[27]。

让我们回到主观感受和满意度对市场和民主的影响这一主题上来。请注意这些体制对幸福感的主观评定的依赖程度。相对于市场或符合其他理性准则的选择来说，能够表达个人真正价值观以及反映个人人格的偏好与幸福感的相关程度更高一些[28]。但对感受的内在评估则更为复杂，比表面上看起来更容易出错[29]，而且可能比理性经济人要求的评估更难以实现。为了满足市场民主制度的内在要求，人们必须正确地解读自己的情绪及其产生原因，以便作出适当的补救措施。

思想和感受的分离

巴甫洛夫提出的联想学习只是无意识心理过程的一种形式，其他形式还包括：内隐学习、内隐记忆、内隐认知过程、内隐知觉。这些形式是众所周知的，但除此之外的内隐情绪却没有受到广泛的认可[30]。此处我将着重关注这种无意识心理过程的一个方面，即对重要性和虚假且自相矛盾的反应的错误估计[31]。

重要性和虚假性。安德鲁斯和威西发现，人们关于其情绪的起因的看法和实际情况之间是一种负相关关系，其他研究也对此给出了相关支持[32]。正如相信金钱可以买到幸福一样，相信好政府可以带来大幸福也是一种误导。和工作的女性相比，家庭主妇“更容易感到焦虑和寂寞，产生无价值感”。当她们表示自己跟职业女性一样幸福时，人们常常会怀疑其真实性[33]。一方面，大多数人在谈到自己的孩子时都会感到非常幸福；另一方面，几乎所有研究都表明，已婚夫妇在有孩子之前和孩子离家后往往会更加幸福。对此，有人认为人们之所以会因孩子而感到幸福，只是由于人们觉得自己应该如此[34]。这种认为自己应该感到幸福的压力在美国的家庭中尤其普遍，但在对政府的意见方面则并不存在。

我们可以从中得出两个结论：（1）将思想和感受分离是很常见的，未必是一种病理症状；（2）如同意识形态一样，关于满意度或幸福感的理论不仅仅是一种中立的解释，而且更像是一种促进或阻碍外在目的的陈述。

埃齐奥尼用“真实性”这一概念来表示思想和情感的统一。他认为，一个不真诚的人的认知注定与自己的感受是不相符的[35]。若没有真实性，民众的计算的合理性永远无法达到最佳状态[36]。个人偏好似乎指向的是目标，而理性则指向的是方法[37]，但无论如何，为较差的目标选择最佳的方法很难被认为是理性的。

自相矛盾与自我协调的区别是一种对真实性与虚假性的区别的补充[38]。弗洛姆进一步说明了自相矛盾和自我协调之间的区别。他认为，在德国纳粹运动兴起之前，德国工人阶级对共产主义信念的坚持是建立在其自身利益的基础之上的，但这些信念并不是自我协调的，并没有与他们的人格产生共振。纳粹运动之所以能够迅速说服大众，并不仅仅是由于其意识形态的号召力，还可能是由于其响应了大众对权威主义的情绪反应[39]。自相矛盾在很大程度上是无意识的，但作出明智的目标选择却有赖于意识的参与。追求这些无意识的自相矛盾的目标常常意味着探索个人不幸的真实来源的失败。意识往往充满了痛苦，而作出自相矛盾的选择常常意味着自这种痛苦中逃离。

对偏见的标记和使用

在市场社会之中，人们很容易被贴上标签，比如富人或穷人，吝啬或大方，节俭或挥霍，有家室的人，运动员，注重品牌的精英，等等。政治家常常被认为是迂腐刻板的[40]。我们常常会从他人的角度来看待我们自己[41]。这使得我们日渐接受了他人对我们的刻板印象。从某种程度上讲，这种社会标记会有损我们对自我的认识。此外，有研究表明，某种自我图式一旦被个体所接受，就很难受到反面证据的影响[42]。当然，这种自我图式也会发生变化，误导人们关于事件的记忆和理解，并进而对人们的期望和随后的行为产生影响[43]。比如说，尽管传统理论认为人们会因为缺乏随因强化的经验而产生无助感，但另有研究表明，对标签的否认以及从属的体验也会产生这种影响[44]。

认知系统和情感系统

提倡将思想与感受分离开来的理论得到了大量证据的支持。正如第十四章中所说的那样，现在普遍的观点认为存在两种评价系统——认知系统和情感系统。相对于认知中心作出的较为缓慢的评价，情感中心作出的评价则更为迅速[45]。虽然两种评价之间关系密切，但在二者存在差异的地方，二者常常是彼此分离的。总之，所有证据都表明情感过程并不为意识所知[46]。在这些情况下，人们常常无法确定自己的感受及其产生的缘由。

为什么我会有这种感受？

爱德华·埃弗里曼最近买了一套非常中意的公寓，与此同时，他的儿子以优异的成绩从大学毕业，获得了学位，也找到了工作。另一方面，虽然爱德华本人拥有一份高薪工作，但最近他不得不变卖自己拥有多年的产业，且在妻子提出离婚后，他不得不住在新公寓里。除了让自己高兴的那些事情，爱德华感到深深的不幸，这是为什么呢？原因在于：（1）他不再是自己的老板，失去了一定的权威，现在他可能处在别人的领导之下；（2）他失去了妻子的陪伴，并且因为是妻子提出了离婚，所以他可能产生了一种被拒绝的感觉；

（3）因为新公寓和儿子的成绩都不足以弥补他的损失。对此，尽管经济理论学家、依靠权力欲望的人以及像我这种认为人际关系是快乐或悲伤的主要来源的人知道的是同样的事实，也对爱德华有同等程度的认识，但我们却会给出不同的答案。我认为拥有关于人类行为的最佳理论的人会是正确的[47]。

基于因果解释的感受

如果一个人受到了无缘无故的伤害，那么我们常常会为他感到不平。然而，如果这个人受伤是因为过度饮酒，那么我们则会在道德上谴责他；如果这个人受伤是因为自己玩忽职守，那么我们则会感到非常愤怒。当我们获得奖励时，我们往往会产生愉悦感，但这份愉悦感会进一步给我们带来什么样的感受则取决于我们所获得的奖励是否是我们应得的。如果奖励是我们应得的，那么我们会对伴随这份奖励而来的愉悦感感到高兴；如果奖励不是我们应得的，那么我们则会对伴随这份奖励而来的愉悦感感到十分羞愧。对此，一些心理学家认为，除非我们能够明白自己的感受产生的原因，否则我们无法真正知道自己的感受[48]。由于个体会产生什么样的感受取决于个体对感受的归因，因此困扰我们的研究的也主要是对这种因果关系的追踪。我们并不善于观察相关关系；我们很容易漏掉对因果推论至关重要的信息；我们的心理图式对于很多目的来说并不够充分，并且这些图式的默认价值也经常是纯粹的刻板印象；我们的偏好常常会凌驾于我们的观察之上；等等[49]。因果关系推论的认知需求与那些科学推论的认知需求是相同的，但应用于我们自身会比应用于气体膨胀更为困难[50]。出于这一原因，我们倾向于依靠传统的解释。在这个意义上，我们是自己的外部观察者[51]。

对唤醒的模糊感受的解释

作为人类，我们对自己或他人的行为和感受的来源均有一定的了解。那么行为者在什么情况下会比观察者对自己的行为和感受的解释更好呢？理查德·尼斯比特和李·罗斯表示，观察者的解释是否会比行为者的解释更好或更差取决于情感和行为理论的相对有效性。人们对自己的特征描述，就像对周围事物的特征总结一样，在很大程度上取决于以前的理论和社会传播偏见[52]。有三项研究报告可以帮助我们了解人们对自己的情绪的解释方式。

生理唤醒

除了直接的感官体验[53]，一旦个体意识到自己的生理唤醒状态，对这种状态的标记——主观体验、自我报告以及伴随而来的情绪性行为——正是寻找这种唤醒产生的原因的结果[54]。首先，个体在发现自己产生了唤醒后，就会开始寻找这种唤醒产生的原因。如果原因并不是显而易见的，那么个体则会进一步寻找产生这种唤醒的可能原因。

通过操纵情绪唤醒的来源，实验者能够对一些情绪状态——恐惧、攻击性、趣味性、性欲——产生影响。在一项实验中，研究者通过让男性学生被试骑脚踏车的方式来提高其生理唤醒水平。结果表明，虽然被试出现了生理唤醒，但在几分钟后被试对这种唤醒的觉察便消失了，因此也不会用其来解释自己的感受。因此，人们对自己的情绪状态的标记取决于根据预想的理论——何种前因会导致何种后果，某种后果的前因是什么——进行的分析[55]。市场理论中的预想理论特别多，其中充满误导性的收入最大化理论就是最好的例证。当国旗与某种商品相关联时，政治和国家象征也会产生唤醒的能力，这种唤醒的影响也会导致错误的归因。

作为观察者的行为者：寻找一个传统的解释

正如上文所示，依赖于文化的传统观念[56]的自我认知理论为人们解释自己的唤醒提供了另一种解释。“很显然，”尼斯比特和罗斯说道，“人们对自己的感受的评估能力在很大程度上依赖于他们对因果分析的执行能力。”[57]但可惜的是，市场经济学家关于行为的因果理论往往并不是一个很好的理论。

对不幸产生的原因的评估

但幸福感和生活满意度也许另有不同。在此，我仅举一项相关的研究为例。

20年前，韦斯和布朗对女性被试在辨别那些会对自己的情绪产生影响的因素方面的准确性进行了研究[58]。在两个月的时间内，被试每天需对自己的情绪状况进行报告，并持续追踪那些其认为会对其情绪产生影响的各种因素，比如前一晚的睡眠时间、健康状况、性行为、月经周期、一周中的某一天以及天气情况。在数据采集期的最后阶段，被试被要求对这些因素的相对重要程度进行评估。结果发现，被试认为睡眠时间是影响其情绪的最重要因素，一周中的某一天则是最不重要的因素。然而，随后的相关分析表明，一周中的某一天才是最为重要的影响因素，睡眠时间的影响则几乎可以忽略不计。事实上，在上文安德鲁斯和威西的研究中，被试自认为的重要因素和真正重要的因素之间是负相关的。因此，被试对引发自己情绪波动的各种因素的影响力产生了错误估计，将影响力大的因素错认为是影响力小的因素，甚至在辨别正性影响和负性影响时也出现了错误。随后，当一组不同的被试被要求以观察者的身份来对影响情绪的因素进行评估时，研究者发现，她们的评估跟那些自我观察的行为者的评估并没有多大差别。这一发现再次证明：行为者就像观察者一样，他们会使用一般性的理论，完全不会从自己特有的洞察中获得帮助[59]。如果问一个在市场文化中成长起来的人他为什么会感到不快，他可能会说是因为收入不足，但我们知道这个答案很可能是错误的，因为收入较高的人也可能会给出同样的答案。

如果行为者对自己的行为和情绪的理解最好被看作一种推论而不是对其心理机制的直接观察，那么这些推论在何时会是最准确的呢？首先，在大多数情况下，人们对自己的行为的因果推论往往是正确的（比如，打开冰箱门是因为饿了，走到门边是因为门铃响了）。第二，由于只有行为者知道自己的一些象征符号或事件的特殊含义，因此也只有他们自己可以说出某种刺激对这些特殊含义的影响。第三，个体的确会比他人对自己的目标和决策原则有更多的认识，这些认识又会进一步给个体提供关于自己的所作所为和所思所想的关键信息。第四，人们可以获得在过去类似情境下的记忆，这些记忆能够帮助预测现在的行为，或解释现在的行为[60]。

因此，尽管行为者掌握了观察者只能靠推断才能获得的线索，但是由于这些线索承载了太多的情感，因此反而会妨碍个体获得理性的认识。在这种情况下，行为者也许更适合做他人的观察者，而不是自己的观察者：

> 总之，只有当内省的产物大体上相关时，且只有当其能够反映出人们为何会有某种行为表现的理论时，行为者独特的内省能力才能帮助其实现自我认识的目标……当行为者的数据和理论（与观察者相比）更具优势时，行为者的内省会更为准确，但当行为者的数据或理论处于劣势时，内省的准确度便会下降……在这种情况下，若观察者具备更好的理论，那么通常观察者会占据优势[61]。

请注意，这里引用的理论是基础理论。尼斯比特和罗斯从一系列研究中得出的结论是："简单来说，这些研究表明，人们其实并不知道自己快乐或不快乐的原因。"[62]在这些情况下，将市场或政治的效用最大化是相当困难的。那么，你听到奥林匹斯山传来的阵阵哄笑声了吗？

替代性选择：次优的选择

在本节中，我要解读的是被那些无法在市场民主体系中实现效用最大化的人所采用的一种策略，即通过追求金钱来补偿情谊。马克思最先提出了这一点："假定人就是人，而人同世界的关系是一种人的关系，那么你就只能用爱来交换爱，只能用信任来交换信任，等等。"但如果你的爱的本质无法唤起爱，那么在资本主义社会中，你可以用金钱来换取爱，但这种换来的爱却是无力的[63]。正如我在第八章中所说的那样，感到不幸的物质主义者倾向于认为人与世界的关系并不是一种人的关系。

然而，很多人仍然主要从自己的生活水平、收入和物质财富中获得满足感。他们的选择是真实且自我协调的。尽管对于一些人来说，用物质目标替代情谊目标反映了目标的灵活机动，但是对于另外一些人来说，这反映的却是追求情谊的失败。

一种物品是否能够替代另一种物品取决于人的特性，而非物品的特性[64]，但金钱比其他物品更容易成为替代性的选择，这是因为它是最畅销的东西（顺彼得），因为它对于市场民主体系来说非常重要，它很容易被象征化，它极富吸引力。我们很早就学会了这种替代性的做法。相关研究证实了一个我们早就知晓的事实：当父母无法给予孩子爱时，他们往往会试图用金钱来替代[65]。

由于金钱和财产常常被当作友谊或爱的补偿，并不是自我的第一选择，因此它们不太可能提供自我协调的满意感。兰开斯特的消费者选择理论认为，消费者需要的并不是产品本身，而是其所具有的属性[66]。在这里，人们需要的属性是情感和情谊。

利塔·弗比在她关于占有心理的研究中发现，个人财产是那些没有获得满足的需求或欲望的替代品[67]。童年时期的后果造成的伤害尤其大。例如，那些物欲较强的孩子的语言能力和社交能力往往较差，而这两种能力如果未能在这个孩子长到6岁之前得到改善的话，那么这种状况很可能会在这个孩子的余生里一直保持下去[68]。对于这些孩子来说，物质产品可能是那些令其他孩子感到更加满足的游戏和社会互动的替代品。

来自临床研究的证据也给出了相关支持。斯坦利·艾萨克斯谈道：“在一项针对成人和儿童的研究中，我们发现，在研究期间，他们对物质财富的态度会出现频繁的变化。这种变化往往表现在降低自己希望拥有的欲望。”[69]在解决了自己的内心冲突后，情况获得改善的病人也许会去追求自己最初真正想要的东西，比如与他人的友好关系。

此外，对工作场所的研究表明，那些焦虑且自尊水平较低的人对薪酬要比对工作的其他方面更为在意[70]。

对于那些更看重金钱的“金钱意识”者，凯琳·鲁宾斯坦认为：“这些人很难建立一段美满的爱情关系（很多人都是未婚，且无子女）。他们常常感到欲求不满，身体状况变差，几乎有一半的人会感到担惊受怕、焦虑和孤独。他们会对工作感到不满，认为自己实得的比应得的要少。”[71]

用钱来补偿友情或亲情的缺失是非常普遍的现象。欧文·萨拉森及其同事发现，和那些没有社会支持的人相比，那些拥有社会支持的人对是否能够“实现物质上的成功”并不是很在意[72]。

市场和补偿性选择

市场对补偿性选择的促进作用与其对其他选择的促进作用是相同的，都是为了让经济交易中的选择更为便利。对交易的促进作用在多数情况下都是一种美德。有补偿总好过一无所有。但如果市场诱使或强迫人们以金钱取代情谊，那么民众的幸福则会因此而受到损害。

补偿性的奖励既与稳定性选择的市场标准无关，也与主观幸福感的原则无关。市场信息系统针对的并不是与补偿性、虚假性和自相矛盾的欲望相关的问题。由于市场和政治对那些令其瘫痪的准则的缺陷一无所知，因此并没有开始着手解决上述问题。

为何人们无法作出能够使自身效用最大化的选择？

正如我刚才所言，发达国家拥有完善的制度，尤其是市场和民主。和大部分社会制度相比，市场和民主能够为人们提供更多的选择机会。那么，为什么人们不利用这些制度来追求幸福呢（亚当·斯密、杰斐逊和麦迪逊认为人们理应如此）？原因有很多。

原因之一在于：当生活在市场社会中的人们必须在金钱和幸福之间进行选择时，他们通常会选择金钱。阿莫斯·特沃斯基和戴尔·格里芬的实验对此进行了很好的诠释。在实验中，被试要在两份工作中作出选择，一份工作薪酬3.5万美元，相似工作的薪酬为3.8万美元，而另一份工作薪酬3.3万美元，相似工作的薪酬为3万美元。一半的被试需要回答他们会选择哪份工作，另一半的被试则要回答哪一份工作会让他们感到更加快乐。结果表明，在第一组被试中，有84%的人选择了绝对薪酬较高但相对薪酬较少的工作；在第二组被试中，有62%的人认为绝对薪酬较少但相对薪酬较高的工作会令其感到更加快乐。至少有四分之一的被试选择了薪酬较高但效用较低的工作。研究者认为："这些研究表明，对满意度的判断和实际选择之间会产生不同的系统性排序。"[73]显然，在某些情况下，人们会以幸福为代价来实现收入最大化！

可以肯定的是，金钱能够缓解与贫穷有关的痛苦。但身体上的痛苦是不同的。有研究发现：人们不会为了获得更高的报酬，却会为了得到社会认可而甘愿增加承受痛苦的时间[74]。这再次证明：对于缓解痛苦来说，金钱的效用并没有尊重的效用高。

社会并没有自我调节机制

人们追求幸福会产生失败的另一个原因在于：人们相信市场和民主能够为其提供多样化的替代性选择。由于本书第四部分和第五部分给出的原因，市场和民主并不是适合这些选择的地方，但正如本章所述，对于人们为何无法最大化自己的效用还存在第三种解释：人们往往并不知道自己为何会感到幸福，也不知道如何获得幸福。人们认为多半是因为金钱，但现在我们知道对于处在贫困线以上的人们来说并非如此。那么有没有什么体系或学说可以解决这一问题呢？

正如我们在第一章中所看到的那样，无论是多布巫师（他们的相互猜疑阻碍了那些能够给其带来快乐的友好关系的发展）[75]，还是马努斯（一个人的余生都必须承担婚姻产生的债务）[76]，二者都不知道如何逃离自己所处的失调的文化模式。正如多布巫师、马努斯以及假想的“自然状态”中的假想公民一样，市场民主国家中的文明公民可能也不知道自己的痛苦及其来源。正如对巫术和婚姻负债的信念一样，对市场经济和当前民主实践的信念可能会在不知不觉中营造出一种易于引发不幸、浮躁和萎靡的环境。当引导当前体系走向成功的学者也表现出这种无知时，改变的动力被大大削弱，且引领我们走出不幸的道路也变得愈发曲折[77]。

当有权势的精英阶级利用体系的弊端来谋取私利时，这个体系的弊端会进一步被强化。与马克思主义者一样，有人可能会认为这种模式是一种剥削模式，但如果不幸的来源并不是收入的不足，而是社会稳定的缺失（特别是当剥削者和被剥削者都不知道其不幸的来源时），这种说法便会遭到大幅削弱。如果说剥削是指从他人那里获得好处，那么我们就不能认为当前的社会隐忧是从剥削中产生的。

除了无知和剥削，适应不良的社会和经济模式的持续可以用价值的真正差异来解释。正如英格尔哈特所指出的那样，物质主义者和后物质主义者对于“好社会”的理解是不同的；二者都清楚替代性价值的意义；二者都不会企图利用他人；二者都会尽力促进和追求各自群体所珍视的价值观。唯物主义者看重过去已被证明是有价值的体系，而后唯物主义者会寻求可能的替代性体系，以便让大多数人比现在更加快乐[78]。维新派必须应对的是不确定性，由于其无法确定其所作出的承诺是否能够在未来兑现。而且他们在兑现承诺的过程中不得不同时应对过去的各种问题。

社会不是一个可以自行修正的组织。如果人们无法知晓自己的不幸及其来源，如果人们的无知中充斥着各种指导性的原则，如果人们无法辨别出恶人和剥削者，如果大多数人在另外的体制下会更好，但由于从现有体制中获益且对此感到满足的人已足够多，那么我们的帮助又从何而来呢？我们的帮助来自对幸福的真正来源的考证，以及敢于指出学者和民众的错误的意愿。

第十七章
自我激发的痛苦

这个世界上的痛苦从何而来呢？天启四骑士分别是战争、死亡、瘟疫和饥馑。威廉·贝弗里奇提出的巨大罪恶分别是贫穷、疾病、愚昧和肮脏，这些罪恶以社会公敌而非个人敌人的形式附在我们身上[1]。巴林顿·摩尔认为人类的苦难源自“战争的蹂躏”、贫穷、饥饿、疾病、不公、压迫，以及因信仰不同而遭受的迫害[2]。天启四骑士因人们对基督的信仰而归于寂静，因此每个人都有缓解痛苦的力量。但贝弗里奇和摩尔列出的罪恶均为社会弊病，需要用社会的方式解决，个人的“敌人”也不会以“个人的和平”作为谈判内容。

西格蒙德·弗洛伊德认为，与不幸的斗争在很大程度上是一种个人事务。在这场斗争中，人不一定会获胜。他说：“在现实面前，人类有很多选择，比如可以减少对幸福的需求或远离这个世界……战胜本能……用药物来麻醉自己……用神经症来欺骗自己，或升华为对美的追求。”他的那句“爱与工作是生命中最重要的事”也许会稍事缓解痛苦，但事实并非如此。他表示，努力工作是有希望的，但人们往往并不把其看作通往幸福的一条途径。很多工作对于人们来说都是不得已而为之，这也揭示出人们对工作有一种天生的厌恶。爱是幸福的巨大源泉，但当我们相爱时却常常对痛苦毫无招架之力。当失去所爱对象或其对自己的爱时，我们往往会感到非常不幸。结果就是：幸福变得越来越难以企及，尽管我们并没有放弃追寻幸福的努力[3]。生命本身就是一台享乐跑步机。

亚当·斯密对生命的态度并没有那么悲观。他认为是渴望——来自愤怒天堂的礼物——让我们不开心。在《道德情操论》一书中，他写道："他（穷人的儿子）用自己的一生来追求一种他可能永远无法企及的虚假平静，为此他牺牲了唾手可得的真正平静。然而，如果他有幸在自己行将就木之前得到它，那么他会发现，它无论在哪方面都比不上他业已放弃的那种微末的安全和满足。"[4]

八种自我激发的痛苦

弥尔顿认为，思想是自己的地方，而它本身可以把地狱变成天堂，也可以把天堂变成地狱。他听从了自己的建议，因此对自己的失明并没有过多抱怨。接下来我想说明的是，人们常常自己创造了自己的痛苦，或者说至少放大了自己的痛苦。他们无不透露出一种适应不良，无法使目标适应现实（即弗洛伊德所说的爱与需要的对抗）。我所说的自我激发并不是指情境的力量没有起效，或者在S→O→R这一公式中，"S"（刺激）被完全舍弃，只有"O"（有机体）在发挥作用。相反，我指的是那些惯用不幸的方式来分析情境的人的思想和行为所引发的不幸。在弥尔顿夸张的描述中，他们会"让天堂变成地狱"。梅尔文·勒纳说得对："公平世界"只是一个"基本的错觉"[5]。

之所以要对自我激发的痛苦进行讨论，一方面是由于其能够揭示出市场和民主在缓解痛苦方面的局限性，另一方面是由于其响应了从乌托邦到人之犯错本性的诉求。自我激发的痛苦这一概念表明了接受我的提议——以情谊目标替代金钱目标——所能获得的好处的有限性。目标的改变似乎无法解决自我激发的不幸，虽然这种改变可以通过引导人们追求可以带来幸福的目标来减轻人们的些许痛苦。此外，自我激发的痛苦会提醒我们需求和无所需求都是有代价的。在这个世界上，痛苦似乎是无可避免的。极乐世界也是不存在的。我会举出一些可能的例子，比如追求替代性产品所产生的问题（见第十六章），对奉承失败的忽视（见第五章），以及天花板效应的持续（见第八章）和间歇性奖励的恶性循环（见第十三章）。然而，市场和民主只能触及这些痛苦的表层。

最后，我想指出的是：在我们的世界中，享乐跑步机不止一台。布里克曼和坎贝尔所说的享乐跑步机（见第四章）——某个享乐标准一旦被达成，这一享乐标准很快就会被新的更高的享乐标准所替代——只是其中的一台[6]。

人在什么时候会是自己的不幸的起因?

不妨回想一下我们在第三章中所说的股本（家庭背景、经济和受教育水平、年龄和性格）和精神收入（活期账户，即幸福感）理论。对幸福感影响最大的并不是家庭背景，也不是收入水平，相反，个性（和年龄）的影响反而更大一些[7]。如果一个不快乐的人性格比较内向，不擅长社交，且回避那些能够给大多数人带来好心情的社交活动，那么我们是否可以认为是其本人造成了自己的不幸呢？如果我们将原因分为环境因素和性格因素，那么内向肯定是性格方面的因素。但我们不能因此而责备其人。他的朋友可能会对他说：“你为什么不走出去，结交一些朋友呢？”但他是否可以不回答说“你不能怪我孤僻，因为我很内向”呢？显然，因果归因和责备是两回事。弥尔顿可能已经构想过这个问题，但我仍希望将“是人自己造成了自己的幸福或不幸”这一问题看作一种因果归因而非责备。

从特质到情绪的直接转变忽略了“思想将地狱变成天堂”的过程中的重要一步：具有稳定人格特质的人更倾向于自主决定自己的事情[8]。即是说，带来不幸的外在事件主要是由当前和之前有关这些事件的选择引起的。这涉及一种历史性维度上的分析，但当我强调“是自己造成了自己的不幸”时，我只想引起大家对性格因素的关注。如果个体很早就走在了通往“地狱”的路上，那么我们是否可以认为婴儿的思想也是自己的地方，并能让天堂变成地狱呢？回答是肯定的，但没人会责备婴儿。

下面我将以八种自我引发的不幸为例对此进行说明。

永不知足和快乐的相对性

永不知足是否是人类欲望的本质呢？在亚里士多德看来是这样的，他说：“无限性是欲望的本质。”马基雅维利和霍布斯也持有相同的看法，但我们更熟悉的则是霍布斯的看法，他认为：“幸福乃是欲望从一个目标到另一个目标的持续推进过程，前一个目标的到达只不过是通往后者的铺垫。”[9]其他人的观点则相对不那么触及根本。卢梭认为这并不是人类的内在本质，永不知足是现代社会才出现的特征。哈姆雷特将这种永不知足形容为：“就好像摄入美味的食物进一步促进了食欲一般。”最近的观察者则回归到永不知足的主题上来，并且巧妙地避开了其所具有的悲剧性色彩。因此在撰写唯物主义的本质时，兰格认为，接受得越多就越容易滋生出想要得到更多的欲望[10]。此外，通过简单的持续性预测，个体往往会得出如下结论：任何获益都意味着未来会获得类似的收益[11]。

这些心理现象有一定的认知来源。它采纳了一种反直觉的理论来淡化“顺则倍顺，逆则更逆”这一信念。享乐跑步机是一台在对繁荣和进步的期望中不断运转的机器。对美好时光的渴望是其动力之一。这种渴望的水平并非一直不变，它会因成就感而上涨，因挫败感而下跌[12]。要幸福必须先经历失望！（在文学中，这种反差是永恒的主题。）

布里克曼和坎贝尔所说的享乐跑步机的运作机制是一种特殊类型的永不知足，即随着情况的改善，对此前相同满意度的要求也会随之提高。他们提出的适应水平理论是当代的典例。这一理论在心理物理学中有一个类比：同样是举起一个10磅重的东西，如果我们在此之前举起过一个5磅重的东西，那么我们就会感觉这个10磅重的东西比较重些；而如果我们在此之前举起过一个20磅重的东西，那么我们就会感觉这个10磅重的东西较轻一些。类似的，人们会根据自己最近的经历来对自己当前体验到的痛苦和愉悦程度进行评定。布里克曼和坎贝尔认为，对刺激的主观体验并不是刺激的绝对水平的指标，而是刺激的相对水平的指标。当环境变得越来越令人愉悦时，人们对愉悦的主观评定标准也会变得越来越高[13]。

正如我在第四章中提到的那样，人们每获得一次提升，就会开始期待下一次的提升[14]。期望提高理论的要点就在于：人得到的越多，期望就越高[15]。期望提高理论和抱负提高理论都可以用来解释为什么国民收入的增长不能带来国民幸福感的提升[16]。当适应水平理论与期望和抱负提高理论结合在一起时，我们距离享乐跑步机也就不远了。

如果个体主要是根据自己先前的经历来评估自己的满意度，那么当个体的愉悦水平上升时，个体往往会朝着更好的方向发展[17]。

那么逝去的不幸是否会迎来现在的幸福呢？这取决于个体会选择拿现在的情境和过去发生不幸的情境进行比较（让人更加快乐），还是选择将过去的不幸看作当前的负担，让当前的感受被过去的情绪所左右（让人更不快乐）。鉴于这些选择，那么不幸的童年会造成什么样的影响呢？只有在回顾过去时，这才是一个重要的问题。毕竟，有哪些父母会为了让孩子长大后感到更加幸福而故意给孩子一个不幸的童年呢？无论如何，有证据显示，童年的幸福与成年的幸福是不相关的[18]。此外，另有证据显示，在大萧条时期，青春期的磨难会让青少年得到锻炼，使其成长为适应能力更强且快乐水平更高的成年人[19]。

与适应水平理论的假设相反，如果将个人幸福时间的总和作为相关标准，那么个人将不得不对幸福的得失进行比对。有些哲学家（特别是塔塔尔凯维奇）认为我们需要用整个一生才能对自己幸福与否作出评定[20]。梭伦也提醒我们："盖棺才能定论。"

由于一生当中既有快乐，也有痛苦，因此个体会征用自己未婚时的不幸记忆来衬托自己已婚后的幸福，以便改善自己当前的不幸感受。但这其实是弊大于利的[21]。无论如何，不要指望利用不幸的童年记忆来提高成年的幸福感。

在这种关于愉悦的适应理论中还有一条附加说明：对生理痛苦（以及某些生理愉悦）的适应似乎与对心理痛苦的适应是不同的。感官享乐系统很少表现出对享乐的适应[22]。到目前为止，我主要集中在自我比较上，但社会比较却更有利于对享乐相对性的思考。布里克曼和坎贝尔认为，确立享乐适应水平的最有效机制就是社会比较[23]。因此，当个人必须达到一定的满意度，以便与他人的预期收益持平时，享乐跑步机就会开始运行。水涨则会船高，但如果个人的满意度取决于自己是否比别人做得更好，那么水涨得再高，也无法给个体带来更多的快乐[24]。换个比喻：金牌获得者会感到快乐，因为他赢得了比赛；铜牌获得者也会感到快乐，因为和那些没有取得名次的人相比，他至少有名次；但银牌获得者是不快乐的，因为他会拿自己和金牌获得者进行比较。

适应水平理论中很有趣的一点就是关于平等价值的解释：如果我们抹去了所有人的差异，那么我们会不会因此而破坏了作为满意度的基础的社会比较呢？还是说，这样做反而会让满意度最大化呢[25]？先前的章节已经给出了关于这两个问题的答案：（1）和自我比较相比，社会比较并不是一种更好的生活满意度的基础；（2）正如托克维尔所说的那样，作为一种普遍的分配标准，平等似乎会促进社会比较。

如果分配是不平等的，那么其分布应该是负偏态分布、正偏态分布，还是双峰分布呢[26]？这个问题有三个答案。第一，正如第十五章所述，正偏态的收入分配与各国的幸福感之间并不存在相关关系[27]。第二，由于几乎所有的相关比较都是邻近比较，所以整体的偏态并不重要，微观的偏态才重要。这表明一个大部分都在平均线以上，只有少部分在平均线以下的负偏态系统也许会实现享乐的最大化。第三，也许这些并不重要，因为大多数人会根据自己的喜好而偏斜（见表17.1）。

表17.1　与美国主流人群的比较

受访者认为自己与其他美国人的相对情况：		
非常高	2%	
比较高	17%	62%
略高一点	43%	
同等	25%	
略低一点	10%	
比较低	3%	13%
非常低	<1%	
总计	100%	

来源：Frank M. Andrews and Stephen B. Withey. 1976. *Social Indicators of Well-Being:Americans' Perceptions of Life Quality*. New York: Plenum, 317.

德国人的情况与之相似，但自我保护的意识并不强：46%的人认为自己的家庭收入高于平均水平，而只有29%的人认为自己的家庭收入低于平均水平[28]。大多数人认为自己的情况高于平均水平的倾向并不意味着可以消除享乐跑步机现象，由于在这项对德国人的调查中，对收入感到最满意的是那些获得意外加薪的人。因此，收入增长后的期望提升创造了一种“固有的不满足因素”[29]。

布里克曼和坎贝尔试图在没有这些数据的帮助下去避免悲观主义，但他们失败了。他们试图终结评估，理由是幸福是不自觉的，也不需要评估；他们试图采用斯多葛—佛陀—梭罗方案来解决无所欲求（但同时也悄悄地指出禁欲主义或虔诚所带有的危险）；他们担心顺从会引来压迫；他们甚至认为一种新的快乐药物（百忧解）也是一种解决方案。但最终他们似乎认为评价判断、适应水平和抱负水平对于焦躁不安的情绪以及人生真谛的追寻来说是非常重要的。结果就是：主观经验的相对性表明，关于幸福的问题并没有真正的解决方案[30]。

考虑到这个世界的不幸本质，人们往往无法接受生活本来的样子，并试图通过对那些能够带来最大幸福产出的领域的关注来找到一种解决方案。

减少欲望

如果不快乐的处方是永不知足，那么或许欲望的下降，或者目标强度的减弱才是答案。学习理论的假设是：行为的目标在于降低驱力。但卡里克利斯和葛拉西安[31]所说的关于无所需求的危险也警告我们要慎重地选择这条幸福之路。在关于幸福生活的两大元素——平静和兴奋的讨论中，米尔也认为二者是可以相互替代的[32]。但弗里德曼的研究发现，对于幸福的人来说，平静和兴奋二者是缺一不可的。例如，他发现当人们体验不到平静时，人们往往也并不幸福[33]。那么平静是否可以解答享乐跑步机这一充满威胁性的怪物所引发的问题呢？

对于大多数人来说，这两种状态都不会带来幸福感。米尔和弗里德曼认为，只有平静的幸福是不完整的[34]。所以伯特兰·罗素说道："将自我完全投进生命之流吧，美妙无穷的幸福在向你招手！"[35]相关研究也对此给出了支持。研究发现，即使在控制了"健康"和"社会经济地位"等变量后，社会参与对幸福的影响也仍然存在。此外，目标的达成并不会比追求目标的过程更让人们感到快乐[36]。正如布里克曼和坎贝尔所说，幸福可能是不自觉的，但对于大多数人来说，对某种目标的积极追求是幸福的必要条件之一[37]。另一方面，被动则是自我激发的不幸的一种形式。

我们是否对于这些追求过程太过在意了呢？答案是否定的，因为欲望强度的减弱会带来其他的风险[38]。鉴于此，人们无法在降低不满的强度的同时保持满意程度的不变。

边际效用递减（和递增）

如果说“能够得到满足”只是商品而非个人的一种属性，那么就不会有“自我激发的不幸”这种说法。从一定程度上来说的确如此。经济学家认为，由于金钱能够买到各种商品，因此对金钱以及商品的渴望是永远无法被满足的。但经济学谬论却声称对高收入水平的渴望是可以被满足的。正如我们经常提到的那样，在贫困线以上，收入水平的提高无法带来幸福感的提高。根据“需求”和“喜欢”两者效用之间的区别，喜欢的边际效用递减并不意味着需求的边际效用递减。因此，“金钱购买得越多，幸福感会越少”这一说法不仅仅是边际效用递减理论的重申[39]。

如果金钱能够带来满足，那么什么样的物品会对此免疫呢？戈登·奥尔波特认为是自尊[40]。自我掌控感也是其中之一。在外在的商品中，那些凝结了自己劳动的商品要比其他商品不受欢迎的可能性更小[41]。总之，拥有个人显著的象征价值的商品要比其他商品更能抵制边际效用的递减[42]。

与商品不同，技能的边际效用是不断递增的（见第六章）。当个体越来越精通某项技能时，个体就会更加愿意展现这项技能。这也是我们将目标从商品消费转向工作“消费”（当然，富有挑战性的工作绝没有负效用[43]）和情谊的最重要的原因之一。那么回报又是什么呢？当商品的边际效用增加时，享乐跑步机也就自然会离我们远去。自我激发的不幸通常是与容易被满足的商品紧紧相连的，通常它们的边际效用是递减的。

有没有一种需求层次，能让满足各种需求的商品按照层次排列呢？马斯洛认为，对于生理、安全、归属、社交和自尊的需求都属于缺失性的需求，即是说，当这些需求在童年期被满足后，其在成年期的强度就会弱很多。但他认为，自我实现的需求是永远无法被满足的[44]。马斯洛的需求层次理论因不可逆的满意度排序而无法被普遍接受[45]。同时，自我实现的需求是否真的无法被满足也是不可知的。然而，一种非马斯洛式的过程正在起效。人们在解决性格问题方面取得了很大的进展，他们放弃了对金钱和声望的补偿性努力，将注意力转移到了能带来享乐产出的目标上（见第十六章）。

人们通过选择边际效用递减的目标，通过避免那些边际效用递增的目标，通过选择补偿性的目标而不是自我协调的目标降低了自己的幸福感。

恶性循环

凡是少的，就连他所有的，也要夺过来。凡是多的，还要给他，叫他多多益善。

——《马太福音》

恶性循环往往与贫困有关。当一个人穷困时，他负担不起教育经费，买不起电话或汽车，而这些都是找到工作和摆脱贫困的必备条件。在心理方面，它对个性也有所影响。贫穷会导致人与人之间的不信任。如果一个人不信任他人，以疑心待之，那么对方往往会以行动回应这种不信任。同样的，无助的人会营造出更加无助的情境，那些具备掌控感的人则往往认为自己可以掌控与他人的关系并从中获益[46]。同时，拥有一定掌控感的穷人所遭受的不幸或心理困扰也会少很多[47]。因此，贫穷的恶性循环不仅仅是情境决定的，也是个体本身决定的。由于穷人需要面对的问题很多，且他们的自我掌控感往往比较低，因此他们的自救能力也并不高。

在各个收入水平上，不幸本身就是恶性循环的来源之一。它会降低个体的社交性和合作性，延迟决策，使替代选择的开发和助人行为减少[48]，因此造成了一种缺少互利互助的恶性循环。婚姻对于总体幸福感的贡献很大，但“不快乐是爱情的阻碍，原因在于它不利于亲密接触，对心理特征的发展也有害，而心理特征在现代婚姻中极为重要”[49]。快乐的美国人通常不像清教徒那般恪守戒律。就快乐而言，“心理上对愉悦的肯定也会增加生活的乐趣……不让罪恶的观念成为个人的负担……从而真正体验到愉悦”[50]。幸福的自下而上理论和自上而下理论之间是一种良性循环。

在社会层面上也有不少熟悉的恶性循环。正如萧伯纳的戏剧中恺撒对埃及艳后的解释一样，镇压不会消灭叛乱，反而会激起更多的反叛。当发现某种政权的“不合理性”时，人们会揭开表层找到最初引发这种“不合理性”的问题。市场这一即时反馈系统也会让经济衰退的威胁变成现实，并陷入信心丧失，收入减少的恶性循环。

我们是否可以将这些社会循环称为自我激发的不幸循环呢？这样是有误导性的，由于个体在这些情况下的行为在给自己带来利益的同时，很可能会增加他人的不幸。但我们将其称为自动生成的循环，因为所有人都会无意识地让自己感到不开心。由于人们并不知道自己不幸的来源，因此和不满的恶性循环相比，辩证的解决方案（痛苦→反抗→从痛苦中解脱）相对不那么容易滋生不满[51]。

幸福、善良和改革以一种会让道德变得尴尬的方式联系在一起。在斯宾诺莎的愉悦周期中，善良和幸福在上帝的监督下，以良性循环的方式互相加强，显示出一个舒适、有道德和愉悦进步的世界。与此相反，在真实的世界中，有些人的幸福是以他人的不幸换来的。幸福的人的确会在自己周围的小世界中参与更多的助人行为，但除了他们的直接经验，幸福的人比其他人更加传统，也更容易相信一个公平世界的存在[52]。幸福之人的善良就是“照亮你所在的角落”而已。我们必须要将良性循环与恶性循环区分开来[53]。与幸福一样，善良也是永远无法被满足的。

陷阱：短期的幸福会阻碍长期的幸福

快乐陷阱是指现在提供愉悦（诱饵），过后则会引发痛苦（收网）的情况。在通往享乐跑步机的大道旁边，有很多小径充斥着各种各样的陷阱，或是堕落的选择。其中的典型例子就是上瘾（药物、尼古丁、赌博），不过任何放纵行为所引发的痛苦都是相似的。最直接的解决方法就是延迟满足[54]。但这并非唯一的解决办法。

规避陷阱的问题在于其本身可能会引发系统性的不幸。禁欲并非获得幸福的良方，但它自有它的好处。罗伯特·林德和海伦·林德说道："储蓄和努力工作都是构建个人未来的基石。"这是"性格的标志"，对自尊来说也很重要[55]。另一方面，有证据显示，随遇而安的人会比谨慎节俭的人更加快乐（见第十三章和第十六章）。此外，适度饮酒者也比禁酒者更加快乐，而且成为酒鬼的可能性也更小！这其实是一个双重陷阱。我们是应该选择接受社会认同所带来的愉悦，还是选择接受一种更加快乐、更加舒心的生活方式呢？或许，拥有个性比寻求幸福更好，但自相矛盾的是，获得与自我否定相关的社会认同也许是一种通往幸福的更加有效的途径。

不信任他人是一种防止步入陷阱的比较谨慎的手段，但不信任通常与不幸是相关的。怀疑会将个体从一个陷阱引入另一个陷阱。由于不信任他人的承诺，巴勒斯坦儿童宁可选择当场获得一根巧克力棒，而不是过后获得两根巧克力棒。相比之下，对他人的信任度更高的以色列儿童则会选择过后获得两根巧克力棒[56]。因此，谨慎对待陷阱本身就是痛苦的来源之一。

幸福本身是否也是一种对陷阱的防御呢？由于幸福之人希望握紧自己的幸福，因此他们对欲望的放纵只限制在不会招人非议的程度（包括自责）。如果放纵行为威胁到现在的情绪，他们便会压抑这种放纵的欲望[57]。幸福通常不会助长谨慎，但幸福之人对那些已经拥有的东西表现出的却是一种谨慎的态度。当个人身处陷阱时，避免自我激发的不幸并不容易。

重结果，轻过程

有人可能会因为别人喜欢阅读而心生嫉妒，但他本人却不想去学习如何阅读；他想弹钢琴，却不想上音乐课；他想做医生，却不想学习有机化学。他有过程恐惧症，同时遭受着自我激发的不幸的折磨。伊塞克·艾森和马丁·菲什拜因认为，我们是否能够根据人们的态度来预测人们的行为，主要取决于人们是否喜欢为达到某种结果所必须采取的方法[58]。过程恐惧症让个体逃避了短暂的痛苦，却付出了长期愉悦的代价。

过程恐惧者的主要损失是因无法追逐某个目标而丧失了达到目标后所产生的某个想要的结果。过程恐惧者会倾向于优先安排，而不是集合目标以达到最大满意度。此外，即便是最低级的过程也会带来有质量的结果，一般是活动本身的潜在价值或技能练习的学习价值。举例来说，关于过程收益的研究认为，经济产品应当凝结各种活动的效用。人们对自己的行为有一定的偏好，这些偏好完全不同于实际产品所带来的满意度[59]。工作的内在乐趣应被当作私人效用的来源之一，其重要性等同于薪酬和用薪酬购买的产品的效用。这一关于过程的内在价值的看法被查尔斯·弗里德赋予了哲学性的权威，他认为所有过程都有其积极或消极的内在价值[60]。过程恐惧者往往无法看到过程的积极价值。这种损失是一种自我激发的损失。

顺带一提，请注意第十二章中关于民主的分析：人们渴望民主，但又不喜欢参与选举和获知信息所带来的痛苦。托克维尔这样说道："公民中的劳动者对参与公共事务毫不关心，而统治阶级则会将闲暇时间投入在那些早已不复存在的职责中去，政府的位置上其实早已空空荡荡。如果在这个关键时刻有野心家掌握了最高权力，他会发现所有篡夺权力的大道都早已向他开启。"[61]同样的，人们渴望言论自由，但又不喜欢敌对方行使这一权利时所发出的不和谐之声。

内部冲突和矛盾心理

即使我们并没有弗洛伊德所设想的那种激烈的内在冲突，我们仍然能找到大量证实内在冲突存在的证据。我们渴望独立，同时又害怕独立[62]。在美国的成功文化中，对成功的恐惧也许很少见，但曾有一段时间，这种恐惧在女性群体中十分普遍。20世纪70年代的一系列研究表明，女性比男性更惧怕因成功而遭到他人的排斥[63]。那些在男女同校之前语文成绩很好的女学生在男女同校之后的成绩则一落千丈[64]。同样的，我之前强调的对情谊的需求也经常会因个体对被他人拒绝的害怕而受到削弱。在一组测试对被拒绝的害怕程度的实验中，和那些得分较低的人相比，那些得分较高的人会更愿意与那些社会地位较低的人，而不是社会地位较高或同等地位的人见面和交谈[65]。在寻求情谊的过程中，对亲密关系的恐惧也产生了类似的冲突。权力动机也可能会因惧怕权力而受到影响（女性比男性更普遍），而对软弱的恐惧则容易导致对权力的渴求。实际上，麦克莱兰发现“所有社会动机都有逃避性的一面”[66]。其后果就是一种痛苦的矛盾状态。

在关于动机和逃避的相互作用之中存在一个时间顺序[67]。例如，你想去看牙医，但当就诊时间越来越近时，你就会感到越来越害怕。再比如，你邀请了朋友共进晚餐，但当会面的时间越来越近时，你就会越来越担心各种关于招待的问题。你所遭受的是一种趋避冲突（图17.1）。这既不是陷阱（先愉悦，后痛苦），也不是过程恐惧症，而只是一种时间顺序的矛盾。矛盾心理在经济生活中十分普遍[68]，它严重破坏了偏好排序，影响了效用最大化的实现。由于冲突、矛盾和趋避心理源自人的内在，所以它们会导致自我激发的痛苦[69]。

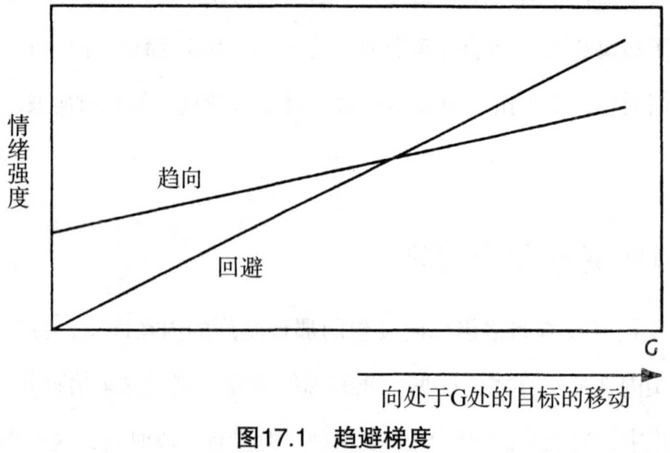

图17.1　趋避梯度

来源：John Dollard and Neal E. Miller. 1950. *Personality and Psychotherapy*. New York: McGraw-Hill, 356.

难以企及的目标

一个人应该不断超越自我的极限。为什么呢？因为人如果不去超越自己的极限，那么就永远不会知道自己的极限所在、自己的潜力所在。但超越极限往往伴随着失望的风险。当环境允许个体自行设定标准时，个体会试图通过降低标准，以最小的努力获得最大的回报。然而，因平庸的表现获得回报却会付出自尊的代价。在一项研究中，儿童宁愿否认唾手可得的奖励，也不愿为了这种自我奖励而去冒自我否定的风险。实际上，很多孩子为自己制定的目标所需的努力只够获得最小的物质奖励[70]。一方面是夹在自我否定和失败的高风险中左右为难，另一方面人们则常常会选择面对失败的风险。至于设定标准，人们无法逃脱自我激发的痛苦，也无法作出面临更少痛苦风险的聪明选择。有人说内疚感无处不在，自我惩罚和自己造成的痛苦也是如此。

内疚的强制力大概更像是个人主义社会的特点。阿尔伯特·班杜拉说道："在以自我完善道德为主导的群体中，人们会坚持高标准的自我要求，并因自己的成就而感到骄傲。"[71]然而，当他们失败时，他们所承受的痛苦往往也会更为强烈。

设定标准的方式有很多：自我比较，与文学中的典范的比较，与主流人群的社会比较（见图17.1），与身边人（如亲属、同事或同行）的比较[72]。处于紧要关头的并不是相对主义，而是对难以企及的目标的标准和比较的选择，这也是凡勃伦所说的不公平的阴暗面[73]。

对于惧怕失败的人来说，追求难以企及的目标可能也是一种解决方案。在实验中，那些害怕失败的人倾向于回避所有的测试，但如果他们不得不进行测试，那么他们往往会选择非常简单的测试（不太可能失败）或是非常困难的测试（失败了也无可厚非）；那些不害怕失败的人则敢于选择富有挑战性的测试[74]。

文学作品中往往充斥着各种关于人们追求难以企及的目标的悲伤故事：

《美国悲剧》讲述的就是一段难以实现的爱情；《黑袍》讲述的是传教士寻求难以企及的宗教目标的故事；按照霍布斯的说法，麦克白对安全力量的寻求也只是徒劳而已。成功的道德会产生对商业的失望。一个人应该不断超越自我的极限。

回到我们在前面章节中提出的问题：个人是否是自身幸福的最佳评判者呢？通常情况下是这样的，因为这样对社会有益，而且个人可能知道什么会带给自己最大的满足。但永不知足和轻易满足的风险，陷入恶性循环和陷阱的风险，对选择过程的惧怕，对难以企及的目标的执着追求都会在一定程度上妨碍个体获取幸福。个人主义也默许了这些自我激发的不幸。我们能否找到一条痛苦更少的通往幸福的道路，还是说这些自我激发的痛苦是获得幸福的必要代价呢？

第七部分

结　论

第十八章
回家的路

在回家的路上，我们应该前后都看看是否存在安全的港湾。现代化经历了一段不平凡的历史旅程。在这段旅程中，人类从贫穷走向了富裕，从无知走向了有知，从短命走向了长寿。在20世纪60年代，美国被认为是一个病态的社会，但人们还是从祖辈的苦难和负担中走了出来。富裕之中是否仍有贫困呢？可能吧。在取得显著社会成就的同时是否存在精神上的贫困呢？不少。这正是我要解开的一个谜团。

乐观主义和悲观主义

当今时代，法国存在主义的"高智商的唏嘘"（high IQ whimpering）和法兰克福学派的绝望仍不绝于耳。此外，汉娜·阿伦特也曾感叹说："可想而知，现代社会可能会在最致命、最徒劳的历史中终结。"[1]另有两位编辑对一部关于疏离的图书的内容作了以下总结：

> 早期的乐观、希望和确定性已经被现代的悲观、绝望和不确定性所替代……人们对自己在世界中的定位的困惑与日俱增，却越来越客观；人口越来越稠密，而面对面的关系却越来越去人性化；人们对这个世界越来越关注，会对素不相识的人表达同情，但对自己的邻居却异常疏远。现在西方的民众变得越来越机械化，越来越按部就班，安于做一个物件。作为主观创造者，个体会有一种深刻的被替代感和失衡感[2]。

在20世纪60年代和20世纪70年代初，疏离是一个时髦的主题："人们因为找不到生活的意义而感到心灰意冷。人们变得漫无目的，百无聊赖……我们向外张望，却发现空无一人；转身向内，也别无他人。这感觉就好像一场噩梦，这是一种真正的疯狂。"[3]那么疏离中是否有愉悦呢？一些社会学家认为疏离也是一种缓解痛苦的方法，是对那些责怪体制无能的少数人的一种"安慰"。这一说法被一项研究证明是错误的[4]，但可能真的有人会因为这个自以为是的世界所透露出的绝望而感到满意。对于现代性来说，怀旧也是一剂强大的镇痛剂。美好的时光已经不复存在。正如我们在《中部边地农家子》一书中看到的那样，对那些美化西部边疆并忘记伤痛的美国人来说，怀旧特别有吸引力。曾从事诸多社区研究的赫伯特·甘斯说道："我认为，那些怀旧评论家想要'复活'的社区感根本就从未留存在他们的想象之中。"[5]本书也并非是对彼得·拉斯利特的《我们失去的世界》的怀旧，我也并不认同滕尼斯对礼俗社会的怀旧，包括他的观点（在现代都市社会中，每个人都是独立和孤独的[6]）。我所指出的弊病以及"历史上的第二次关系转折"也暗示了我们无法倒回到任何一个已知的过去。对过去看重的价值的重新强调也并不意味着时光可以倒流。循环理论并不意味着向原点的回溯，也可以是螺旋式的回溯。

如果说怀旧是诱人的，那么乌托邦的吸引力则更大。像马克思这样的社会主义者会支持乌托邦，而且有时像贝拉和埃齐奥尼这样的共产主义者会做一个关于纯粹的和道德的共产主义社会的美梦。作为一个共产主义社会的组织者，罗伯特·欧文真的建立起了乌托邦，但其中的成员最后却无法承受乌托邦所附带的压力。基布兹农场的最初成员也无法承受这种压力[7]。大部分美国人也是如此[8]。

除了怀旧和乌托邦，这个世界还提供了丰富的社会实验。例如，只有七分之一的英国人认为自己很孤独，这一比例在法国人和美国人中却高达四分之一[9]。那么英国人有何秘诀可以传授呢？此外，亚洲集体主义社会在市场的成败之间仍能维持家庭的团结。我们又可以从这些不同的社会中学到些什么呢？

我曾以幸福感的下降为契机去探讨市场民主社会中的不幸和隐忧问题，但这种下降很可能只是一种短暂现象。主观幸福感的理论告诉我们，不幸之人会逐渐适应其所处的环境，与其说是因为环境的变迁或生活水平的提高，不如说是因为评估幸福的标准的改变。人们对不幸的来源的无知与自我激发的不幸一道使得政治体系的补救措施变得更加困难。我们所面临的是没有补救措施的适应。尽管生活条件改善后人们的确会更加幸福，但最初的影响却往往十分严重[10]。抑郁无法给疲劳、精神萎靡、无用感、无望感、无助感提供自我激发的调节。如果没有情谊，抑郁之人也不会得到改善。

哪里出了错？

难道是因为人们对幸福的期望过高才产生了不幸吗？通过对个人主义文化的西方和集体主义文化的亚洲进行比较，我们发现幸福并不是集体主义文化有意识追求的目标。由于期待较少，亚洲人很少会感到失望，这让跨文化的主观幸福感比较变得困难重重。

期望落空

从长期来看，幸福的价值在西方社会发生了很大变化。索罗金认为在漫长的世界历史长河中存在三种主要的“道德类型”。第一种是“感官道德”，它通常跟享乐主义、功利主义和相对主义有关。第二种是“概念道德”，其目的在于追求绝对性。第三种是“理想道德”，介于“感官道德”和“概念道德”之间[11]。索罗金借助活跃于各个世纪的杰出思想家对每种道德的支持情况来衡量这三种道德的相对优势。在从公元前500年到1920年的这段漫长的历史中，他发现感官道德在公元前500年跌到了低谷，在公元前400年到公元前300年间达到了一个峰值（75%的学者支持），在公元前的剩余时间里再次出现下滑，最后在公元400年左右便彻底消失了。从1400年到1500年，感官道德逐渐露出端倪，之后受到了杰出思想家的欢迎（见表18.1）。

表18.1 1400—1920年的感官道德和概念道德

	感官道德	概念道德
	（支持感官道德和概念道德的杰出思想家的百分比）	
1400—1500年	8.7%	91.3%
1500—1600年	43.5%	56.5%
1600—1700年	38.4%	61.6%
1700—1800年	36.3%	63.7%
1800—1900年	38.0%	62.0%
1900—1920年	43.0%	57.0%

来源：Pitirim A. Sorokin. 1941. *The Crisis of Our Age:The Social and Cultural Outlook*. New York: Dutton, 133−136 at 142.

我们现在讨论的并不是人们的感受，也无关人们是否幸福。我们讨论的是幸福在一定时期内的价值。幸福的价值与感到幸福之间的区别使得这两种经验方式之间产生了缺口，同时也显示出不幸和抑郁可能是当前占据主导地位的功利主义哲学的特征。当然，关于功利主义与悲惨有关的说法也是一个极大的讽刺。但对我们的目标更为重要的是：战后幸福感的下降主要是由于高期望的快速落空。

西方的女权运动使得女性对幸福的期待超出了现实的可能性；美国政府实际给予黑人的福利也没有达到其最初所承诺的标准；在第三世界国家中出现

的关于经济增长的新想法也一度提高了人们的期望。正如在官僚体制中的每一次升职都会导致对下一次升职的期待，而这种期待又会因其所具有的不现实性而给人们带来失望那样，女性、黑人和第三世界公民的境况的每一次改善都会给其带来进一步的失望。如果这个结论是真的，那么不幸的增长也许能够指示境况的改善[12]。但这无法解释战后白人男性不断下降的幸福感和不断上升的抑郁。

金钱的边际效用递减

西方社会已经航行了太久。这一比喻反映出迟钝的控制装置（帕森斯将文化称作社会的控制装置）对不断变化的环境适应太过缓慢的普遍趋向。正如第五章和第六章所示，曾经对主观幸福感有促进作用的经济发展已不再是幸福感的主要来源。金钱及其所购买的商品的边际效用是递减的，而情谊的边际效用却是递增的。但一个人拥有的某种东西越多，其他东西对他的吸引力也会越大，这一不证自明的真理迟早也会适用于情谊。人类的欲望本身并非是永远无法被满足的，而是在不断发生变化。强烈的物欲不仅让我们偏离了情谊，还让我们失去了享受友情所需的轻松氛围。当我们从生存标准转到幸福标准时（见下文英格尔哈特所说），效率本身的含义也会发生变化（从强调成本最低化变为强调效益最大化）。如果说效用本身有意义的话，那么其意义就在于使自己最大化。偏好排序只不过是实现这一目的的手段而已。

指导原则的失败

真正的问题是指导原则没有对真正重要的问题进行重新考虑。让经济学来主导关于幸福的问题，这在思想文化史上并非偶然。在漫长的人类思想变迁中，最重要的问题首先是生存，其次是脱离贫困。发达国家凭借科技的力量成功解决了第一个问题，并慢慢地朝着第二个问题进发。这一成功使得情谊的价值受到了重视。但由于情谊是市场的外部产品，无法被明码标价，因此市场对其波动并不敏感（见第九章）。也许正如路德维希·冯·米塞斯所说的那样，现代经济让所有目的之间都不再有区别，因为它让所有目的都享有了同等的合法性[13]，但我们必须找到一个并不依赖价格的“市场”来对“无价”之物进行分析。

政治，尤其是民主理论也面临着跟经济理论相同的问题。它摆出一副“目的”的样子，实际上却是“方法”。只有当选择有助于幸福、人类发展或公平时，选择的最大化才是有价值的。民主本身是一种实现目的的方法，并因此而产生了价值，但如果目的并不清晰，那么民主的价值也是模糊的。与第十七章所述的过程恐惧症恰恰相反，经济和民主理论则表现出对过程（方法）的过度迷恋。

最后，第十二章所给出的所有问题都显示出民主进程的内在痛苦，这种痛苦通常鲜为人知。特别是以公民责任为基础的参与论忽视了在责任感的驱使下行动所产生的痛苦。如果道德主义是问题连续体的一端，那么经济主义就是另一端。影响政治理论的经济主义会因其他原因而对政治参与产生影响。参与论过分夸大了人们能够从政治参与中获得的知识及自我决定感（见第十三章）。

问题绝非只是在政治和经济原则中对方法的盲目崇拜这么简单。由于无法指明目标，设想的方法也往往是不恰当的。如果经济学谬论（见第四章）是正确的，那么现代经济学派和政治科学学派都无法帮助我们提升幸福感。我不知道怎样的体系是最有利于提升幸福感的，我也不知道怎样的市场和民主是最有利于优化幸福感的，更不必说将幸福与人类发展和公平进行权衡了。这种不恰当恰恰反映出将行为学、医学和神经科学所说的幸福和人类发展的生产函数并入经济学和政治学的失败[14]。行为学、医学和神经科学在阐明神经系统和经验的复杂关系时对自己所必须依赖的制度缺乏一定的了解。由此可见，协作迫在眉睫。

如果自然会对那些发现了实现幸福的最佳方式的人进行奖励（促进其繁衍适应性），那么指导原则及其代理人只消充当这一自然选择过程的助产士就可以了。但自然并不会如此行事。实际上，正如第三章所说，正是不知足使得我们富有成效[15]。就进化而言，幸福只是实现繁殖目的的手段而已，而不是相反。痛苦和愉悦都是生理上的概念，效用则不是。但我们没有理由相信愉悦的驱力会直接削弱美德或道德责任的重要性[16]。实际上，即使在个人主义盛行的西方社会，对道德规范的遵从也往往与较少的负性情绪有关[17]。

为了明确目标，特别是道德目标和行为标准，在哲学方面我还有进一步的说明。哲学处理的是概念及其启示，而不是事件及其原因。除了道义论，权利和终极商品的哲学概念都需要涉及因果分析。但由于哲学并没有相应的因果分析方法，因此必须借用行为科学和自然科学的因果分析方法。在所有学科中，哲学对理解能力的诉求最高，但必须通过对行为结果的关注来支持这种诉求。当幸福（公平或人类发展）被当作一种终极商品来追求时，个人和社会会发生什么呢？

个人选择的失败：
是否存在可以帮助我们的内在力量呢？

如果人们并不知道自己幸福的原因，那么这恐怕说明我们所创立的制度体系是十分无力的。市场和民主都需要个人决策的指导以发生某些变化，两者都存在一种自下而上的方法。这种对改变的支持是后启蒙运动取得的巨大成就。但随着文明的发展，不幸并没有因“营养不良”而减弱或消失，它一直在增长。尽管情谊是幸福的主要来源之一，但对于更多情谊的普遍需求仍是比较少的。尽管家庭满意度是总体生活满意度的最大变异源，但我们发现人们仍然会自发地破坏家庭生活的稳定。启蒙运动的“玫瑰色红晕”在市场民主的生活压力之下略显出一些苍白。

也许历史上的确存在一种我们尚未意识到的能够让人们重新重视情谊的程序。黑格尔和马克思认为自己发现了这一历史规律中的内在程序，即黑格尔所说的“人类从必然王国向自由王国的飞跃”[18]。如果这是真的，我们只需顺应这些“历史规律”，以达成既定目标和成为自己命运的主人。这种内在力量是否只是异想天开呢？这一条的确是的，但当代的很多学者都不愿意放弃一种主张，即拥有预测能力的制度是有其逻辑性的。当代西方社会的每一条重要制度都有一个核心逻辑，正是这些核心逻辑构成了其组织原则[19]。

哲学家阿尔弗雷德·怀特海和历史学家查尔斯·比尔德认为人类的好奇心确保了对科学技术的不断探索。弗洛姆认为由于人类具备创造力、天赋和好奇心，因此会自发地寻求彼此之间的合作[20]。第三章提到的进化禀赋也属于当前讨论的范畴，这种禀赋的受挫据说会导致社会性的悲剧[21]。另有人发现了社会本质中的因果力量。帕森斯认为在我们的社会中存在一种朝着功能合理化发展的内在趋势。凯恩斯认为，复利（compound interest）能够将人类从对生存的挣扎中解救出来，从而使得人类能够有余力去探索如何过得更好。很多人认为，社会教育水平的提高可以改变社会的发展方向，但另有人发现，在西方个人主义社会中，这种力量会不可避免地造成社会的分裂[22]。那么有没有什么能够预示社会在朝着更好的方向发展呢？

基于不可避免的力量所作的预测的失败对我们来说也是一种警告，警告我们不要太依赖这种观点：

埃齐奥尼：接受新古典经济范式作为自己行为引导的人越多，维持市场经济的能力就被削弱得更加厉害[23]。

赫希：（资本主义）表现出一种明显倾向，即破坏所有社会，包括资本主义社会必须依靠的道德基础[24]。

顺彼得：资本主义的动机和标准全部消失了。向社会主义政权过渡已是瓜熟蒂落的结论[25]。

马克思和恩格斯：资产阶级培养的首先是它自己的掘墓人[26]。

鉴于20世纪末美国资本主义经济发展的成功，我认为在关于资本主义会走向自我毁灭的说法中存在一种不合时宜的特性。正是内在理论而非资本主义在走向自我毁灭。但上文所提到的制度的逻辑也许能帮助我们理解改变的方向。那么，在后工业社会，市场是否存在某种会导致不幸和抑郁的内在力量呢？民主是否能够修复市场造成的伤害呢？或者说，民主是否会不可避免地忽视所有无法轻易融入政党程序或利益集团议程中的不幸表现呢？

关于市场的问题，一个可能的回答是：其激励结构并无法应对享乐失败，由于主观幸福感的最大贡献者并非市场的内部产品。这也剥夺了市场的自我修正倾向。我想再次强调一下，当物质福利对主观幸福感的贡献多过情谊时，市场经济并不会出现这种反常现象。因此，效用最大化的失败并不是经济学家的错。他们做得很好，世界也因此变得更加美好。“历史的终结”不是市场的胜利[27]，而只是关于某一范例的特定历史的终结，或许还是另外一个开始[28]。问题在于我们如何超越市场文化。对此，有三个经常被提到的领路人：马克思、弗洛伊德和达尔文。

关于民主的问题的回答略有所不同。作为一个体系，民主并不像市场那样条理分明：平衡（equilibrium）更像是一种隐喻；甚至在概念上，我们也不会像经济学家形容市场那样用完美来形容民主。由于民主的终点是多元的，因此民主理论学家更需要做的是优化民主而非最大化民主。关于公平的市场理论认为，完善的市场所决定的一切本身就是公正的分配[29]。与此相反，关于公平的民主理论并不是由产生分配的过程所定义的。由于这些原因，我认为在民主体系当中并不存在某种可以优化幸福的内在力量。

像所有的重大转变一样，目标的转变（从收入到情谊）将会是痛苦的。此前我们也曾见证过类似的痛苦：密克罗尼西亚人以及居住在南部乡村地区的非裔美国人向现代化的快速转变使得其自杀率在短期内迅速上升[30]。

我们将得到什么？我们又将失去什么？

我们能够从转变目标中得到的是抑郁和不幸的远离。但除此之外还有更多。

不幸和抑郁的代价

不妨让我们来回想一下第十三章的结语：好心情似乎能够让我们表现出更好的社会本性，提高我们的创造性和问题解决能力，促进人际合作，提高健康水平，促进个人发展[31]。快乐的人比不快乐的人更容易结交到朋友，朋友又会反过来带给其更多的快乐。情绪的改善似乎会减少种族偏见。相反，坏心情会有损人们的判断力，使得人们更容易做出自我欺骗行为和高风险行为[32]。当人们的生活满意度比较高时，人们对民主政府的支持力度也会比较高。民主是为快乐的人服务的。总的来说，好心情会促使人们作出有利于民主社会及其家庭和关系网的举动。

与不幸相比，抑郁的代价更高（见第二章）。抑郁的孩子不仅要承受身体上的不适，而且在成年后也非常容易受到心理疾病的困扰[33]。在工作场合，与抑郁的人共事会有损人们的工作满意度。在学校，抑郁的孩子往往会带给他们的朋友一些负能量，并因此而招致他人的敌意[34]。抑郁的人在学业方面的表现也常常没有不抑郁的人好。正如不幸对判断的影响那样，抑郁对判断的影响也很大[35]。

除此之外还存在其他的行为代价，例如：抑郁的人要比不抑郁的人的自主能力差很多[36]，抑郁的孩子比不抑郁的孩子更可能因失败而责备自己[37]。抑郁的酗酒者要比不抑郁的酗酒者更容易参与到打架斗殴中去[38]。在抑郁、酗酒和药物依赖的因果关系中，抑郁更可能是其他两项的起因[39]。当一个人深陷抑郁时，他本人及其家人的生活质量也会受到影响。

当然，除行为代价之外还存在经济代价。一项来自美国的研究发现，轻度抑郁的人感到行动不能的时间是正常人的1.5倍，而重度抑郁的人感到行动不能的时间是正常人的5倍[40]。由于各种原因（包括心脏病引发的早死[41]），抑郁的人和不幸的人要比正常人的寿命更短[42]。

不幸和抑郁会有损人们的生活质量并会对“好社会”的设想构成威胁。除此之外，不幸和抑郁还会有损人们的合作性，“培养”不称职的父母和职员，榨干社会资源。如果从金钱目标向情谊目标的转变能够减少这些由不幸和抑郁制造的代价，那么我们的处境将会得到改善。

历史上的第二次关系转折的代价

如果我们试图改变金钱和情谊的优先级，不计金钱损失来增加情谊，那么我们在这一过程中需要付出什么样的代价呢？在我看来，最大的代价就是对“自己能够掌控自己的命运”这一信念的腐蚀。回顾礼俗社会的历史及当前一些亚洲集体主义社会的实践，我们似乎可以认为集体能够将个体行为的责任集体化。我曾在前面章节中提到存在两条相对独立的通往幸福的道路：提高自我掌控感和享受情谊带来的安全和温暖。在集体主义社会中，第一条似乎注定要为第二条的达成而牺牲。但事实并非如此。

当存在社会支持时，即使在充满压力的情境下，人们也能产生较高的自我掌控感[43]。此外，人们可以产生一种和他人（家人和朋友）共同掌控自己的命运的感觉[44]。通过这种改良的形式，个人主义社会的一个好处（自我掌控感）在集体主义社会中体现出来。无论如何，个人主义社会都夸大了人们可以掌控自己命运的程度。我并非是在驳斥这种批判，而是在修正它。如果“自己应当为自己的行为负责”的观念受到了削弱，那么我一定会感到悲痛不已。

公平。正如我们在对友伴型民主的讨论中指出的那样，牺牲家庭主义的代价是巨大的。牺牲公平的代价远不止对“自己应当为自己的行为负责”这一观念的削弱。例如，在亚洲经济体中，一个公司的首席执行官往往是某个雇员的知己或个人导师。好的一面是，这位雇员有一个有权势的朋友。但是这种类型的友谊往往对公平提出了挑战，而公平又会进一步影响人们的生活满意度[45]。正如第十四章所述，将家庭公平的规范应用于公司违反了伦理学家所倡导的公平的普遍规范。

正如张允植关于在集体主义社会中建立一个无私的法律规则的看法那样，全社会的公平对于家庭主义文化来说是一个问题[46]。在司法职能的本质中隐含了关于个人标准和普遍标准的对立[47]。此外，当治理和调控的繁重责任落到了集体和家庭手上，这些责任的不兼容性除了会有损情谊外，还会有损公平。

平等。平等通常被认为更像是家庭而非社会的特征，但是即使在集体主义文化中，家庭中的平等也有很多区别，例如：中国台湾地区的家庭中实行的是平等制，韩国的家庭中则实行的是家长制。正如彼得·拉斯利特对那个我们失去的世界（礼俗社会）的描述那样，“世界上最糟糕的统治者……是善妒的丈夫，充满怨恨的妻子，占有欲强的父母”[48]。此外，正如罗伯特·雷德菲尔德对玛雅人走向市场制的观察那样，在集体主义社会中学习对陌生人和团体成员一视同仁是比较困难的，但在市场环境中则相对容易一些[49]。

大同主义。大同主义也因礼俗社会对血缘关系的强调而受到了妨碍。这种关系被陌生人的陌生性所打破。

思想自由。思想和行为在家庭中可能比在社会中更不自由。在刘易斯·科泽的笔下，19世纪的家仆对家庭原则的限制性是如此反感，以致当新的工业化原则出现时，他们表现得是那么欢欣雀跃[50]。类似的，爱德华·肖特也曾写道，19世纪的法国青年不断涌向新兴的工厂，由于在工作之外，他们可以摆脱原先所处环境中的那种令人窒息的全天候监督[51]。发展中的亚洲集体主义社会并不能容忍非正统的思想，虽然这种说法越来越站不住脚，但集体主义文化的合意主义（consensualism）的确会在一定程度上压制非正统思想的盛行。

正如“集体主义行动的逻辑”（the logic of collective action）可以被传播

行为和分配责任的微小变化所战胜[52]，集体主义的道德逻辑也可以被致力于创设反逻辑的具体行动所战胜。意大利南部小镇的蒙特格拉诺人关于“道德无关的家庭主义”（amoral familism）[53]很容易与“道德无关的个人主义”（amoral individualism）进行匹配[54]。家庭主义造成的损失仅仅引发了促进对策被提出的风险。我所提出的关于友伴型社会的想法并不是一个关于好社会的处方。我只想为个人主义社会应当如何制止当前幸福感的下降指出一个可以努力的方向。

制度的代价

正如思想系统中观念的改变那样，社会系统中目标的改变会产生社会失调。（因将好客体和坏属性联系起来而产生痛苦，比如说，我的朋友是个小偷[55]。）正如人类学家所说，你不可能纯粹地只改变一样东西。如果一个人在金钱充裕的地方寻找情谊，那么这对市场又会产生什么样的影响呢？对民主呢？

乍看起来，市场似乎与这个由情感需求统治的世界格格不入。除了提到的市场机制的失衡之外，劳动力的供给与需求之间的关系也是不确定的。正如在非洲团体中收入增长反而导致了劳动力供给的下降那样，当从情谊中获得的快乐比从工作中得到的收入更受重视时，劳动力的供给也出现了下降。但市场却存在一种固有的限制。由于从收入向情谊的需求转变是建立在一个高收入水平之上的，因此收入的减少很可能让我们再次回归到一个收入需求占主导的低收入水平。收入水平的维持是充分满足人们的情谊需求的必要条件，因此我们离不开一个成功的市场。

在友伴型社会，市场既不是一种不合时宜的东西，也不是一个普遍的范式，而是一个多目标社会的工具。此外，如果亚洲集体主义社会肃清了裙带关系，那么它们指给我们的可能也并不是一条康庄大道。亚洲集体主义社会较低的抑郁症发病率也在鼓励着西方个人主义社会向其学习。

在第十四章中，我指出了情谊和民主之间的紧张关系。这是否在暗示如果我们给予了情谊更高的优先级，民主会因此而受到威胁呢？但是假设我们活在一个友伴型社会，我们问的可能是相反的问题，即对金钱的重新重视是否会腐蚀我们的政府，这也是托克维尔的担忧。结果，金钱腐蚀了民主政府，但这种情况在西方个人主义社会要比在亚洲集体主义社会更为严重一些。腐败会紧紧跟在任何不按照普遍原则分配奖励的体系后面。

我一向对制度性的保护表示怀疑[56]，而更倾向于依赖我们自己在区分思想和创造图式方面的能力。在诱惑之下，这些图式的默认价值能够给我们提供援助。但当我们看到亚洲集体主义社会在改变任人唯亲的准则方面所作的努力时，我们不禁有感于认知解决方案在超越家庭主义文化方面所需面对的困难。

从本质上来看，民主倾向于响应政治性的要求，而非需求。人们需要帮助，但民主却无法响应这些不幸之人的需求，部分原因是这种个人化的不幸并不会积聚，部分原因是不幸之人自发地停止了求助，并减少了自己的政治参与。

幸福对民主的促进作用远远大于民主对幸福的促进作用。第十五章中给出的来自英格尔哈特的研究表明，那些有着较高的生活满意度、人际信任和容忍度的国家往往更容易采纳和维持民主制度[57]。那么，民主是否会反过来促进幸福呢？尽管政治满意度对总体生活满意度的贡献并不大[58]，但这并无法说明民主对幸福的影响。在下一节的最后，我将会说明的是：民主何以照亮了回家的路。

回家的路

也许西方社会已然走在了回家的路上。经济学范式认为我们走在一条通往更多财富的路上，这条路因我们的理性主义精神而走得分外轻松。但根据罗伯特·帕特南的分析，这趟旅程似乎注定是孤独的[59]。然而，由于20世纪80年代和20世纪90年代的公民志愿团体和小规模宗教团体的兴起，帕特南的理论可能有待修正。已然发生的是，人们不再加入像童子军这样的正式团体，反而开始加入一些非正式团体[60]。情谊的缺失在家庭中及朋友间比较明显。但表现为全球性价值转变的帮助正在路上[61]，这将否认弗洛伊德关于"是文明本身让我们变得神经质"的说法以及奥斯瓦尔德·斯彭格勒关于"西方文明之陨落"的预言。

脚下的道路

在经济社会发展的漫长历史中，以新的价值观为标志的新范式往往代表了未来的发展趋势。例如，我们似乎可以根据两个坐标轴来绘制世界文明：（1）权威的形式，从传统的牧师、君主和独裁者权威到理性的民主和官僚主义权威；（2）价值，从生存价值到幸福价值[62]。可想而知，那些富裕且公民受教育水平较高的国家会落在由幸福价值与理性权威所定义的象限内。尽管美国也处于这一象限之内，但和北欧国家相比，其更偏向生存价值及传统权威一端。由幸福价值与理性权威所定义的象限被称作后现代主义。在这一发展阶段，人们的关注点从收入的最大化逐渐转向幸福的最大化[63]。这样很好，但看重家庭和团体的是传统权威和生存价值所构建的文化，后现代主义文化反而使得家庭和团体的价值大打折扣。在逃离礼俗社会的过程中，我们已经走了太多弯路，后现代主义很可能又是一条弯路[64]。无论如何，美国并没有走上这条道路：在过去25年中，人际信任这一后现代主义的特征和友伴型社会的条件一直在下降。

在我看来，后现代主义并不会带来幸福感的提升。后现代主义导致的家庭失和与父母离异现象给社会带来了深深的不幸。至少在过渡期，所有可得的证据都表明家庭幸福是较高的生活满意度的必要条件。此外，后现代主义所提倡的用性关系来替代婚姻关系是不容乐观的。研究表明，那些婚前同居的人比婚后同居的人在婚后离婚的比例更大[65]。再者，正如第三章所述，当前这一代儿童是历史上第一代比父辈的境况更差的一代[66]。只要孩子的境况还需要他们担心，那么后现代主义者的幸福就是不完整的。西方社会所走的路似乎要比英格尔哈特所描绘的后现代主义之路更为晦暗和孤独。

民主能否有所不同？

回到之前我没有回答的那个问题上来：民主政府是否能够提升人们的幸福感？人们最初的印象是：任何类型的政府的作用都微乎其微，由于生活满意度是在由个人经验组成的微观世界中产生的，而这个世界往往是政府所无法触及的。对人口结构变化的适应、市场的全球化、社会快速变化所产生的压力及其破坏性的应激反应、因技能退化所产生的不安全感，甚至“富裕的失范”都难以用政府干预来解决。

自我激发的不幸也很难被政府行为所修正。此外还会出现一种对政府作出的任何环境改变都加以适应的趋向。即便经济高速发展，期望也会超出现实。迪纳和孙恩库建议政府只在一些拥有其他理由的政策中使用幸福感的信息[67]。本书的目的在于诊断问题，而不是提供解决方法，但对于迪纳和孙恩库的建议，我不得不提出一些比较谨慎的想法。

在《心理不适的社会原因》一书中，米罗斯基和罗斯提出了以下比较有效的补救措施：（1）教育，这是幸福的源头；（2）一份好工作，为个体提供足够的收入、自主权、工作和家庭之间的最小张力；（3）社会支持，公平与关怀[68]。大多数研究都发现教育与幸福和生活满意度的直接关系很小[69]，但米罗斯基和罗斯却认为教育与问题解决及找到并维持一份好工作有关。有人认为，尽管在贫困线之上，收入与主观幸福感几乎无关，但教育却能够帮助个体寻求并享受到更多的快乐[70]。大量的研究显示，工作满意度与生活满意度有关[71]。当然，失业也是抑郁的来源之一。教育和充分就业是政府应尽的责任。

第三条补救措施则对政府行为的反应较为不敏感。政府能否维护家庭的稳定呢？也许吧，但其中的细节超出了我的能力。我只能说的是：（1）任何能够削弱公司或个人的机动性的政策也许会有所帮助；（2）任何能够降低失业率的政策的帮助会更大。只有当收入再分配能够减少贫困时，它对幸福才是有益的。米罗斯基和罗斯的建议是不言而喻的真理，而且只需要政府放弃经济学家和商人的处方，甘愿忍受经济增长的停滞。正如政府在提高自尊方面的经验所暗示的那样[72]，政府无法直接分配或培育主观幸福感的心理部件。政府所能采取的措施是：创造生活框架，以一种能够保护个人微观世界的方式为个人微观世界提供支持。美国梦是一个关于物质财富积聚的梦。政府工作的难点就在于引导这些内容错误的梦想，但并不强迫。哲人（homo faber），当然；消费者（homo consumens），不。但是游戏的人（homo ludens）和智人（homo sapiens）又在哪里呢？

灵感又从何而来呢？针对文化的变化，我会探讨一下思想（和意识形态）的发起机构——学术界。正如当下人们所接受的经济教育使得人们不愿意将自己的钱付给集体项目[73]，也不愿意投票那样[74]，如果将决策效用从结果效用中分离出来（见第十七章），那么经济分析也许会转向促进幸福感的目的。由于道德经济可能会以长期的不幸结果为代价来换取当前的公平，因此经济学家对道德问题保持适当敏感即可，不必过多[75]。经济学家会跟其他科学人士一样，确定量化的依据以解释和最大化结果效用，并作出相应的调整。

如果政治理论学家可以不再进行说教，而是将其精力放在平淡的幸福上，那么其提出的理论也许会被律师和政治学家所采纳，促使他们思考政治对人们的生活满意度的影响。如果心理学家、生物学家和神经学家能够介入寻求体制对痛苦和快乐的影响中去，那么我们也许会踏上成功之路。功利主义是我们所处的这个时代的指导性哲学，但在边沁之后，能够产生快乐的理论便发生了改变。功利主义哲学家及其批评早已过时。仅仅变得快乐和愉悦，拥有满意的生活是远远不够的。然而，如果我们懂得这些事情是如何发生的，那么我们将能够为人类事业开启一项更为人文的科学。

附录

对幸福和抑郁的测量

本书旨在对市场民主体制下的生活质量——尤其是其中的主观成分[1]——进行考察。为了达到这一目的，我主要做了以下三方面的努力：（1）为支配我们的思想的功利主义哲学提供实证内容；（2）修正反映这种功利主义哲学的经济理论和受其启发而产生的民主理论；（3）评估和完善受这些理论指导的市场和民主政府。本书中所采用的关于幸福和抑郁的测量指标有没有成功完成这些任务呢？

对幸福的测量

为了满足一项研究的需要，测量指标必须能够准确反映出其所代表的概念。幸福是一种心情（与情绪的概念有所不同，情绪的参照更为具体），是富有情感的。因为正性情绪和负性情绪是互不相同的，因此文学作品中经常使用情绪平衡来反映这些正性和负性的情绪之间的平衡。为了简化讨论并与上文中提到的功利主义理论相联系，在这里我并没有用到这一概念及其衡量标准。个人对自己生活的总体满意度更像是一种认知评价，一种判断。幸福感和生活满意度相关，但有时反映的却是不同的价值观。主观幸福感指的是幸福感和/或生活满意度（可能还包括情绪平衡）。在此处我没有使用主观幸福感这一概念，而是使用了文学和哲学中经常使用的术语——幸福，以便将与之相关的概念都容纳其中，并再次与功利主义和其他政治经济理论建立联系。

我们也会看到，每一个测量指标都是有缺陷的，有时问题还比较严重，有时只有心理测量学家才会注意到（比如，关于幸福的问题回答分类太少，从而丢失了很多信息）。我认为，这些测量指标被采用的原因在于它们比其他测量指标要好得多。如果使用这些有缺陷的测量指标被认为是科学性较低的表现，那么在没有证据的情况下作出假设则完全没有任何科学性可言。关于主观幸福感的研究尚未因这些缺陷而受到责难。相反，关于这些研究的问题并不特殊：研究的结果是否可靠，是否有效？

信度

在研究中，被试会被重复问及自己是否感到幸福，或者对自己的生活是否感到满意。随着时间的推移，一个人会期望生活中的事件能够改变自己的幸福感，但有些指标不太可靠则纯粹是由于较差的测量。例如，在坎贝尔等人的研究中，“幸福指数”的重测信度只有0.53。有些变异是由于测量误差所致，有些则是由于被试情绪波动所致，但有些本身就不太可靠[2]。另一方面，海迪和韦尔林发现，当在6年后重测时，测量指标的信度可高达0.92[3]。牛津幸福量表在7周后的重测信度为0.78，5个月后的重测信度为0.67[4]。如果被试在采访的开始和结束时被问到同样的问题，那么访谈本身就会影响被试的回答。安德鲁斯和威西对大量调查中的各种测试进行了分类，最后发现“你对自己的整体生活感觉如何”（提问两次）是其中信息量最大的测试。他们发现对这一问题的重复提问给了他们标准的判断价值[5]。汤姆·史密斯发现，个体的幸福水平是相对稳定的，足以被个体正确地理解[6]。

这些关于信度的问题本身还存在一个更为实质性的问题：被测量的内容是一种具有跨情境稳定性的特质还是一种具有情境特异性的状态？如果是后者，那么较低的信度可能是由于情绪的不稳定性；如果是前者，那么信度的问题就比较严重了。特质和状态都是我们的关注点，但为了评估生活质量，特质越持久，相关度就越高。大部分研究都发现，幸福感和生活满意度更像是一种比较持久的特质。这种特质是跨时间的，比如海迪和韦尔林进行的长达6年的研究[7]；也有跨情境的，比如一项关于工作时间和业余时间的情绪对比的研究[8]。尽管一些短暂的事件，比如天气变化或个人所支持的球队的命运会让个人的情绪产生波动，但人们的情绪和对自己生活的评价并不能被当作情绪的短暂产物而被无视。最后，在调查中，使用单个问题当然没有使用含有多个问题的量表来测量人们的幸福感或生活满意度可靠。

效度

之所以说人们的回答并没有那么有效，是因为人们的回答往往无法反映出自己真实、真正和自我协调的感受。失败的原因如下：

人们并没有意识到自己的幸福，或者从未想过自己的生活是否令人满意，这些问题对他们来说毫无意义。维恩霍文表示，人们通常会对测量幸福感和生活满意度的简单问题作出精练的回答，且人们在回答之前往往也是经过慎重考虑的[9]。在所有针对西方个人主义社会进行的研究中，回答“不知道”的比例均不超过1%或2%。但在集体主义文化中，“如有必要，个体会让自己的情感和愿望服从于所属集体的目标……只有当涉及对个人至关重要的他人的想法和感受时，个人的想法和感受才会获得意义”[10]。评判标准不是康德所说的真实性和自主性，而是他律性，以及与他人的和谐关系。其结果是，对于集体主义社会的受访者来说，那些关于主观幸福感的问题的含义是十分不同的，而且毫无意义。迪纳和孙恩库总结道：“鉴于某些因素会对一国之内的大多数人产生一定的影响，这种分析算是合理的。”[11]

人们会产生幸福感或不幸感，并且会思考自己的生活本质，但他们却常常百思不得其解。他们无法获悉自己的内在情绪。这一主题我曾在第十六章中有所提及，即强调人们在解释自己的感受时是存在困难的。受访者的即时回答可以表明人们知道自己对幸福和不幸的感受，而且当前关于人们如何监测自己的幸福感的研究似乎对人们的担心处理得很好[12]。

在一项调查中，因回答前面的问题而产生的情绪也会对受访者后面的回答产生影响。即是说，如果改变了一项调查中问题的排序，人们的回答也会有所不同。例如，如果我们把同一个问题放在国家民意研究中心的调查中和国家选举研究的调查中，那么我们将会得到不同的回答。其原因在于：在国家民意研究中心的调查中，这个问题被隐藏在关于家庭生活的一系列问题中，因而创设了一个令人愉悦的情境[13]。迪纳和孙恩库认为，主观幸福感的测量并不会受到人们的当下情绪的较大影响[14]。但实际上，这种影响是存在的，例如：如果前一个问题是关于约会经历的话，那么个体对自己的幸福感的评定往往会比较高[15]。

关于这一问题的一个回答是：在全国性的样本中，这些影响大多会被抵消。因为影响情绪的因素必须是即时的、灵活的、个人化的，因此国家事件对个人情绪的影响并不大。例如，一项关于公众对古巴导弹危机的反应的调查显示，当人们评估自己的幸福时，人们更可能参照的是自己个人的成功和失败，而不是世界性的事件[16]。

人们会受到诸多社会评价偏见的影响，比如积极性偏向、矛盾、失调修复（dissonance repair）以及意识形态的偏好。有些人认为，通过对自评报告和他评报告的比较，这些关于情绪和生活满意度的自评报告偏向不会影响受访者的有效性。快乐的人微笑的频率也高于不快乐的人[17]。关于幸福感的自评报告经常与其他感情和想法联系在一起。有人认为幸福的组成部分包括自尊、自我掌控感及对自己未来的乐观态度[18]。但我认为，这些关于受访者的主观报告的独立测量也为自评报告的有效性提供了有力的支持。

另外一个关于不真实性的来源则比较让人苦恼。人们的回答容易受到社会赞许性的影响。正如上文所述，这在集体主义文化中比较常见，但在个人主义社会中也会发生，详见第十六章。尽管维恩霍文认为关于幸福感的回答相对不会受到社会赞许性的影响[19]，但来自迪纳和孙恩库的研究仍然表明，和在自评测试中对自己的幸福水平及抑郁状况的报告相比，年轻的受访者在他评测试中的报告会更加积极[20]。

对关于主观幸福感的不真实回应的调查因人们对逆境和顺境以及其他有利环境的习惯性适应而遭到了挫折。由于刺激反应的设定点，人们的奖惩系统会逐渐适应积极或消极的刺激，从而使自己能够回归到主观幸福感的基线上来[21]。

当然，我所触及的只是诸多主观幸福感的测量问题中的一小部分，不过有一点是明确的：经验主义者是知道这些问题的存在的。批评家及心理测量学家对幸福感的评定的批评远比外行的大众的批评更能戳中要害。

对抑郁的测量

抑郁的测量指标所存在的问题远比幸福的测量指标所存在的问题更多，部分原因是人们记起了那段精神病学被三种主要的人格结构（本我、自我和超我）之间的冲突所控制的时光。现代精神病学对这一精彩的过去多少有些否定。维也纳几乎被人遗忘（法国除外）。如今大量关于定义和测量心理疾病的文章被发表在世界上一百多家期刊上。我所能做的只不过是为这些文献所欲解决的问题提供一些简单的回答。我将从以下三方面来进行讨论：（1）抑郁症的主要测量指标的质量；（2）抑郁症的替代性测量指标；（3）对有关抑郁症的发病率在不断上升的证据的评估。

我们所面对的这种疾病大约会影响五分之一到三分之一的美国人，对儿童的影响似乎还在增加，在年轻人之中最为普遍。有研究认为，大约一半的美国人会在一生中遭受精神疾病的困扰[22]。

抑郁的测量构成

在一次观众与学者的谈话中，有人问我为什么抑郁早在几十年前就显示出上升的征兆，而直到最近才受到精神病学家的关注。事实并非如此。在20世纪60年代早期曾出现过两项大型的流行病学研究，一项是在曼哈顿市中心，另一项是在新斯科舍的斯特林。这两项研究所采用的抑郁症诊断方法与现代的诊断手段相同，但较为宽松[23]。1978年，总统心理健康委员会将抑郁分成了两类："内源性抑郁"（主要取决于遗传）和"反应性抑郁"（主要由负性经验引发）[24]。美国精神病学会意识到在流行病学和诊断方面，语言描述远远达不到要求，于是便设计了一种新的诊断标准（见第二章）——DSM-Ⅲ，之后又进行了修订[25]。

这些测试存在很多问题，而主要的批评指向的是"抑郁"这一概念本身。即是说，如果"抑郁"这一概念要成立的话，其必须具备一定的属性。社会学家米罗斯基和罗斯认为，首先要找出相互关联的各个属性，然后再给这些属性一个共同的命名[26]。这正是研究者需要做的事情。对于之后修订的诊断标准，一些批评观点认为其在概念上比较弱，比之前的标准更为含糊[27]。我无法对这些批评进行评价，但我会给出相关证据，以表明现在精神病学对方法论方面的问题十分重视。

根据DSM-Ⅲ-R标准的规定，当符合8项症状中的4项时，个体往往会被诊断为重度抑郁；当得分较低时，个体一般会被诊断为病理性心境恶劣[28]。因此，这种测量方式并不能准确地反映出一个人的具体症状。比如说，如果精神萎靡会被计1分，而饮食失调也会被计1分，但这两种症状所暗示的未来疾病是不同的，那么相同的分数便是有误导性的。

对抑郁症的三个组成部分进行的细致诊断和测试也给了人们很大的信心。例如，研究发现，无用感[29]、无望感[30]和无助感[31]分别与抑郁症之间存在相关。从这个意义上讲，抑郁症的概念是经过谨慎的验证和仔细的推敲的。

精神诊断和测试的主要问题是相关精神疾病的分化。合并研究曾被用来检测疾病之间的相互关系[32]。比如说，焦虑、恐慌症和恐惧症与抑郁症之间是否存在相关呢？一项来自德国的研究认为，很多人会同时拥有较高的幸福水平和焦虑水平[33]。因此，多种疾病共存的现象也是有的。关于这些疾病和其他精神疾病之间的相互关系的研究再次证明，抑郁症并非是各种精神疾病的集合[34]。因此我们有理由相信，精神病学已经步入了科学领域。

最后，抑郁症的测量指标必须是可靠的。有研究表明，在4年的时间里，抑郁症的测量指标是相对可靠的。这种可靠性不会受到性别或年龄因素的影响[35]。当我在下文讲述抑郁症不断变化的发病率时，这种高度的可靠性将是非常重要的考虑因素。

其他测试和跨国证据

低主观幸福感与抑郁之间的关系

根据定义，抑郁症中心境恶劣的症状正是衡量低主观幸福感、不幸或低生活满意度的标准。初步来看，幸福感的下降及抑郁的上升也证明了这种定义上的相关。流行病学研究发现，认为自己不幸的人比被诊断为抑郁症的人要少一些。这种明显的异常被埃德·迪纳解释为一种趋势——在某一时刻感到很快乐的人也许在其他时间会感到非常不快或抑郁——的产物。正性情绪和负性情绪是一种共变关系[36]。总之，诸多研究表明，不幸和低生活满意度都与抑郁密切相关[37]。在一项研究中，抑郁的测量指标是主观幸福感的最强预测因子[38]。在另一项研究中，抑郁的测量指标则与较低的生活满意度存在很高的相关[39]。在一项关于伦敦郊区的抑郁情况的经典研究中，布朗和哈里斯表示，我们的精神疾病定义与更为传统的幸福和不满的概念之间存在相当大的重叠[40]。

但如果主观幸福感和抑郁的测量出现冲突，我倾向于相信后者。医学问诊比较周密，也不太容易受到人为的影响。关于个人没有价值，世界没有意义，未来没有希望的信念并不会因为最近取得的小小胜利而有所改变，因为抑郁的人会认为这些胜利只不过是偶然而已[41]。如果医生依赖于幸福感的主观报告，那么他们给出的处方则常常是带有欺骗性的[42]。

抑郁症的不同测量方法

语言、行为和生理测量往往会证实DSM-Ⅲ-R中的相关标准。例如，在一项语义测试中，与不抑郁的人相比，抑郁的人对词语的评定更为消极，更为被动[43]。包括自杀和自杀企图在内的行为测量指标都与抑郁密切相关[44]。脑电波和某些神经递质（多巴胺和去甲肾上腺素）也会随着抑郁程度的变化而发生变化[45]。

跨文化验证

也许有人会认为，抑郁的含义及其症状在不同的文化之中会有所不同。在集体主义社会中，抑郁通常与环境压力有关。例如，在描述其抑郁的感觉时，日本人会使用比较外在的参照词，如“黑暗”“阴云密布”“凄风苦雨”，而美国人则会使用比较内在的参照词，如“悲伤”“绝望”“孤独”[46]。在抑郁症的症状表现方面，非洲人表现出更多的运动迟缓，西方人则表现出更多的内疚和自责。澳大利亚人和美国土著居民的抑郁多与酗酒有关[47]。作为一种要求患者描述自己的感觉的疾病，抑郁的症状不可避免地会反映出这些描述的文化根源。令人惊讶的是，抑郁症在四种文化（加拿大、伊朗、日本和瑞士）下的主要症状和抑郁症的病因学非常吻合[48]。

其他可以相信抑郁症的研究的原因包括：（1）抑郁的研究不依赖于对治疗师的走访，而依赖于大规模的调查；（2）身体症状（疲劳，饮食失调）会支持相关的诊断；（3）对儿童的研究也对诊断给出了相关支持；（4）由于“隐匿性抑郁症”（masked depression）现象的普遍，有关抑郁症的诊断并不会被高估[49]。

抑郁的涨潮

有关抑郁在全球发达国家中正在潮起的报告是我的分析中最富争议的一部分。这一潮起的趋势之所以会受到质疑，原因在于：有关潮起的证据缺乏基线水平测试。令人吃惊的是，除了跨国合作组织主持的研究（1996）中所作的评估和得到的部分趋势，我们很难在其他研究中找到关于抑郁在潮起的数据。即是说，我们不能说1945年后出生的人所承受的抑郁是50年前出生的人的10倍[50]。那么我们是否有理由认为当今时代的人们比30年前的人们更容易受到抑郁的影响呢？

1994年的《哈佛精神健康通讯》曾刊登过一篇关于抑郁在潮起的报告：

> 覆盖多个国家，针对43000人所作的12项独立研究发现，20世纪的抑郁症发病率呈现出整体上升的趋势。在近期的国家共病调查中，针对年龄在15—54岁的8000多人进行的研究发现，重性抑郁症的发病率率为17%（女性为21%，男性为13%），并且当人们被问到在此前一个月中是否出现抑郁时，“肯定”回答的比例为5%[51]。

这份报告随后受到了来自各方的抨击。诊断发生改变是由于新治疗方法的出现，回忆症状的失败，报告症状的意愿，等等。这份报告的作者总结道：“大部分专业人员不认为这些潜在偏见能够充分解释这些发现。”[52]尽管如此，问题依然存在。

成年人的自杀率（一直在不断增长）[53]与抑郁症发病率的增长也并非完全吻合。自杀在男性中更为普遍，而抑郁在女性中则更为普遍。由于抑郁的人选择自杀的比例很低，因此自杀是一个较差的关于抑郁的社会指标。事实上，自杀率在那些幸福指数排名较前的国家中往往比较高[54]。尽管如此，不断增长的自杀倾向和青少年自杀率也对抑郁的涨潮给出了相关支持（在美国，青少年自杀率在1970年到1990年间上涨了40%[55]）。

纵向研究也能够给出相关支持。一项来自瑞典的研究（1982）发现，在过去15年的研究期间，抑郁症的发病率在不断上升，其中在20—39岁的人群中，重度和中度抑郁症的比例增长了10倍[56]。一项来自希腊的研究也发现了抑郁症的发病率在增长的证据[57]。美国年轻人不断增长的抑郁症发病率也为这一论点提供了支持[58]。遭受这种流行病冲击的主要为发达社会，而非欠发达社会或亚洲的集体主义社会，这一论点也得到了大量支持[59]。

关于抑郁症的研究也得到了其他证据的支持。如果这些发现的起因是心理问题的开放性，那么恐惧症的增长幅度应该与抑郁症相似，但恐惧症的症状并没有增长。尽管在一定程度上，对抑郁的测量主要依靠的是对之前生活的回忆，但4年间关于抑郁发作的自我报告的可靠性也在仔细的抑郁评估重测中得到了证实[60]。韦斯曼认为更加精确的诊断可能会有助于对抑郁症发病率上升的解释[61]，但相同测量方式的采用将能够减小标准改变对纵向研究的影响。无论如何，作为基准的双相抑郁症都是最不含糊的精神病分类之一，且这种抑郁症的发病率并没有上升。马丁·塞利格曼认为，数据并不能说明基因与环境的相互作用，而是指向一个单纯的环境效应[62]。总之，这些独立研究对各种人群采取了不同的衡量方法，但都指向了一个结论：在过去的几十年里，抑郁症和焦虑症的发病率都出现了增长，并且还会持续增长下去。

如需查阅参考文献，
请扫描右侧二维码，
前往官方网站下载。